Herbert Lenz

ZUR HÖLLE MIT UNS MENSCHEN

Herbert Lenz

ZUR HÖLLE MIT UNS MENSCHEN

Warum wir mehr Verbote und ein neues Denken brauchen

Eine Streitschrift für eine UNION ERDE

Bildnachweis U1:
shutterstock: Iwanami Photos

Originalausgabe
1. Auflage 2017
Verlag Komplett-Media GmbH
2017, München/Grünwald
www.komplett-media.de
ISBN: 978-3-8312-0458-8
Auch als E-Book erhältlich

Korrektorat: Korrektorat & Lektorat Judith Bingel M.A.
Umschlaggestaltung: X-Design, München
Satz: Daniel Förster, Belgern
Druck & Bindung: CPI books GmbH, Leck
Printed in Germany

EIN VORWORT
VON RAINER ERLER

»Eine Podiumsdiskussion Ende der Siebzigerjahre.

Meiner umweltkritischen Filme wegen war ich mit auf der Bühne gelandet.

Den Vorsitz hatte Hoimar von Ditfurth, der Wissenschaftsguru dieses Jahrzehnts, mit einer wöchentlichen Sendung im ZDF – bis er den Oberhirten der katholischen Kirche öffentlich beleidigte, wegen seiner strikten Ablehnung jeglicher Geburtenkontrolle. Er bezeichnete den damaligen Papst als kriminellen Mitschuldigen an einer apokalyptischen und unaufhaltsamen Bevölkerungsexplosion.

Das Verdikt gegen Ditfurth – seine Verbannung aus dem Fernsehen – hatte gerade erst stattgefunden, daher war das Auditorium unserer Veranstaltung bestens besucht.

Das Thema war: »Hat die Natur noch eine Chance?«

»Was für ein Quatsch!«, konterte Ditfurth gleich zu Beginn, »die Natur hat **jede** Chance! Wir haben **keine**! Weil wir die Nische, die unser Entstehen ursprünglich ermöglicht hat, mit Verschwendung von Ressourcen, mit den elementaren Todsünden gegen Natur und Umwelt, also mit Habgier und Dummheit unwiderruflich zerstören!«

Damit waren wir beim eigentlichen Thema: »Hat die Menschheit noch eine Zukunft?«

Der Autor dieses Buches, Herbert Lenz, der uns »zur Hölle« wünscht, hofft anscheinend, wohlbegründet und wohlformuliert, wir hätten besser keine.

Die Natur wird unser Abtreten auf ihre Weise feiern. Die Narben, die wir ihr hinterlassen, werden sich nach und nach schließen, die Rostflecke ehemaliger Stahlwerke werden sich begrünen, die Megacitys verschwinden unter dichten Wäldern wie die Ruinen von Angkor Wat, Tümpel und Seen füllen die Krater des offenen Tagebaus, wild wucherndes Gebüsch lässt die betonierten und asphaltierten Lebensadern unserer Zivilisation nur noch erahnen, wie die ehemalige Zonengrenze zwischen den zwei deutschen Staaten.

Schon jetzt haben sich Science-Fiction-Autoren daran gemacht, die »Zeit danach« bildhaft zu beschreiben.

Die Frage ist jetzt nur: Wie beschreibt man sinnvoll die Zeit, die uns noch bis zu jenem Exitus verbleibt?

Gut denn: Machen wir uns an die Arbeit!

Rainer Erler

2013 mit dem Metropolis Preis des Deutschen Regie-Verbandes ausgezeichnet, gehörte zu Deutschlands bekanntesten Filmemachern. Über 40 Spielfilme, produziert in über 30 Ländern, 14 Romane und viele weitere Werke schuf der Träger des Bundesverdienstkreuzes. Bereits früh brachte er kontroverse Themen auf die Leinwand. Zukunftskritisch und zeitlos – was ihm das Prädikat »prophetisch« einbrachte. Aufsehen erregte er mit Werken wie »Fleisch«, »Ein Guru kommt«, »Das blaue Palais«, »Die Quelle«, »Seelenwanderung« und »Reise in eine strahlende Zukunft«.

Vorab zur Klarstellung

Erwarten Sie kein Sachbuch. Das soll nicht heißen, dass die Fülle an Zahlen und Fakten Fake News sind.

Als Autor setze ich ein Basiswissen über die aktuellen Umweltabläufe sowie die fragwürdige Rolle unserer Spezies voraus. Einige Informationen bündele ich zur Wissensauffrischung.

Wichtig ist jetzt der Mut, die Dinge konsequent weiterzudenken. Wie es sich für eine Streitschrift gehört, werden provozierende Ziele genannt, die zur Diskussion, aber auch zum Handeln auffordern.

Hilfreich ist die Einsicht, dass wir Menschen nur eine von Millionen Möglichkeiten des Phänomens Leben sind.

INHALT

PROLOG

Wir leben in der besten aller Welten. Unser Heimatplanet kreist in einer habitablen Zone um einen mittelgroßen, energiespendenden Stern. Nicht zu nah am Fusionsfeuerwerk, sodass Wasser nicht verdampft, nicht zu weit entfernt, sodass das kostbare Nass nicht zu einem Eispanzer gefriert. Beste Voraussetzung für das Phänomen »Leben«, das nach Jahrmilliarden langer Evolution auch uns, den Homo sapiens, hervorgebracht hat.

In der allerbesten aller Welten haben sich rund 1 Milliarde dieser Menschen eingerichtet. Die sogenannte »Erste Welt« erstreckt sich überwiegend auf der Nordhalbkugel und zeichnet sich durch Frieden, Freiheit und Wohlstand aus. Nach zwei fürchterlichen Weltkriegen haben die Völker dieser Region offensichtlich dazugelernt. Nicht ganz so paradiesisch sieht es für 6,5 Milliarden Mitbewohner des Planeten aus, die in der »Dritten Welt« oder den Schwellenländern geboren wurden.

Hunger und Existenznot sind für viele tägliche Herausforderung.

Die Menschen teilen die Erde mit Milliarden anderer Lebewesen, Tiere und Pflanzen. Alle sind Überlebende, also Sieger im

»Survival of the Fittest«-Wettbewerb der vergangenen Zeitalter. Diese Gemeinschaft der Überlebenden sowie deren Lebensraum werden durch die Menschen bedroht. Sie zerstören die Biodiversität, heizen die Atmosphäre auf, verunreinigen das Wasser, plündern die Bodenschätze, vergiften den fruchtbaren Boden und führen Kriege.

Die Erde braucht uns Menschen nicht. Es ist sogar höchst wahrscheinlich, dass sie nicht auf uns gewartet hat. Offensichtlich hat es ja auch 2–3 Milliarden Jahre gedauert, bis sich auf dem mausetoten dritten Felsplaneten eines Sonnensystems so etwas wie Leben aus anorganischer Materie regte. Anfangs waren es wohl schlichte Einzeller, die sich mit anderen zu komplexeren Kollektiven organisierten. Zuerst im Wasser, dann an Land und in der Luft. Dieses Phänomen Leben entfaltete sich wie der Regenbogenschweif eines paarungsbereiten Pfaus zu einer ungeheuer einfallsreichen Pracht und Vielfalt. Die Faust aufs schillernde Pfauenauge war dann vor 300 000 Jahren der Homo sapiens, auf zwei Beinen aufrecht gehend und mit einem leistungsstarken Gehirn zwischen seinen Ohren.

Genau dieses Organ sollte ihn auf der einen Seite sehr erfolgreich machen, ihn aber anderseits in ungeahnte Schwierigkeiten bringen. Das trifft insbesondere auf einen Teil dieses unter der Schädeldecke bestens geschützten Neuronenhaufens zu, das Großhirn. Stamm- und Zwischenhirn finden sich auch bei der Lebensform der Tiere, mit denen sich der Homo den Planeten Erde teilt, wobei die zwei- bis achtbeinigen Kreaturen zweifellos die Arschkarte gezogen haben.

Aber auch für den Menschen selbst ist das Potenzial dieser Speicher- und Schaltzentrale ein zweischneidiges Schwert. »Mit dem menschlichen Gehirn ist der Evolution ihr Meisterstück gelungen«, sagt der Biologe und Nobelpreisträger Susumu Tonegawa, der am Picower-Institut des Massachusetts Institute of Technology (MIT) bei Boston forscht. Es gebe nichts Komplexeres und Geheimnisvolleres auf Erden als dieses Anderthalb-Kilogramm-Gewebe. Doch gerade darin liege die große Tragik. »Unser Gehirn befähigt uns, Großes zu vollbringen«, so Tonegawa weiter, »doch wir können damit auch Unheil und Schrecken über die Welt bringen.«

Wir fingen schon früh damit an.

Nachdem unser Vorfahre dem Säbelzahntiger den Zahn gezogen hatte, gab es für sein Hegemoniestreben kein Halten mehr. Über Jahrzehntausende arbeitete er zielstrebig daran, sich Tier- und Umwelt untertan zu machen. Sein exklusives Großhirn leistete ihm dabei hervorragende Dienste. Zu so praktischen Dingen wie Faustkeil, Speer sowie Pfeil und Bogen kamen später die Erfindung des Rades, der Schrift samt Buchdruck, das Fernsehen und die Atombombe hinzu.

Nach dieser Zeitraffer-Achterbahn durch die beeindruckende Evolutionsgeschichte – wobei einige atemberaubende Loopings auf der Strecke blieben – stellt sich sofort die Frage: War das denn wirklich so? Die Antwort ist wichtig für die Standortbestimmung des Menschen auf dem Planeten Erde, den gerade 7,5 Milliarden dieser Spezies dabei sind zu plündern und zu verwüsten.

Diese Frage stellt das menschliche Bewusstsein, das im Großhirn beheimatet zu sein scheint und das uns – zumindest hier auf Erden – so einmalig macht.

Geht man von den Lehren der gerade vorherrschenden Naturwissenschaften aus, erscheint die Idee eines 13,7 Milliarden Jahre zurückliegenden Urknalls, der ein beeindruckendes Universum hervorbrachte samt der Evolution des Lebens mit dem Survival of the Fittest, als gut begründet. Das ist pragmatischer Materialismus, mit dem sich auch das Hier und Heute sowie die Zukunft gestalten lässt. Wobei mit kreativer Zuversicht alles machbar erscheint und Wachstum samt Welt vermeintlich grenzenlos sind.

In dieser Konsequenz gedacht, scheint die Sache einen Haken zu haben.

Status 2017:

- Wir – die gesamte Menschheit – verbrauchen gerade 1,6 Erden.
- Würden alle so leben wie die 82 Millionen Bundesdeutschen, dann wären das hochgerechnet 2,6 Erden!
- Der Lebensstandard der USA würde 4 Planeten Erde voraussetzen.

Zur Erinnerung: Die Erde ist eine Kugel mit einem Durchmesser von 12 576 Kilometern, die mit rasanten 106 000 Stundenkilometern um ihren Heimatstern, die Sonne, unterwegs ist. Sie ist zu zwei Dritteln mit Ozeanen (Salzwasser) bedeckt. Dazu verteilen sich auf fünf Kontinenten Gebirge, Wald, Savannen und Wüsten. Im Boden lagern jahrmillionenalte Schätze, die sich bestens verheizen und verschmelzen lassen. Das lebenswichtige Süßwasser macht gerade einmal einen Tropfen mit 550 Kilometern Durchmesser aus. Der passt locker zwischen München und Köln. Bisher kamen Pflanzen, Tiere und Menschen damit über die Runden. Round the World, wohlverstanden.

Über den Planeten spannt sich eine erschreckend dünne Luftschicht, die dem deutschen Astronauten Alexander Gerst beim Blick aus der Weltraumstation ISS so erschien, als ob man sie einfach wegpusten könne.

Schon ein halbes Jahrhundert zuvor hatte sich Richard Buckminster Fuller eine neue Selbstwahrnehmung des Menschen ausgedacht. Der Architekt, Erfinder, Autor und exzentrische Außenseiter meinte: »Wir leben auf dem Raumschiff Erde, machen unsere 67 000 Meilen pro Stunde um die Sonne, ohne jeden Lärm und ohne Erschütterung. Die vernünftigste Art und Weise, über die ganze Menschheit heute nachzudenken, besteht darin, sie als Mannschaft auf einem einzigen Raumschiff anzusehen. Auf ihm machen wir alle unsere Pilgerfahrt durch die Unendlichkeit – mit einer bemerkenswerten Kombination aus Sicherheit und Verwundbarkeit.

Unser Planet ist nicht viel mehr als die Kapsel, in der wir als menschliche Wesen leben müssen, falls wir überleben auf der Reise durch den riesigen Weltraum, auf der wir uns seit Jahrtausenden befinden – ohne jedoch unsere Lage wahrzunehmen.«

Den Astronauten und Kosmonauten des folgenden Raumzeitalters erschloss sich dieses Bewusstsein offensichtlich sehr schnell. Der nötige Abstand machte den Zusammenhang klarer. »Wir sind alle Kinder der Erde und sie ist für uns die Mutter«, beschrieb der russische Kosmonaut Alexander Alexandrow seine Gefühle aus dem Orbit.

Von noch weiter weg, ganze 450 000 Kilometer, ging für die Besatzung von Apollo 8 beim Flug um den Mond am 24. Dezember 1968 am Horizont die Erde auf. Verletzlich und einzigartig schwebte die Blue Marble in der unendlichen Schwärze des Weltalls. Während einer Live-Fernsehübertragung lasen die drei Astronauten aus der Schöpfungsgeschichte der Bibel, eine bis heute einmalige Weihnachtsbotschaft an alle Menschen auf der Erde. Kommandant Frank Bormann schloss mit den Worten: »Gott segne euch alle – euch alle auf der guten Erde.«

Deshalb sollte uns dringend klar werden:

```
WIR SIND ALLE ASTRONAUTEN.
DABEI GIBT ES KEINE PASSAGIERE.
WIR SIND ALLE CREW.
Und: Fallschirme sind keine an Bord.
Niemand kann aussteigen!
```

Der feine Unterschied zwischen zahlenden Mitreisenden und der Besatzung: Verantwortung. Während sich Passagiere entspannt zurücklehnen, muss die Crew mit Pflichtgefühl, Know-how und

Engagement bei der Sache sein. Unsere Reise um die Sonne ist keine All-inclusive-Gruppentour, die bei einem himmlischen Reisebüro im Katalog angeboten wird und als Schnäppchen zu buchen wäre.

Weil das so ist, stellt sich Ihnen nun unweigerlich die Gretchen-Frage: Wie halte ich es mit meinem ethisch, ökonomisch, ökologisch verantwortlichen Dasein? Kurz: Bin ich ein halbwegs passables Crew-Mitglied?

STANDORT-
BESTIMMUNG

Ein erster, gewichtiger Standpunkt für einen Blick auf das Dasein des Menschen auf seinem Heimatplaneten war der Glaube an einen Schöpfer. Hier haben sich die Religionen versammelt.

Am besten setzt man sich auf Wolke sieben und schaut sich das irdische Treiben von oben an. Ganz so, wie es wohl die olympischen Götter der alten Griechen getan haben. Die hatten eindeutig menschliche Züge, was sie vorstellbar und sympathisch machte. Vor ihnen hatte sich schon eine Reihe machtbewusster Herrscher über sehr irdische Reiche mit jenseitigen Kräften verbündet. Das lässt sich eindrücklich bei den Hochkulturen an Euphrat, Tigris und am Nil erkennen. Ganz pfiffig waren die ägyptischen Pharaonen, die ihr auserwähltes Menschsein gleich mit dem Göttlichen verschmolzen. Sie waren mit Aton als praktisch seinesgleichen auf Du und Du. So ließ es sich trefflich regieren.

Noch weiter zurück in der Menschheitsgeschichte weisen die Höhlenmalereien steinzeitlicher Jäger auf ein jenseitiges Sehnen des Homo sapiens hin, der sich Hilfe und Trost von Geistern und

Dämonen erhoffte. Das Dasein hatte damit zwei Dimensionen, was ja zweifellos von Vorteil sein kann.

Das Jenseits war dann auch für die Verfasser des Alten Testaments eine aufregende Ergänzung zur irdischen Bühne. Das Neue dabei war die Idee des »einen Gottes«. Aus und vorbei war es mit dem bunten, überirdischen Treiben. Ob Jahwe, Christengott oder Allah, diese monotheistischen Leitfiguren beanspruchen bis heute Exklusivität. Zumindest trifft das auf ihre jeweiligen Religionsgemeinschaften und deren Führungspersonal zu, das auf Alleinvertretungsanspruch pocht. Die heute rund 3 Milliarden Anhänger dieser Glaubensgemeinschaften gehen von einem Schöpfergott aus, der sich das Universum und uns Menschen ausgedacht und ins Werk gesetzt hat. Ihm werden naheliegenderweise beeindruckende Eigenschaften wie Allmacht, Allwissenheit, aber auch Barmherzigkeit zugeschrieben. Der an ihn Glaubende ist sein Geschöpf. Das gilt auch für alles andere Leben sowie die unbelebte Natur. All das gilt es pfleglich zu behandeln und zu schützen. Sonst: Ab in die HÖLLE.

Die zweite Standortbestimmung als Mensch und Crew-Mitglied des Raumschiffs Erde stellt sich für einen Atheisten ganz anders dar. Ohne Religion keine Sanktionen durch eine höhere Instanz. Der gottlose Ursprung findet sich in der Renaissance, als der Mensch den Blick aus jenseitigen Sphären wieder auf sich und die ihn umgebende Natur wandte – wie es ihm eigentlich schon die Denker der griechischen Antike vor 2000 Jahren vorgemacht hatten. Physik, Mathematik und Philosophie übernahmen wieder das Ruder.

Dem Materialismus in seinen Ausformungen Naturwissenschaft, Forschung, Technik und Wirtschaft zur Seite standen die Geisteswissenschaften, die seine harten Kanten mit Ethik und Moral abmilderten. Hier werden Gerechtigkeit, die Rechte des Menschen, seine Würde und Freiheit sowie deren Unantastbarkeit verortet. Bestens eingebettet ist dabei auch der Humanismus, der der Selbsterhaltung des Homo sapiens dient. Ihm werden alles andere Leben und sogar die tote Natur untergeordnet. »Humanity first!« Ein großer Irrtum, wie heute die Folgen der dramatischen Eingriffe in die Biodiversität bei Vegetation und Tierwelt zeigen.

Diese Standortbestimmungen der ungläubigen Materialisten sowie der leider oft auch materialistischen Gottgläubigen im Schnelldurchlauf helfen, den Blick zu schärfen. Gilt es doch für jeden von uns, sich in seinem Denken und Handeln zu erkennen: Wo stehe ich im Anthropozän, in das ich hineingeboren wurde? Ein erdgeschichtliches Zeitalter in einer 4 Milliarden Jahre umspannenden Abfolge auf unserem Planeten. Im heutigen »Zeitalter des Menschen« wirken wir zum ersten Mal gravierend auf die bisher natürliche Entwicklung der Erde ein.

Fürs Grobe waren bislang Meteoriten-Einschläge, der heiße Kern des Planeten mit der Plattentektonik samt Erdbeben und Supervulkanausbrüchen zuständig. Auch der Wechsel von Warm- und Eiszeiten sorgte für einschneidende Veränderungen. Man denke nur an einen 100 Meter hohen Gletscher über dem heutigen München. Schlappe 15 000 Jahre ist das her.

Selbst die Geologen, die es gewohnt sind, in langen Zeiträumen zu forschen und einzuteilen, konnten sich jetzt auf das neue Zeitalter nach dem seit 12 000 Jahren laufenden Holozän einigen. Ja, wir leben im Anthropozän. Ja, wir greifen in das Erdgeschehen ein. Und das zu Lande, Luft und Wasser.

Wie halte ich – als einer von jetzt 7,5 Milliarden Menschen – es mit dieser Tatsache und Herausforderung? Bin ich mir ihrer bewusst? Verdränge ich sie? Oder empfinde ich Verantwortung gegenüber meinen Mitmenschen und folgenden Generationen? Bin ich gar »enkeltauglich«? Wie gehe ich mit anderen Lebensformen, also den Tieren und Pflanzen, um?

Der Klimawandel steht heute im Brennpunkt der wachsenden Erkenntnis, dass im Hintergrund unser aller Alltagsumtriebigkeiten und Befindlichkeiten ein bedrohlicher Prozess abläuft, der unseren Lebensraum Erde gefährdet. 2 Grad Celsius mehr sind zu einem Menetekel geworden.

2 Grad Celsius weniger hatten die Welt samt Menschen bereits vor 400 Jahren aus den Angeln gehoben.

Das ist auch der Titel eines bemerkenswerten Buches von Philipp Blom: *Die Welt aus den Angeln – Eine Geschichte der Kleinen Eiszeit von 1570 bis 1700.* Eine Klimaveränderung in Europa hatte zu Missernten, Hunger und Kriegen geführt.

»Im 17. Jahrhundert wurde der Klimawandel noch nicht als globales Ereignis verstanden, und selbst wenn es der Fall gewesen wäre, so hätten die Gesellschaften Europas kaum effektiver reagiert, denn die wissenschaftliche Methode war noch nicht allgemein anerkannt, die Machtverhältnisse zu lokalisiert und die etablierten politischen Einflüsse zu stark, um zu handeln.

Heute wissen wir, dass der uns bevorstehende Klimawandel seinen Ursprung in unserer industriellen Entwicklung hat, und wir verstehen, dass wir seine noch nicht abschätzbaren Folgen zumindest weniger katastrophal machen könnten, wenn wir rasch und entschieden darauf reagieren würden. Wir sind die erste Generation der Menschheitsgeschichte, die eine relativ klare Konzeption davon hat, was ihr Erbe an die Zukunft sein wird.«

Diese Chance sind wir dabei, in selbstzerstörerischem Leichtsinn zu verspielen. Philipp Blom weiter: »Wir reagieren auf den Klimawandel kaum effizienter als unsere Vorfahren, die ihn nicht verstanden: chaotisch, improvisierend, getrieben von immer häufiger katastrophalen Ereignissen und immer kontrolliert von dem absoluten Nahziel, dass unsere Wirtschaft wachsen muss. Wir sind uns dabei kaum bewusst, dass wir uns wie alle Organismen an unsere natürliche Umgebung anpassen müssen, insbesondere wenn in einigen Gebieten die Nahrungsmittelversorgung zusammenbricht, und dass im Zuge dieser Anpassung weitere Transformationen stattfinden werden, die in alle Bereiche unseres Lebens und Denkens hineinreichen, dass wir gut beraten wären, unser evolutionäres Privileg, die Fähigkeit zu planen, auf die uns bevorstehenden Umwälzungen anzuwenden.«

Zu einer globalen Orientierung im Krisenmodus haben sich die Vereinten Nationen bereits im September 2015 im Rahmen der »Agenda 2030 für nachhaltige Entwicklung« aufgerafft. Diese wurde immerhin von 193 Mitgliedsstaaten verabschiedet. Neben sozialen Problemfeldern wie Armut, Hunger, Geschlechterungleichheit, Gesundheit, gewaltsame Konflikte und Flüchtlingsströme liegt der Fokus auch auf den schwerwiegenden Einwirkungen der Menschheit auf ihren Lebensraum: »Die Erschöpfung der natürlichen Ressourcen und die nachteiligen Auswirkungen der Umweltzerstörung, darunter Wüstenbildung, Dürre, Landverödung, Süßwasserknappheit und Verlust der Biodiversität, haben eine immer länger werdende Liste sich verschärfender Menschheitsprobleme zur Folge.

Der Klimawandel ist eine der größten Herausforderungen unserer Zeit. Er untergräbt die Fähigkeit aller Länder, eine nachhaltige Entwicklung zu erreichen. Der globale Temperaturanstieg, der Anstieg des Meeresspiegels, die Versauerung der Ozeane haben schwerwiegende Folgen für die Küstengebiete und tiefer liegende Küstenstaaten sowie kleine Inseln. Das Überleben vieler Gesellschaften und der biologischen Unterstützungssysteme der Erde ist in Gefahr.«

Im Kern der Agenda werden weiter 17 Ziele für eine nachhaltige Entwicklung sowie 169 zugehörige Zielvorgaben formuliert. Das Ganze bis 2030! Donnerwetter!

Neben diesem kollektiven Weckruf der Völker- und Staatengemeinschaft wurden, wie bei so vielen politischen Manifestationen, konkrete Maßnahmen sowie deren Kontrolle und Sanktion vermieden. Ansonsten wäre die Agenda sicher gar nicht zustande gekommen. Zu widersprüchlich sind die Interessen der Ersten und Dritten Welt. Von den aufstrebenden Entwicklungs- oder Schwellenländern dazwischen ganz zu schweigen.

> Zur Erinnerung (Wiederholung stärkt
> die Synapsen):
> WIR VERBRAUCHEN GERADE 1,6 PLANETEN.
> Wir leben bereits seit Jahren weit über
> unsere Verhältnisse – zumindest wir
> 1 Milliarde auf der satten Nordhalbkugel.

Bereits vor über 50 Jahren war das emsige Treiben des Menschen einigen Wissenschaftlern, Denkern und Autoren aufgefallen. Den ersten Markstein stellte die Veröffentlichung des Club of Rome 1972 dar, die ein neues Denken auf den Weg brachte: *Grenzen des Wachstums*. Zum ersten Mal wurde einer breiten Öffentlichkeit mitgeteilt, dass es kein unendliches »Weiter so« geben kann. Zumindest konnte ab diesem Zeitpunkt derjenige hören und wissen, der bereit war, zuzuhören und mitzudenken.

Die Mitglieder des Clubs, einer losen Verbindung von Wissenschaftlern der unterschiedlichsten Fachbereiche, begleiten die Entwicklung seither mit jeweils aktuellen Erkenntnissen und Publikationen. So einer seiner heutigen Präsidenten, Ernst Ulrich von Weizsäcker mit seinem Buch *Come on* sowie die beiden Zukunftsforscher und Ökonomen Jorgen Randers und Graeme Maxton in ihrem Bericht *Ein Prozent* an den Club of Rome:

»Unsere gegenwärtige Wirtschaftsstruktur vermehrt die Arbeitslosigkeit, Ungleichheit und Armut.

Sie hinterlässt verwüstete Landschaften. Eine Gesellschaft der Zukunft sollte gerecht sein und jeder sollte gleichermaßen mit Respekt behandelt werden. Das größte Hindernis auf dem Weg in eine solche Gesellschaft ist nicht wirtschaftlicher, sondern politischer Natur.«

Von einer gerechten Welt als Voraussetzung für eine ökologische Zukunft spricht auch Papst Franziskus in seiner Enzyklika *Laudato si!*: »Um die Grundfragen in Angriff zu nehmen, die nicht durch Maßnahmen einzelner Länder gelöst werden können, ist ein weltweiter Konsens unerlässlich. Das Ziel: eine nachhaltige, vielgestaltige Landwirtschaft, erneuerbare, umweltfreundliche Energieformen zu entwickeln und eine größere Energieeffizienz zu fördern. Eine angemessene Verwaltung der Ressourcen Wald und Meer sowie der Bodenschätze gilt es voranzutreiben. Für alle muss der Zugang zu Nahrung und Trinkwasser gesichert werden.«

Stephen Hawking, ehemaliger Inhaber des Lucasischen Lehrstuhls der Universität Cambridge und Bestsellerautor, schrieb: »Wir haben die Technologien entwickelt, die den Planeten, auf dem wir leben, nach und nach zerstören, aber noch nicht die Fähigkeit, der Erde zu entkommen. In einigen Jahrhunderten werden wir möglicherweise menschliche Kolonien im All haben, aber derzeit haben wir nur diesen einen Planeten, und wir müssen alle daran arbeiten, ihn zu bewahren. Dazu müssen wir die Schranken innerhalb und zwischen den Nationen abbauen und nicht noch verstärken. Wenn wir uns die letzten Chancen dazu bewahren wollen, bleibt den Entscheidungsträgern dieser Welt nichts anderes übrig, als anzuerkennen, dass sie versagt und die Menschheit im Stich gelassen haben.«

Wie wenig gut gemeinte Appelle bisher gefruchtet haben, zeigt ein Blick zurück. 1975 erschien das Buch *Ein Planet wird geplündert – Eine Schreckensbilanz unserer Politik*. Autor war Herbert Gruhl, CDU-Bundestagsabgeordneter, dann Mitglied GAZ/Die Grünen sowie der ÖDP und Vorsitzender des BUND. Seine aufrüttelnde Einsicht und Botschaft: »Nicht nur der Mensch bestimmt den Fortgang der Geschichte, sondern es sind die Grenzen des Planeten Erde. Diese legen alle Bedingungen fest für das, was noch möglich ist. Diese totale Wendung bedeutet, dass der Mensch nicht mehr nur von seinem Standpunkt aus handeln kann, sondern von den Grenzen unserer Erde ausgehend denken und handeln muss. Wir nennen diese radikale Umkehr DIE PLANETARISCHE WENDE.«

Die Bestandsaufnahme der übriggebliebenen Möglichkeiten ist die dringende Aufgabe unserer Zeit.«

Merke auf, oh geneigter Leser: Der Mann schrieb das vor über 40 Jahren! Hat sich in dieser »unserer Zeit« eine planetarische Wende auch nur angedeutet? Haben wir unseren anthropozentrischen Standpunkt der hemmungslosen Unterwerfung und Ausbeutung der Erde nur um ein Jota verändert?

Hans-Peter Dürr, Träger des alternativen Nobelpreises sowie mehrfaches Direktoriumsmitglied des Max-Planck-Instituts für Physik und Nachfolger von Werner Heisenberg, formulierte das so: »Wir Menschen sind wie Bankräuber. Wir schweißen einen Tresor auf, räumen ihn aus und ziehen dann weiter zum nächsten Geldschrank.«

Für alle Freunde eines bildhaften Vergleiches:

Ein Floß treibt mit einer bunt zusammengewürfelten Besatzung ruhig den Niagara-Fluss hinunter. Nur zwischendurch legen sich einige Ruderer ins Zeug, um einigen kleineren Klippen und Strudeln auszuweichen. Andere beobachten gelassen die Ufer. Wieder andere flüstern miteinander und schauen manchmal etwas sorgenvoll voraus. In Fahrtrichtung färben sich Wasser und Himmel weiß.

Die Strömung wird stärker und beschleunigt das Floß. Ein drohendes Grollen wird lauter. Einige der Ruderer halten inne, andere werfen sich kraftvoll in die Riemen. Das Donnern der Niagara-Fälle kommt näher.

Sind Sie einer der Ruderer, die das Ruder sinken lassen? Oder stemmen Sie sich gegen die drohende Gefahr? Schauen Sie lieber weiter auf das vorüberziehende Ufer?

Auf unser Thema übersetzt: Was tun Sie für unseren Lebensraum Erde?

Jetzt hilft die vorausgegangene Standortbestimmung. Wir erinnern uns.

Leicht fällt die Antwort, wenn ich an einen Gott glaube. So werde ich doch einen Teufel tun, dessen Schöpfung – dazu darf man wohl die Erde als Ganzes zählen – zu plündern, zu versauen oder zu zerstören. Das Bibel-Wort »Macht euch die Erde untertan« ist dann wohl eher mit »Nutzt sie, hegt und pflegt sie aber auch« richtig zu verstehen. Aus- und übernutzen ist damit, nach Aussagen des evangelischen Kirchenführers Heinrich Bedford-Strohm, nicht gemeint. Auch in der Geheimen Botschaft des Johannes (NT) heißt es: »Fügt dem Land, dem Meer und den Bäumen keinen Schaden zu!«

Bei aller Umsicht und Weisheit des Verfassers der Zehn Gebote – immerhin so etwas wie das jüdisch-christliche Grundgesetz – wurden von der höchsten göttlichen Instanz zwei wichtige Regeln vergessen (kaum vorstellbar). Sie sind wohl eher im Trubel der Jahrtausende verloren gegangen.

```
11. Gebot: Du sollst die Erde lieben
           wie dich selbst.
12. Gebot: Du sollst Tiere und Pflanzen
           lieben wie dich selbst.
```

Das überlieferte Gesetzeswerk ist zweifellos zu »menschenlastig« und bedarf einer Ergänzung. Grundsätzlich muss gelten:

Wer als Glaubender gegen Gottes Schöpfung wütet, rafft oder konsumiert, fährt in die HÖLLE. Alles klar!

Schwieriger wird es für den Atheisten, den Anhänger des reinen Materialismus. Der – sollte er sich überhaupt für die Welt um ihn herum interessieren – weiß zwar viel über Atome und deren

Bestandteile, die Formel $E = mc^2$, über Quantenmechanik und die heisenbergsche Unschärferelation. Er weiß auch, wie ein Laser, sein Smartphone und die 8 Zylinder seines PS-Boliden funktionieren. Aber wie hält er es mit dem Planeten?

Ein kluger Materialist wird vielleicht sagen: Die Erde ist ein biologisches System, das alle Voraussetzungen für mein Leben, das meiner Familie sowie der mir lieben Mitmenschen bietet. Ich nehme, was so geht. Ja, auch die paar Milliarden anderen sollen leben, müssen aber schon selber schauen, wie sie klarkommen. Natürlich denke ich zwischendurch auch an nachfolgende Generationen. Aber auch die müssen halt schauen, wie sie in 50 bis 100 Jahren leben können. Alles klar.

Ein guter Materialist denkt: Ich weiß, dass alles hier auf Erden – also auch ich selbst – endlich ist. Nach dem Tod ist sowieso alles aus. Somit kann ich nichts mitnehmen. Ich habe Kant gelesen und sein kategorischer Imperativ leuchtet mir ein. Also versuche ich, mein Streben nach Geld und gesellschaftlicher Stellung zu zügeln und sogar meine Frau von exzessivem Shopping abzuhalten, was meist nur Ärger macht. Auch alles klar.

Der nicht so gute Materialist postuliert: Ich wurde auf diesem Planeten geboren. Das heißt: Er gehört mir. Das gilt doch genauso wie der Grundbucheintrag für mein Haus oder der Kaufvertrag für die Yacht. Viel und weit reisen und Golf spielen. Gut essen sowieso. Ich lasse es mir gut gehen. Nach mir die Sintflut. Kleiner Einschub, weil es hier passt: »Wir sind die Sintflut« (Georg Schramm, Kabarett-Altmeister).

Das ist zwar auch eine klare Ansage, aber damit fährt der Kerl (nicht der Schramm) samt Haus und Yacht in die HÖLLE.

Bevor wir uns jetzt um die ganz praktischen Dinge kümmern, noch eine Überlegung zu uns als Spezies.

Nein, wir wurden nicht – von welchem Gott auch immer – geschaffen (Kreationisten dürfen das Buch jetzt in die Ecke werfen). Es deutet alles darauf hin, dass unsere Primaten-Vorfahren vor 300 000–400 000 Jahren in Afrika von den Bäumen gestiegen sind. Wir gehören als Säugetiere zur Gattung der Trockennasenaffen. Diese Vergangenheit belastet uns noch heute genetisch und auch im Gehirn – den einen mehr, den anderen weniger. Nach einigen Erfahrungen haben wir uns zuerst in der Horde oder Sippe, später dann in Stämmen und Staaten im Miteinander geübt und sogar so etwas wie Kultur entwickelt. Vor Kurzem mündete diese Entwicklung in den Kernpunkt »Humanität«, der Gleichheit und Brüderlichkeit überstrahlt. Zur Freiheit kommen wir gleich auch noch. (Sie erinnern sich: Aufklärung und Französische Revolution.)

Im Zusammenhang mit dem bereits erwähnten Anthropozän hat »Humanität« eine helle, aber auch eine dunkle Seite. Stellt sie doch den Menschen, sein Überleben und seine Interessen ohne Wenn und Aber in den Mittelpunkt. Dieses anthropozentrische Denken ist die Triebfeder aller Schandtaten gegenüber anderen Lebensformen und der Natur, also dem Planeten.

Der amerikanische Präsident John F. Kennedy rief einmal seinem Volk entgegen: »Frag nicht, was dein Land für dich tun kann – frag, was du für dein Land tun kannst«. Genau das gilt heute für die Menschheit, zumindest für die Gesegneten in einer satten Ersten Welt. Leicht abgewandelt, heißt es jetzt:

> »Frage nicht, was der Planet für dich tun kann, sondern frage immer zuerst, was du für den Planeten tun kannst.«

Wobei der Eigennutz in keiner Weise zu kurz kommt. Schließlich ist die Erde unser Lebensraum. Der einzige!

Jetzt noch ein Wort zur »Freiheit«. Sie endet da, wo die Freiheit des anderen beginnt. Die Grenzen sind nicht immer ganz klar, müssen aber kundgetan und möglichst ohne Fäuste und Baseballschläger verhandelt werden. Gegenüber dem Planeten ist die Freiheit des Verbrauchens und Zerstörens durch Verantwortung eingeschränkt. Es gilt:

Verschwendung ist kein Kavaliersdelikt. Niemand hat das Recht, sich mehr zu nehmen, als er braucht. Weiter ist Nachhaltigkeit im Handeln oberstes Gebot. Es schränkt alle Handlungen rigoros ein – auch dann, wenn alle möglichen technischen und finanziellen Optionen bestehen, die Erde auf immer neue Art auszubeuten.

So weit, so gut. Viele stimmen jetzt wohl zu.

Nur handeln wir – Standpunktbestimmung hin oder her, Gottgläubiger oder Materialist – nicht danach. Ein klarer Fall von **kognitiver Dissonanz**.

Ein gravierender Programmierfehler unserer Software.

Wir sind gefangen im Framing, den gerahmten, begrenzten Mustern, die sich über die lange Evolution, die genetische Ausstattung, aber auch durch die eigenen Lebenserfahrungen in unserer Persönlichkeit gebildet und verfestigt haben. Unser Gehirn ist gegenüber Neuem grundsätzlich eher ablehnend eingestellt. Es will seine Ressourcen schonen und läuft auf Autopilot. Weitermachen wie bisher scheint ökonomischer zu sein. Kollidiert das Neue sogar noch mit lieb gewonnenen Gewohnheiten, Wohlleben, Eitelkeiten, mangelndem Mut, mangelndem Selbstwertgefühl und Empathie sowie einer vertrauten Routine, helfen meist nur gut gemeinte, mitunter auch nervende Wiederholungen oder drastische Schock- und Schmerzmomente.

Je weiter eine Bedrohung räumlich und zeitlich entfernt liegt, desto leichter fällt uns das Verdrängen und desto geringer ist die individuelle Motivation zum Handeln. Die Gleichgültigkeit ist furchtbar. Ihre Opfer sagen sich, sie können sowieso nichts machen. Sie hoffen, dass am nächsten Tag noch alles halbwegs in Ordnung ist, und nebenbei wollen sie das Leben genießen. Sie wollen in Ruhe gelassen werden.

Da wir Menschen schwach, fehlerhaft und fürchterlich bequeme Querschädel sind, die darüber hinaus uneinsichtig unter latenter Rechthaberei leiden, passt folgende Selbstgeißelung des *Zeit*-Autors Sebastian Dalkowski:

ICH WILL VERBOTE!

»Haut mir endlich jemand auf die Finger! Lieber Staat, liebe EU, liebe Weltregierung, ich fordere euch hiermit auf: Verbietet mir, was ich gerne haben möchte, aber besser nicht haben sollte. Anders ist die Welt nicht mehr zu retten.«

Vorsicht: Dem Universum und auch dem Planeten Erde, also der Natur, sind der flehende Konsument Dalkowski und der Rest der Menschheit – also Sie und ich – völlig egal. Die kamen und kommen bestens ohne uns aus.

Das heißt wohl: Wenn wir weiter so hirnlos handeln, dann:

ZUR HÖLLE MIT UNS MENSCHEN
KEINER WEINT UNS NACH.

REDEN WIR ÜBER VERÄNDERUNGEN.
ES GEHT UM ENKELTAUGLICHKEIT.

Vier Szenarien bieten sich an:
- **KATASTROPHE**
- **REVOLUTION**
- **DISRUPTION**
- **TRANSFORMATION**

Unter Erstgenanntem kann sich jeder seine eigene Apokalypse, sein ganz persönliches Armageddon vorstellen. Das Alte Testament war da bereits richtungsweisend, mit Sintflut und biblischen Plagen von Heuschreckenschwärmen, Seuchen bis hin zu Massentötungen von

Erstgeborenen. Das Gemetzel ganzer Sippen, Stämme und Völkerschaften gehörte zum Ringen zwischen einem alttestamentarischen Gott und seinen Geschöpfen sowie deren Kämpfen untereinander. Die Opferzahlen hielten sich aus heutiger Sicht in Grenzen – außer bei der Sintflut –, waren doch in den Jahrhunderten vor unserer Zeitrechnung nur einige Zehn- bis Hunderttausende im Siedlungsbereich des Nahen und Mittleren Ostens einschließlich Ägyptens betroffen.

Bei einer im 14. Jahrhundert auf schätzungsweise 50 Millionen gestiegenen Bevölkerungszahl im Abendland sorgte der Schwarze Tod für eine Katastrophe. An die 20 Millionen Menschen raffte die Pest dahin.

Ein noch gravierenderes Massensterben ereignete sich ab Ende des 15. Jahrhunderts, als das christliche Abendland eine neue Welt entdeckte. Christoph Kolumbus und die nachdrängenden Konquistadoren eroberten einen riesigen Kontinent, auf dem rund 100 Millionen Ureinwohner lebten. Innerhalb weniger Jahrzehnte starben 80–90 Millionen »Indianer« in Nord-, Zentral- und Südamerika. Ursachen waren von den Weißen eingeschleppte Krankheitserreger, die Grippe, Pocken, Typhus, Masern, Malaria, Diphtherie und Keuchhusten auslösten.

Diese für die Menschen in der Neuen Welt katastrophalen Folgen wurden selbst von zwei Weltkriegen in der ersten Hälfte des 20. Jahrhunderts nicht übertroffen. Es waren »nur« um die 50 Millionen Tote.

Für unsere heutige Zeit bieten sich weitere Katastrophenszenarien mit weit größeren Auswirkungen an. So globale Pandemien, die sich aufgrund der Besiedelungsdichte sowie regem kontinentalen Austausch von Mensch und Waren rasend schnell verbreiten. Das erinnert an die bereits beschriebene Eroberung der Neuen Welt, die eindrücklich zeigt, was »biologische Waffen« bewirken können.

Diese finden sich heute auch, industriell hergestellt, in den Arsenalen von Staaten, die damit ihr Abschreckungs- oder Bedrohungspotenzial abrunden. Sie ergänzen chemische, konventionelle und atomare Waffen, die allesamt geeignet sind, katastrophale Auswirkungen hervorzurufen.

Naturkatastrophen wie Erdbeben, Überschwemmungen, Dürren, verheerende Stürme sowie Vulkanausbrüche (Supervulkane lauern unter dem Yellowstone-Nationalpark und dem Golf von Neapel) bedrohen weiterhin die Menschheit. Einschläge von Meteoriten finden zwar regelmäßig statt, verteilen sich aber auf ungefährlich kleine Portionen. Größere Brocken wie der Hoba vor 80 000 Jahren (sein 50-Tonnen-Eisenkern ist noch in Namibia zu besichtigen) und der Einschlag von Tscheljabinsk, 2013, sind selten. Die letzte wirklich verheerende Impactor-Katastrophe ereignete sich vor 65 Millionen Jahren vor der Küste von Yukatan und führte zum Aussterben der Dinosaurier.

Natürliche wie menschengemachte Ursachen (Überbevölkerung, Ausbeutung von Boden und Meer sowie Veränderung der Atmosphäre) können sich gegenseitig zu einer globalen Katastrophe verstärken.

Wer will das? Keiner!

REVOLUTION

Revolutionen bringen in kurzer Zeit große Veränderungen. Angesichts der Lage, in der wir uns befinden, wäre das mehr als wünschenswert. Doch wir haben in der Geschichte der Menschheit – besonders in der Alten Welt und in China – bereits mehrfach erlebt, dass solche revolutionären Veränderungen mit Gewalt und Blutvergießen bezahlt werden.

Für die drängenden Probleme unseres Anthropozän wären schnelle und tief greifende Veränderungen notwendig. Denn seit Beginn der Industrialisierung vor rund 200 Jahren steuern wir mit steigender Geschwindigkeit samt unserem Raumschiff auf eine robuste schwarze Wand zu.

Ein revolutionärer Prozess setzt allerdings einen großen Leidensdruck bei den Akteuren, ein »heißes Herz« für die Veränderung voraus – ein kühler Kopf wird die zu erwartenden Risiken und Unwägbarkeiten nicht auf sich nehmen.

Da die Auswirkungen des Menschenzeitalters rund um den Globus zu spüren sind, darf sich eine Revolution zudem nicht nur auf einen lokalen/nationalen Bereich beschränken. Der revolutionäre Funke muss auf die ganze Welt überspringen.

Ansätze wie Occupy, Attac und viele andere Zusammenschlüsse von Aktivisten haben noch nicht den Treibsatz für radikale Umwälzungen. Die Wahrnehmung der Menschen von Gefahren, die sich jeden Tag im Hintergrund verstärken, ist schwach ausgeprägt. In den entscheidenden Ländern der Ersten Welt spüren die Menschen keinen Leidensdruck (Verzicht und Entbehrungen durch Versorgungsmangel, spürbare Auswirkungen des Klimawandels) – eher im Gegenteil: Wohlstand, Überfluss und Konsum sind das beruhigende Valium für 1 Milliarde Menschen auf der Sonnenseite.

Es fehlt die zündende Idee für eine Revolution. Oder würden Sie für die VEREINIGTEN STAATEN DER ERDE oder die UNION ERDE auf die Straße gehen und Mauern und Grenzzäune einzelner widerspenstiger Länder samt ihren Regierungen niederreißen?

Eine Revolution ist nicht in Sicht, hätte aber zweifellos ihren Charme.

Vielleicht würde uns ein gemeinsames planetares Zusammengehörigkeitsgefühl leichter fallen, wenn sich die Schatten der Raumschiffe außerirdischer Besucher über unsere Metropolen schieben (Independence Day, Sie erinnern sich?) Eine feindliche Übernahme unserer Erde müssten wir wohl gemeinsam versuchen zu verhindern. Wahrscheinlich ist das nicht, ebenso wenig wie die friedliche Absicht der E.T.s.

DISRUPTION

Weniger radikal, aber doch in einem überschaubaren Zeitfenster von 20–50 Jahren können sich durch die Unterbrechung laufender Prozesse, Zeitgeistverschiebungen oder die Veränderung technischer Standards völlig neue Blickwinkel und Gegebenheiten manifestieren. Was selbstverständlich, schicksalhaft gegeben oder eben nur mach- und denkbar erschien, verändert sich in kurzer Zeit. Nicht revolutionär und unter dramatischen Umständen, sondern Schritt für Schritt, aber zügig und unaufhaltsam.

Bei der Disruption (to disrupt – unterbrechen, zerreißen) geht es nicht nur um Technologien, sondern auch um Denkweisen, Prozesse, Systeme und ganze Kulturen. Bestehende traditionelle Strukturen werden durch einen disruptiven Prozess abgelöst und teilweise vollständig verdrängt. Das in einem engen Dekaden-Zeitfenster, im Gegensatz zur Transformation, die meist eine längere, generationsübergreifende Entwicklung umfasst.

Nachdem wir im Moment bereits 60 Prozent mehr des regenerativen Angebotes unseres Lebensraumes Erde verbrauchen und wir uns in entscheidenden Bereichen völlig irrational-destruktiv verhalten, bleibt für eine langsame Transformation keine Zeit mehr.

In grauer Vorzeit löste ein hölzerner Hakenpflug, als er die erste Furche in die Erde kratzte, einen disruptiven Veränderungsprozess aus. Damit hatten die Jäger und Sammler Konkurrenz bekommen. Die Idee des Ackerbaus setzte sich schnell durch, brachte sie doch große Vorteile mit sich. Von der Erfindung der Schrift, dem Rad und der Dampfmaschine ziehen sich disruptive Entwicklungssprünge durch die historisch überschaubaren letzten 7000 Jahre der Menschheitsgeschichte. Was damals jeweils im Hier und Jetzt State of the Art war, zeigte sich dem Zeitgenossen am anderen Tage plötzlich in einem ganz anderen Licht. Einer seiner Mitmenschen hatte sich etwas einfallen lassen – eine Idee oder ein Handwerkszeug –, einige Nachbarn fanden das gut und schon kam eine Entwicklung in Gang, die unvorstellbare Veränderungen nach sich zog.

Ein Beispiel aus der jüngeren Geschichte: Gegen Ende des 19. Jahrhunderts, eine belebte Straßenkreuzung im Zentrum von London. Kreuz und quer sind Pferdekutschen und Fuhrwerke unterwegs. Wegen der Pferdeäpfel und des Urins der hart arbeitenden Vierbeiner muss es streng gerochen haben.

Keine 10 Jahre später riecht es nicht mehr nach Pferdemist, sondern nach Benzin. Auf der Kreuzung ist kein einziges Pferd zu sehen. Dafür zahlreiche sogenannte »Automobile«. Kurz zuvor, 1885, hat Carl Friedrich Benz auf dem europäischen Festland ein dreirädriges Gefährt mithilfe eines schiebergesteuerten Einzylinder-Viertaktmotors mit 0,67 PS fortbewegt. Der Beginn eines neuen Mobilitäts-Zeitalters. Ein klarer Fall einer disruptiven Veränderung, in kurzer Zeit und vor allem friedlich.

Strom direkt von der Sonne. Vor 20 Jahren war es noch gar nicht erlaubt, Fotovoltaik-Kollektoren aufs heimische Dach zu schrauben. Heute glitzert es im ganzen Land. 2016 stieg der weltweite Solarausbau gegenüber dem Vorjahr um 50 Prozent. Die installierte Kapazität verdoppelt sich alle 2 Jahre. Rechnerisch wären wir dann in 7 Jahren bei 100 Prozent. Führend bei Neuinvestitionen ist China, gefolgt von den USA, Japan, Großbritannien und Indien. Das hat das deutsche EEG (Erneuerbare-Energieeinspeise-Gesetz) geschafft, das Werk von Träumern und »Spinnern«, die anfangs

Zum Thema ein kurzer Exkurs in die nahe Zukunft

Stellen Sie sich einen Ihrer Lieblings-Staus vor oder eine besonders viel befahrene Innenstadt-Tangente – meinetwegen vierspurig. Verbrennungsmotoren dröhnen und stinken vor sich hin. Durchschnitts-PS-Zahl: 150. CO_2 satt. Feinstaub-Ausstoß sowieso. Stickoxid obendrauf.

Selber Ort, 10 Jahre später: saubere Luft, null Emissionen. Ein leises Hintergrundrauschen liegt über dem Verkehrsstrom. Apropos Strom. Genau das ist der Grund, warum jetzt zwar weiterhin vierrädrige Gefährte unterwegs sind, sich das Szenario aber dramatisch anders darstellt. Die E-Mobilität hat sich in atemberaubendem Tempo durchgesetzt. Ein disruptiver Prozess, der sich über 20 Jahre angedeutet hatte. Es wäre noch schneller gegangen, hätten sich die Diesel-Dinosaurier und Hersteller von hochmotorisierten Benzin-Boliden nicht mit allen Tricks so lange vehement dagegen gesträubt. Sie waren eine unheilige Allianz mit der Politik und den Käufern, dem Markt, eingegangen. Die Leute kauften diese Dinger auch noch. Und wie. 3 Millionen Neuzulassungen in Deutschland 2016, davon 40 000 SUVs – Stadtgeländewagen –, also Automobile, die kein Mensch wirklich braucht, völlig irrational.

Jetzt ist alles anders. China hat den Takt vorgegeben. Die hatten große Probleme mit Smog in ihren Metropolen. Einer der Verursacher war der Verkehr. Das Zentralkomitee entschied: Unser stolzes Land wird Weltmarktführer für Elektro-Autos. Und so kam es. 60 Prozent der Vehikel auf Deutschlands Straßen kommen jetzt aus dem Reich der Mitte, 30 Prozent aus Südkorea, Frankreich und den USA. Der klägliche Rest ist hausgemacht. So geht Disruption.

nur belächelt wurden. Auch von den Kern- und Kohlekraftbossen, denen heute die Felle langsam wegschwimmen. Es darf, ja muss mutig gedacht werden. Fiktion ist oft schon Realität in einer stark beschleunigten Gegenwart.

Die Neugierigen, Wissbegierigen und Oberlehrer unter uns werden noch wehmütig auf ihren *Großen Brockhaus* mit zwanzig Bänden im Bücherregal schauen. Heute gibt es Google und Wikipedia. Auch die nähere Vergangenheit zeigt gute Beispiele für Veränderungen, die erst keiner wahrhaben wollte.

Das 20. Jahrhundert war geprägt von einer steten Abfolge technischer Entwicklungen. Diese bedrohten so manches traditionsreiche Geschäftsmodell. Besonders hart traf es die Passagierschifffahrt, lange Zeit das einzig interkontinentale Verkehrsmittel. Moderne Düsenjets tauchten am Himmel über dem Atlantik auf und lösten zwischen 1960 und 1970 nicht nur ihre Propeller-Vorgänger mit begrenzter Geschwindigkeit und Reichweite, sondern auch die traditionellen Liniendampfer ab. Ende einer Ära, das man 10 Jahre früher nicht einmal als Möglichkeit angedacht hatte.

Ein fabelhaftes Beispiel sind die Segnungen der Digitalisierung, die etwa zur selben Zeit einsetzte. Datenverarbeitung und Kommunikation haben Leben und Arbeiten von uns Menschen in wenigen Jahren verändert. Gerade noch steckten wir den Zeigefinger in die Wählscheibe des Festnetz-Telefons. Jetzt sind wir mit einer Wischbewegung mobil und überall »connected«. Gesprochenes Wort, SMS, getwitterte Texte, WhatsApp, Fotos und ganze Spielfilme sind im weltweiten Internet verfügbar. Vor 40 Jahren war das nicht einmal Science-Fiction.

Vorwärts in die Zukunft

Die Welt in 10 Jahren. Hatten sich die Menschen bis 2020 noch in selbstverliebter Ignoranz auf die bisher unangefochtenen Fähigkeiten ihrer organischen Intelligenz verlassen, wurde ihnen jetzt das Ruder durch die künstliche Intelligenz aus der Hand genommen. Das Zauberwort hieß »Algorithmus«, also eine schlichte Arbeitsanweisung, die durch die Speicher- und Rechnerleistung von Maschinen und ihrer Software eine völlig neue Qualität bekommen hatte. Seit die nicht organischen Dinger auch noch selbstlernend waren, gab es kein Halten mehr. Schon 1998 hatte Deep Blue von IBM den Schachweltmeister Garri Kasparow besiegt, 2015 verblüffte Googles DeepMind bei Dutzenden von Computerspielen, indem es die Spielregeln verinnerlichte und menschliche Gegner schlecht aussehen ließ, tja, und kurz darauf schlug das KI-Programm AlphaGo den südkoreanischen Go-Champion Lee Sedol mit 4:1 vernichtend. Go ist ein altes strategisches Brettspiel aus China, das noch komplizierter als Schach ist.

Das war aber nur das buchstäblich spielerische Vorspiel. KI wurde zum willkommenen Partner bei der Profitmaximierung im Finanzwesen ebenso wie in der Industrie, wo sich Arbeitsabläufe schnell ins Aberwitzige beschleunigten. Im Takt von milliardstel Sekunden kam der Homo sapiens nicht mehr mit. Ehe er sichs versah, war er wieder in eine selbst verschuldete Unmündigkeit gefallen, aus der ihn Immanuel Kant Mitte des 18. Jahrhunderts mit seinem »sapere aude« – »Habe Mut, dich deines Verstandes zu bedienen« – versucht hatte zu befreien. Klappe zu, Affe tot. Jetzt lässt sich der Mensch im selbstfahrenden Auto chauffieren und in der Industrie sind Millionen Arbeitsplätze verschwunden. Die Interface-Schnittstelle zwischen einem pfiffigen, selbstlernenden Maschinenprogramm und unserem etwas altmodisch-trägen Gehirn bringt uns der göttlichen Bestimmung zum »Homo deus« (siehe das fabelhafte gleichnamige Buch von Yuval Noah Harari) näher. Weitere Fiction-Horrorszenarien sind Ihrer Fantasie überlassen.

Nicht vergessen: Das Ganze spielte sich innerhalb der letzten rund 50 Jahre ab.

Noch etwas Disruption im Alltag

Für Existenzialisten, Intellektuelle, Arbeiter, Künstler, kurz: für viele war Rauchen im vergangenen Jahrhundert ein selbstverständlicher Teil ihres Lebens. »Ich rauche, also bin ich« – und das in allen Lebenslagen. Seit 30 Jahren hat sich das weltweit drastisch verändert. Unvorstellbar! Auf Initiative von Einzelnen, Gruppen und Parteien wurde heftig über die Glaubensfrage »Rauchen« diskutiert. Die US-dominierte Zigaretten-Industrie, die ihre Desinformationskampagnen über Jahrzehnte betrieben hatte, war überführt. Ihre nikotin-und teerbelasteten Glimmstängel sind definitiv gesundheitsschädlich – auch für Nichtraucher. Der dramatische Schlusspunkt war der Tod des Marlboro-Cowboys, der, nachdem er jahrelang rauchend durch die Werbelandschaft dieser Zigarettenmarke geritten war, an Lungenkrebs erkrankte und verstarb. Das Passivrauchen und seine Folgen gaben bei uns den Ausschlag. 2007 beschloss die Bundesregierung das »Nichtrauchergesetz«. Das Qualmen in öffentlichen Räumen, wozu nach zähem Widerstand auch Kneipen und Wirtschaften zählten, ist damit verboten. Eindeutig eine Zäsur, eine Veränderung in einem kurzen Zeitfenster.

Bei Lichte betrachtet, sollten wir disruptive Veränderungen bei der Suche nach Auswegen aus dem selbst verschuldeten Dilemma des Anthropozän genauer ins Auge fassen. Disruption kann heute Undenkbares zumindest übermorgen möglich machen. Das wäre Anlass zur Hoffnung, die uns Menschen über Wasser hält.

Sarah al-Suhaimi, Vorstandschefin der saudi-arabischen Börse in Riad, brachte es in einem *Spiegel*-Interview auf den Punkt. Gefragt, ob sie denn in der strengen islamischen Gesellschaft ihres Heimatlandes die Gleichstellung der Frauen für realistisch halte, sagte sie: »Es geht nicht darum, ob es realistisch ist. Es muss passieren.« Das ist die richtige Einstellung, um große Herausforderungen anzupacken. Alles andere ist Wegducken und darauf hoffen, dass morgen die Sonne wieder aufgeht. Die neuen Weichenstellungen des jungen Thronfolgers Prinz Mohammed bin Salman bin Abdulaziz al-Saud weisen darauf hin, dass Frau al-Suhaimi bald recht bekommt.

Allerdings darf dabei nicht vergessen werden, dass der Wandel, ein Entwicklungssprung auch falsche Hoffnungen wecken oder negative Folgen mit sich bringen kann. So löste die Erfindung des Verbrennungsmotors vor 130 Jahren auch eine gewaltige Blechlawine aus. 1,2 Milliarden Autos sind heute weltweit auf einem unendlichen mehrspurigen Asphaltstraßennetz laut und stinkend, häufig im Stau, unterwegs. Eine gigantische Boden- und Ressourcenverschwendung sowie Umweltverschmutzung. Das hatten sich die Automobil-Pioniere sicher so nicht vorgestellt. Höchste Zeit für eine erneute Disruption! Dabei gehört unser Mobilitätsanspruch ebenso auf den Prüfstand wie die dazu notwendigen Fahrzeuge.

Wohl wissend, dass ein zügiger Wandel auch schiefgehen kann, sollten wir uns von heute Unwahrscheinlichem, Unmöglichem und eigentlich Undenkbarem nicht entmutigen lassen.

Wir haben keine Wahl. Wir müssen das Ruder herumreißen! Es muss passieren!

ÖKOLOGISCHER FUSSABDRUCK

Die Ökologen Mathias Wackernagel und William Rees formulierten in den 90er-Jahren das Konzept des ökologischen Fußabdrucks. Dieser entspricht der Fläche der Erde, die notwendig ist, den Lebensstandard eines Menschen auf Dauer zu ermöglichen. Heute wären das 1,5 Hektar, also 15 000 Quadratmeter. Zur Orientierung: Bewohner der USA und der Vereinigten Arabischen Emirate hinterlassen mit 10,5 Hektar den größten Abdruck, wir Europäer bringen es auf 4,5 Hektar, während sich ein Mensch in Bangladesch mit 0,6 Hektar zufriedengibt.

DER WELT-
ERSCHÖPFUNGSTAG

Auch »Erdüberlastungstag« oder »ökologischer Overshoot« genannt. Bei der vom Global Footprint Network ins Leben gerufenen Aktion wird jedes Jahr der Tag errechnet, an dem der aktuelle Verbrauch an natürlichen Ressourcen die Kapazität des Planeten zur Regeneration übersteigt. Dabei wird die gesamte Nutzung natürlicher Ressourcen von Ackerland, Wasser, Wäldern und Lebewesen, die alle Menschen derzeit für ihre Lebens- und Wirtschaftsweise brauchen, der biologischen Kapazität der Erde, Grundstoffe aufzubauen sowie Abfälle und Emissionen aufzunehmen, gegenübergestellt.

Die kostenlosen Gaben der Erde berechneten Wissenschaftler 2015 mit 33 Billionen Dollar jährlich. Dem stand die Summe von 18 Billionen Dollar der Bruttoinlandsprodukte aller Länder gegenüber. Bei aller Kritik an umweltökonomischen Bewertungen verdeutlichen sie doch augenscheinlich eine sehr unausgeglichene Bilanz. Wir bedienen uns hemmungslos bei Boden, Luft und Wasser. Kostenlos!

Welterschöpfungstage

02. August	2017
08. August	2016
13. August	2015
19. August	2014
20. August	2013
22. August	2012
27. September	2011
21. August	2010
25. September	2009
23. September	2008
06. Oktober	2007
09. Oktober	2006
20. Oktober	2005
01. November	2000
21. November	1995

Wir leben weit über unsere Verhältnisse, und das nicht einmal auf Pump. Das würde ja voraussetzen, dass wir einen Kredit zurückzahlen oder etwas Ausgeliehenes wieder zurückgeben wollten. Beides können wir gar nicht! Vergessen Sie es.

Wir wollen auch gar nichts zurückgeben.

Beim Lieferanten Natur stehen wir gewaltig in der Kreide. Etwas zurückgeben? Wir haben außerdem nichts von Wert, was die Natur von uns zurückhaben will.

Außer ihrer Ruhe vor uns.

Tief durchatmen.

Jetzt sind wir nun einmal da. Angenommen, wir haben uns entschlossen, neue, nachhaltige Wege zu gehen … zeitnah und konsequent – was müssten wir tun? Wir wollen nicht in die Hölle fahren und akzeptieren notwendige Veränderungen.

UNION ERDE

Die ernüchternde Bestandsaufnahme am Anfang des 21. Jahrhunderts zwingt im Anthropozän zu mutigen, im Moment als unwahrscheinlich geltenden Ideen und Konzepten für eine globale Wende.

Ich möchte einige Vorschläge machen, die als Steilvorlage aus dem eigenen Scheuklappen-Denken und nationaler Kleinstaaterei hinausführen.

Vorgaben kommen bereits aus dem zukunftsgläubigen Silicon Valley, wo Heilslehren in Hightech umgesetzt werden. Der Facebook-Vordenker Mark Zuckerberg postuliert: »Wir müssen die Infrastruktur bauen, damit die Zivilisation die nächste Stufe erreicht und wir die Stammesfehden der Gegenwart hinter uns lassen können.« Obwohl Informationen überall und Daten alles sind, wird es nicht ohne Staat gehen.

Wohlgemerkt: »Staat«, Einzahl! Staaten machen nur Ärger. Deshalb: Ich fordere eine Weltregierung!

Eine disruptive globale Entwicklung könnte sein:

- Stärkung der Vereinten Nationen mit der Zielsetzung einer WELTREGIERUNG der UNION ERDE (Vorbild wären die Vereinigten Staaten von Amerika oder die Europäische Union, unter Vermeidung der bisher gemachten Fehler).

  Eine global agierende FINANZ-AGENTUR koordiniert die Abschaffung des virtuellen digitalen Finanzsystems mit seinen zockenden Global Players. Fiat Money, also virtuelles Geld, wird nur noch kontrolliert von der UNION-ERDE-Zentralbank generiert.

  Verbot des Investment-Bankings, Schließung der Börsen. Dafür mehr Spielcasinos.

  Banken sollen wie im alten Florenz einfach wieder Geld sicher aufbewahren, überweisen und zu maßvollen Zinsen verleihen. Risiko-Absicherungen werden durch UNION-ERDE-Bürgschaften oder – wie gehabt – durch private Rückversicherungen abgedeckt.

  Errichtung einer VERY BAD BANK, in die die weltweit aufgelaufenen Staatsschulden von 202 Billionen (202 000 Milliarden) Dollar verschoben werden. Ein Endlager wird noch gesucht.

- Zerschlagung der Food-Giganten (Nestlé, Unilever, Danone, Coca-Cola, PepsiCo, Mondelez International, Kraft Heinz) durch die planetare ERNÄHRUNGS-AGENTUR, um eine nachhaltige und gesunde Versorgung der Erdbevölkerung sicherzustellen. Die Konzerne machen uns mit überzuckerten, sinnfreien Labor- und Marketing-produkten übergewichtig, krank und entmündigen uns als Verbraucher zu Konsumenten. Das Ganze in einem Massen-Billigmarkt, der eine natur-und artgerechte Nahrungsmittelherstellung ausschließt.

  Diese Entflechtung und Straffung des Lebensmittel-angebotes geschieht in Kombination mit einer Land-reform: Landgrabbing wird verboten, Großgrundbesitz in regionale, kleinere Einheiten zurückgeführt sowie Subventionen gerechter – sprich kleinteiliger – verteilt. Damit wird die Existenz von Millionen von Bauern besonders in den Ländern der Dritten Welt sichergestellt.

Die Massentierhaltung wird artgerechten Vorgaben unterworfen. Die Anwendung der Gentechnik bei Tieren und Pflanzen wird weltweit abgestimmt, geregelt, kontrolliert und sanktioniert. Ebenso werden Monopolbildungen bei der Agrochemie für Saatgut, Düngung und Schädlingsbekämpfung (Bayer/Monsanto, Dow Chemical/Dupont, ChemChina/Adamo/Syngenta) aufgelöst und der ERNÄHRUNGS-AGENTUR unterstellt.

Dass sich großes, übermächtig Erscheinendes filetieren oder zerschlagen lässt, zeigt rückblickend das Beispiel »Standard Oil«. 1870 vom skrupellosen John D. Rockefeller gegründet, war es Ende des 19. Jahrhunderts das größte Erdölraffinerie-Unternehmen der Erde. 1906 ging die Regierung unter Präsident Theodore Roosevelt gegen die einflussreiche Monopolstellung vor. Es kam zur »Entflechtung«, ein Meilenstein der amerikanischen Rechtsgeschichte.

- Einrichtung einer ENERGIE-AGENTUR, die weltweit Produktion und Versorgung mit regenerativem Strom finanziert und koordiniert. Parallel erfolgt eine drastische Rückführung der Verstromung aus Atomkraft und fossilen Energieträgern (Erdöl, Gas und Kohle). Zielsetzung ist, dass die heute noch vorhandenen CO_2-Speicher möglichst im Boden verbleiben – zumindest nicht mehr für die Verbrennung verwendet werden.
  Die ENERGIE-AGENTUR erhebt auch eine Energiesteuer auf alle Energiequellen (also auch für Sonne, Wasser und Wind sowie Atomkraft und fossile Ausgangsstoffe). Naturnutzung darf nicht mehr kostenlos sein.

- Eine zentrale AGENTUR FÜR BODENSCHÄTZE verwaltet die Vorkommen wichtiger Mineralien weltweit. Bodenschätze (Eisen, Kupfer, Seltene Erden, Phosphat, Erdöl, Erdgas, Kohle etc.) werden dem Zugriff durch private Unternehmen, Staaten, Kriegsparteien/Milizen und Zwischenhändlern entzogen und dem planetaren Gemeinwohl unterstellt. Wer sagt denn, dass Beduinenstämme, Warlords, Despoten oder Konzerne die

Verfügungsgewalt über menschheitsrelevante Rohstoffe
haben sollen – wie bisher?

- Beispiel **Saudi-Arabien**: Ein Herrscherhaus (vor zwei/
  drei Generationen waren es noch Nomaden) finanziert mit seinen Ölmilliarden nicht nur eine prächtige
  Hofhaltung, mischt im internationalen Geldgeschäft
  mit und verbreitet den Wahhabismus – eine puristisch-
  sunnitische Auslegung des Korans –, sondern führt
  auch noch Krieg gegen seinen Nachbarn Jemen, von
  den indirekten Interventionen in Syrien, dem Irak und
  Katar abgesehen.

- Beispiel **Venezuela**: Das Land mit den größten
  Ölvorkommen der Erde versinkt im Chaos. Der
  verstorbene Präsident Hugo Chávez, der seinen
  Machtwillen unter dem Deckmantel des Sozia-
  lismus zu verbergen suchte, hatte sein Volk an den
  Tropf gehängt. Gefallene Ölpreise machten das
  Land zum Armenhaus. Wenn die Geschichte anders
  gelaufen wäre, müsste Caracas heute wie Dubai
  aussehen. Mit glitzernden Hochhäusern, Shopping-
  malls und gigantischen Fontänen. Jetzt liefert das
  Land ein Lehrstück zum Thema: »Wie ruiniert man
  ein Ölreich?«

- Beispiel **Russland**: Auch hier führen die reichen
  Rohstoffvorkommen zu einer Junkie-Abhängigkeit, an
  der sich eine politische Elite sowie eine Oligarchen-
  Clique bereichern. Das leichte Devisen-Kapital
  verhindert den Aufbau einer produktiven Volkswirt-
  schaft, die dem globalen Wettbewerb gewachsen ist.

- Egoistisch und dumm werden so die Reichtümer der
  Erde verschleudert. Das mit ihnen erwirtschaftete
  Geld landet in privaten Taschen, anstatt der Weltge-
  meinschaft zugutezukommen.

Um einen Eindruck zu vermitteln, über welche Mengen
an Rohstoff und Geld wir gerade reden:
Die tägliche Rohölproduktion (in Barrel = 159 Liter)
der Länder

Saudi-Arabien	10 Millionen Barrel
Venezuela	2,4 Millionen Barrel
Russland	11 Millionen Barrel

Geht man von einem bescheidenen Barrel-Preis von 50 US-Dollar aus, dann ergeben sich – täglich – beachtliche Summen, mit denen die UNION ERDE sicher viel Gutes tun könnte.

- Eine GERECHTIGKEITS-AGENTUR, die für die Umverteilung des Reichtums der Ersten Welt an die Armutsländer der Dritten Welt sorgt. Die Zielsetzung der UN-Agenda 2030, die eine Abschaffung von Hunger und Armut vorsieht, muss in eine institutionelle Form gegossen, die Institutionen müssen mit konkreten Befugnissen und Mitteln ausgestattet werden. Sie sind auch verantwortlich für den Aufbau klein- und mittelständischer Betriebe in den Entwicklungsländern, die eine Existenzgrundlage schaffen. Große Ungleichheit destabilisiert die planetare Balance.

- Eine ABRÜSTUNGS-AGENTUR initiiert, verhandelt und kontrolliert die weltweite Abrüstung. Dies umfasst die konventionelle, biologische, chemische wie atomare Rüstung. Parallel dazu wird die Herstellung von Waffen aller Art und deren Handel verboten.

- Nur die SICHERHEITS-AGENTUR verfügt über 100 000 bewaffnete Elitesoldaten, die auf allen kontinentalen Verwaltungseinheiten stationiert und direkt der Regierung der UNION ERDE unterstellt sind.

- Die FLÜCHTLINGS-AGENTUR koordiniert die weltweiten Flüchtlingsbewegungen, ausgelöst durch Naturkatastrophen oder kriegerische Konflikte. Sie kann Staaten Kontingente zuteilen und Unterbringungs- sowie Integrationskriterien vorgeben. Auch sie ist mit den entsprechenden Befugnissen und unterstützenden Mitteln ausgestattet.

- Eine HANDELS-AGENTUR koordiniert die weltweiten Handelsbeziehungen, wobei der freie Handel der ordnenden Hand der Agentur und nicht mehr einzelnen

Staaten unterworfen ist. Basis ist eine erweiterte Welthandelsorganisation, WTO.

- Eine AGENTUR FÜR WISSENSCHAFT UND FORSCHUNG koordiniert die weltweiten Aktivitäten von Universitäten, Institutionen und Unternehmen. Vorgaben sind klare Rahmenbedingungen, an die sich alle zu halten haben. Zügelloser Forschungstrieb und Profitdenken sollen eingehegt werden. Das gilt insbesondere für die wichtigen, aber auch hochriskanten Bereiche der Gentechnik (CRISPR) und der Entwicklung von künstlicher Intelligenz, KI, Robotik sowie virtueller Realität.

- Ausbildung und Bildung muss allen Menschen – abgestimmt auf ihre kulturellen Wurzeln – zugänglich gemacht werden. Koordiniert wird dies von der AGENTUR FÜR BILDUNG UND KULTUR, die von der Erdgemeinschaft mit den notwendigen, großzügigen Mitteln ausgestattet wird. Lehrer sind die Generäle der nahen Zukunft.

- Die AGENTUR FÜR SPIRITUALITÄT koordiniert die »Ethik der Zukunft«. Zielsetzung ist ein fruchtbarer Austausch von Religionen, Philosophie und Ideologien. Spiritualität wird als hohes Gut anerkannt. Rahmenbedingungen sind der gegenseitige Respekt und die Ausschließlichkeit von Alleinvertretungsansprüchen sowie Fundamentalismus.

Zugegeben: Aus heutiger Sicht erscheinen diese Zielsetzungen mehr als ambitioniert, um nicht zu sagen utopisch. Sie setzen unglaubliche Umwälzungen voraus. Die Strukturen global agierender Organisationen (UN, OECD, Weltbank, WHO, UNICEF etc.) sind aber bereits vorhanden. Das größte Hindernis wird die festgefügte Souveränität von Staaten – immerhin 193 an der Zahl – sein, die bei einer UNION-ERDE-Lösung ohne Grenzen natürlich drastisch eingeschränkt wird.

Das enge Denken in Rassen, Hautfarben, Vaterländern oder Nationalitäten und Religionen hätte aber ein Ende. Alles schwerer Ballast, der in der Vergangenheit nur für Konflikte und kriegerische

Auseinandersetzungen gesorgt hat. Genau dieses Leben in Angst, Bedrohung und Schrecken wollen wir nicht mehr! Die planetare Wende schafft einen neuen Ansatz. Der Mensch darf weder Feind des Menschen noch des Planeten sein.

Die bisherigen Bemühungen zu einer friedlichen Völkergemeinschaft waren zu zaghaft und gingen meist von den falschen Voraussetzungen aus. Sie dokumentieren aber auch die gewaltigen Interessenskollisionen einer in Nationalstaaten zersplitterten Menschheit.

Exkurs: Am 8. Mai 2017 erschien in der *Süddeutschen Zeitung* in der Reihe »Globalisierung am Ende?« folgender Artikel:

Die Internationale der Technokratie

Alle Länder lösen gemeinsam die Probleme dieser Welt? Wie die schöne Nachkriegs-Idee der Völkergemeinschaft von krassen Widersprüchen blockiert wird.

Nach dem Fall der Berliner Mauer schien die Globalisierung unaufhaltsam zu sein. Für Befürworter wie für Kritiker wurde sie zum Begriff unserer Epoche. Eine Serie im SZ-Feuilleton fragt, ob die weltweite Verflechtung in der Ära von Donald Trump, von Populismus und neuem Nationalismus nunmehr ins Stocken gerät – und ob sich die Zukunft überhaupt noch von der Weltgemeinschaft gestalten lässt.

VON ANDREAS ZIELCKE

Alle bedeutenden Friedensordnungen der Neuzeit entstanden nicht aus freien Stücken, sondern unter dem Leidensdruck verheerender Kriege. Nach dem Dreißigjährigen Krieg errichteten die westfälischen Verträge ein Friedenssystem gleichberechtigter Staaten. Nach den jahrzehntelangen Koalitionskriegen gegen das napoleonische Frankreich erlegte der Wiener Kongress dem Kontinent eine neue Ordnung auf, die allerdings nicht auf Souveränität baute, sondern auf das Gleichgewicht der Großmächte.

Die Monstrosität des Ersten Weltkrieges war es dann, die das klassische Ideal eines völkerrechtlichen Friedenskonzepts wiederaufleben ließ, jetzt in Gestalt eines Völkerbundes, wie ihn bereits Hugo Grotius 300 Jahre zuvor entworfen und nachher Immanuel Kant in seiner Schrift »Zum ewigen Frieden« als »durchgängig friedliche Gemeinschaft der Völker« ausgearbeitet hatte. Schließlich forcierte der Zweite Weltkrieg – obwohl er den Völkerbund auf schlimmstmögliche Weise ad absurdum geführt hatte, den nächsten Anlauf, die Nationen in einer Rechts- und Friedensunion zu vereinen. Noch während des Krieges wurden die Vereinten Nationen geplant und schon im Juni 1945, noch vor Japans Kapitulation, von 50 Staaten vereinbart.

Doch wie schon bei den früheren Friedenssystemen sind auch die UN geprägt von der Signatur des Krieges, aus dem sie hervorgingen. Sie bannen die militärische Aggression, bleiben aber den kriegsgeborenen Hegemonien und Allianzen verhaftet. Was beim Wiener Kongress unverhohlene Methode war – die Siegermächte plus das restaurierte Frankreich oktroyierten sich als herrschendes Friedenskartell –, wurde bei den Vereinten Nationen teils negiert, teils offen inszeniert. Auch wenn ihre Gründer erneut das Loblied auf Kants Vision sangen, erschufen sie eine Ordnung von hybrider Natur, die die nationale Selbstbestimmung und die Dominanz der Sieger unter einen Hut zu bringen sucht.

Im Prinzip mischten sie die realpolitische Logik des Wiener Kongresses mit den Idealen des Völkerbunds. Jeder Mitgliedstaat trägt die globale Union gleichberechtigt in der Generalversammlung mit, aber den Siegermächten ist mit ihrem Exekutiv- und Vetorecht im Sicherheitsrat die Führungsgewalt vorbehalten. 1815 waren es die fünf europäischen Großmächte; seit 1945 die fünf (teils ehemaligen) Weltmächte. Treffend beschrieb es der in die Gründungsverhandlung involvierte britische Diplomat Charles Webster in seinem Tagebuch als »Allianz der großen Mächte, eingebettet in eine universelle Organisation«.

Bis heute schleppen sich die UN mit dieser Crux herum, die ihnen heillose Funktions- und Legitimitätskrisen beschert. Die andere Crux rührt aus dem in ihre Charta eingeschriebenen Widerspruch zwischen der Autonomie der Mitgliedsstaaten, garantiert durch das Einmischungsverbot, und den Menschenrechten. Die Allgemeine Menschenrechtserklärung von 1948 entstellte diesen Konflikt zur Kenntlichkeit. Seither hat er an Schärfe nicht verloren, auch wenn man mit der »humanitären Intervention« und der internationalen »Schutzverantwortung« für Entrechtete (»responsibility to protect«) seit den Neunzigerjahren wenigstens für extreme Menschenrechtsverletzungen einen neuen Ansatz gefunden hat. Von einem Durchbruch kann aber keine Rede sein.

Doch am Anfang war dies weit mehr als nur ein Prinzipienkonflikt, es war eine Lüge – wie so häufig in der Rechtsgeschichte. So wie man in den USA trotz des Bekenntnisses der Unabhängigkeitserklärung, »dass alle Menschen gleich geschaffen sind«, unangefochten die Sklaverei fortsetzte, so wie man trotz des französischen Revolutionsversprechens der »Egalité« den Frauen 150 Jahre lang das Wahlrecht verwehrte, so verabschiedete man die UN-Charta und Menschenrechtserklärung ungerührt davon, dass damals mindestens zwei der fünf Großmächte, Frankreich und Großbritannien, gar nicht daran dachten, ihren Kolonialismus aufzugeben. Was also konnte die »Selbstbestimmung der Völker« für kolonisierte oder annektierte Bevölkerungen bedeuten? Offenbar sind universale Rechtsgarantien historisch zuerst nur als falsche Versprechen zu haben, bevor die Betroffenen in der Lage sind, sie wirksam einzufordern. Ironie gibt es im Recht nicht, sehr wohl aber Zynismus.

Trotz alledem wiederholt sich die Geschichte nicht, die UN degenerierten nicht wie der Völkerbund zum politischen Zombie. Und läge der Beweis nur darin, dass es bislang zwar zu vielen regionalen Kriegen kam, aber zu keinem neuerlichen Weltkrieg. Doch welches Verdienst daran auch immer die UN haben, unterhalb des *worst case* eines Weltbrandes bestand so gut wie nie Einigkeit darüber, was denn unter der Praxis einer verbindlichen Weltgemeinschaft überhaupt zu verstehen ist.

Diejenigen, die von einer Weltpolizei träumten (nicht zuletzt der britische Premier Winston Churchill, der eine eigene UN-Kampftruppe forderte), wurden durch fehlende Durchsetzungsorgane der UN ernüchtert. Ohnehin machte der Kalte Krieg jede Illusion einträchtiger Ordnungsakte der Großmächte hinfällig. Aber von Eintracht waren die Großmächte auch in ihrem Inneren weit entfernt. Den Zwist, der die Lager ideologisch teilte, vor allem innerhalb der USA, gibt es bis heute: Waren die einen Politiker gewillt, Amerika trotz seiner »Exzeptionalität« in eine multilaterale Politik einzugliedern, verlangten die anderen, auch die Weltorganisation den Interessen Washingtons unterzuordnen.

In der Tat stellt sich die Frage, wie Nationalstaat und Internationalismus zu vereinbaren sind, für Großmächte anders als für den Rest der Welt. Sollen sie ihre hegemoniale Stärke in den Dienst der Weltunion stellen? Oder umgekehrt diese Union für ihre Zwecke instrumentalisieren? Zweifellos verlangt der kantianische Idealismus den kleineren Mächten weniger Selbstdistanz und Vernunft ab als den ganz großen. Die beiden Weltmächte USA und Sowjetunion haben sich meist für die zweite Variante entschieden, wenn auch oft rhetorisch kaschiert. Allerdings setzte Washington selbst in den Phasen, in denen hier die Unilateralisten politisch die Oberhand hatten, den Eigensinn zumindest in den ersten Jahrzehnten nicht derart rabiat durch wie Moskau. Allein in den ersten sechs Jahren nutzten die Sowjets ihr Vetorecht 47 Mal, die USA innerhalb von 20 Jahren gar nicht.

Aber die beiden Großmächte kollidierten nicht nur im Sicherheitsrat. Besonders in den Fünfziger- und Sechzigerjahren wetteiferten sie aggressiv um eine neuartige Imperialstrategie. Neuartig, weil die beiden nicht mehr, wie beim Imperialismus des 19. Jahrhunderts, Länder der südlichen Hemisphäre kolonisieren wollten, sondern weil sie nun ganz im Gegenteil den Freiheitskampf noch immer kolonisierter Bevölkerungen mit allen, auch militärischen Mitteln unterstützten, um die jungen Nationen auf ihre jeweilige Seite zu ziehen. Im Namen eines auf Weltfrieden ausgerichteten Internationalismus schürte man in Afrika und Asien das Feuer des Befreiungsnationalismus. Um die Welt zu vereinen, spaltete man sie auf.

Doch unfreiwillig trugen die Supermächte damit zum Erstarken und Selbstbewusstsein der »Dritten Welt« bei, die sich ihrerseits bald von ihnen zu emanzipieren suchte und, als »Bewegung der blockfreien Staaten«, die UN aus ihrer Blockstarre löste. Mit der weiteren Folge, dass die UN-Generalversammlung sich immer öfter mehrheitlich gegen die fünf Vetomächte positioniert. Was die Völkergemeinschaft wiederum noch frustrierender blockiert.

Führte aber die parteiliche politische Befreiung in das eine Dilemma, so die Befreiung von der Armut in das andere. Immerhin hat auch hier die Lager-Rivalität nachhaltige Impulse ausgelöst und das Konzept der »Entwicklung« auf die internationale Tagesordnung gesetzt. Doch auch das von den UN im Jahr 1965 ins Leben gerufene »Development Programme« verhinderte nicht, dass man sich in die Haare bekam, diesmal über Idee und Stoßrichtung der Modernisierung »unterentwickelter« Länder – und damit über die ökonomische Integration der Welt.

Sollten diese Länder den Industrieländern nacheifern? Oder sollten sie einen eigenen Weg einschlagen, zumal der Rückstand nicht nur bei den ärmsten Nationen auf absehbare Zeit uneinholbar war? Für den industrialisierten Westen war es eine Scheinfrage, er hielt an seinem Ordnungsmuster auch für die Weltwirtschaft fest. Im Süden aber forderte man eine »neue Weltwirtschaftsordnung« mit geregelten Rohstoffpreisen und fairen, auf ihre Nöte zugeschnittenen Handelsbeziehungen. Kapitalismuskritik rüttelte in den Sechzigerjahren ja auch die westliche Öffentlichkeit auf, doch auch dieser zusätzliche Drive änderte nichts an der vorherrschenden Weltökonomie. Den armen Ländern blieb nur, sich mit ihr zu arrangieren.

Die Stunde der Wahrheit kam für sie immer dann, wenn sie Kredite bei der Weltbank oder gar beim Internationalen Währungsfonds (IWF) aufnehmen mussten.

Speziell diese beiden Organe beweisen, wie sehr die Weltgemeinschaft im Vergleich zur Völkerbundzeit an Handlungsfähigkeit dazugewonnen hat. Ihre Durchsetzungskraft war gewaltig. Vor allem der IWF nötigte den Schuldnerländern durch die Konditionen, die er mit der Kreditvergabe verband, nicht nur fiskalische Rosskuren auf, sondern tief greifende Umbrüche ihrer staatlichen und privatwirtschaftlichen Struktur.

So wandelte sich die Weltgemeinschaft zu einer Paternalismusagentur: Trotz universeller Souveränitätsgarantie bevormundete man die verschuldeten Nationen, als seien sie wieder Mandatsgebiete, jetzt aber der internationalen Kreditgeber. Je weniger Rücksicht man auf andersartige Traditionen und Denkweisen nahm, desto eher gerieten viele IWF-gelenkte Länder erst recht in die Krise. Bis heute sind es fast nur Schwellenländer, die potent genug sind, um ihren Entwicklungspfad zum Globalmodell des Nordens mehr oder weniger souverän verfolgen zu können.

Noch fataler aber für den ideellen Anspruch der Völkergemeinschaft wurde, dass sowohl die beiden rivalisierenden Großmächte der Nachkriegszeit als auch das mechanische *nation building* à la IWF der Prämisse folgten, dass die Stabilität der politisch und ökonomisch protegierten Nationen absoluten Vorrang hatte vor einer demokratischen Struktur. Lieber autoritäre Regimes, auf die man zählen konnte, als unberechenbare Demokratien.

Stets begründet man dies auch damit, dass nur stabile Regierungen vor Zerfall, Gewalt und Krieg schützen. Doch jeder weiß um die Scheinheiligkeit dieses Vorwands. Ohne integrierende politische Teilhabe, ohne Gewaltenteilung und Rechtsstaat, also ohne innerstaatliche Friedlichkeit ist auf Dauer auch der äußere Frieden nicht zu wahren. Eigentlich eine schlichte Erkenntnis, die zudem ein erklärtes Credo des Westens ist, der sich selbst »freie Welt« nennt. Aber auch dieses Bekenntnis ist noch lange nicht beim Wort genommen.

Seit Mitte der Siebzigerjahre hat sich der Prozess der Vergemeinschaftung noch einmal heftig verschoben, bis heute. Wurde Entwicklungsökonomie bis dahin vor allem an der Frage gemessen, durch welche staatlichen und internationalen Programme man den ärmeren Nationen auf die Sprünge helfen kann, so gilt seit der neoliberalen Wende eine neue Priorität.

Von nun an setzt man für den Entwicklungsschub aller Länder, und damit auch für die schwachen, primär auf den Markt statt auf staatliche Nachhilfe. Ökonomische Anreize, steuerliche Privilegien, Investorenschutz, Freihandelsverträge, Deregulierung, Präparieren für den Finanzmarkt, das waren und sind die neuen Instrumente, die allen, den wohlhabenden wie den armen Ländern, am besten nutzen sollen.

Auch hier ist guter Wille am Werk, man muss den Urhebern nicht nur Ausbeutung unterstellen, selbst Kant versprach sich von der Verdichtung der internationalen Handelsbeziehungen eine friedlichere Welt. Was er aber noch nicht voraussehen konnte, uns aber spätestens jetzt, nach jahrzehntelanger Erfahrung mit der Marktentfesselung, vor Augen steht, ist die

Tatsache, dass zwar viele Völker von der offensiven Marktintegration profitieren können; dass aber anfänglich bestehende Ungleichgewichte sich zu immer krasseren Ungleichheiten auswachsen, von neuen Abhängigkeiten ganz zu schweigen. Die Welt rückt zusammen und differenziert sich dramatisch und ungerecht aus.

Zurzeit sind keine politischen Kräfte zu sehen, die den Prozess des Zusammenfindens und Auseinanderfallens zumindest abfedern könnten. Fest steht nur, dass der Neonationalismus auf den Holzweg führt. Weniger auffällig, aber noch schwerer aufzuhalten ist ein zweiter Trend. Anstelle eines *global government*, einer utopischen Weltregierung, zeichnet sich real eine *global governance* ab. Das ist keine politische Zentrale, sondern ein loses, aber höchst wirksames transnationales Netzwerk von Fachgremien, Absprachen zwischen multinationalen Firmen, Expertenrunden, Freihandelssystemen, Schiedsgerichten, Davos-Treffen, Rating-Agenturen und vielen indirekten Lenkungsmechanismen mehr. Die Sorge, dass die Demokratien marktkonform gemacht werden, verfehlt diese Gefahr im Hintergrund. Die Internationale der technokratischen Instanzen droht zum falschen Ferment der Weltvergemeinschaftung zu werden.

Die viel beklagte Globalisierung kann gar nicht das Hauptproblem der Völkerunion sein, es ist die Entpolitisierung ihrer Steuerung. Die UN sind ein – lahmendes – Befriedungsprogramm, politisch effizient wachsen die Nationen nur zusammen, wenn sie die Globalisierung nicht als Naturgewalt über sich ergehen lassen, sondern als zu gestaltendes Projekt begreifen.

Die weltumspannende Globalisierung nahm nach dem Epochenbruch von 1989 mit dem Kollaps der Sowjetunion so richtig Tempo auf. Hinzu kamen die Kommunikationsmöglichkeiten des erdumspannenden Internets, das eine vernetzte Menschheitsgesellschaft in Echtzeit ermöglichte. Ein ökonomisches, politisches und kulturelles Zusammenwachsen schien denkbar. Die Europäische Union entwickelt sich – bei allen Schwierigkeiten – von einer überschaubaren Handels- und Währungsgemeinschaft zu einer Werte- und Rechteallianz – ein Modell im Kleinen für eine zukünftige UNION ERDE.

Die USA als Siegernation des Kalten Krieges und World-Champion in fast allen Disziplinen sind mit ihrer Rolle als Über-Nation gescheitert. Der Weltpolizist wurde von anderen immer mehr als Hegemon empfunden. 9/11 war der vorläufige Schlusspunkt dieses Alleinvertretungsanspruchs, unter dessen Ordnungsmandat sich der Rest der Welt weitgehend arrangierte. Höhepunkt dieses Rückzugs ist die bisherige Politik der Trump-Regierung, die ein multipolares Mobile in Bewegung versetzt hat.

Stefan Kornelius schreibt in der *Süddeutschen Zeitung* vom 13./14. April 2017: »Globalisierung ist eine politische Urgewalt. Wer sie zähmen will, müsste internationale Politik auf Augenhöhe zwischen allen Staaten treiben. Wie schwer das derzeit ist, zeigt die Endlosschleife Klimapolitik, wo tatsächlich ein weltumspannendes Netz ein Menschheitsproblem in den Griff zu bekommen versucht.«

Ebenso wie die Bedrohungen einer Klimaveränderung zwingt die Gefährdung unseres Lebensraumes durch Überbevölkerung und Übernutzung zu verantwortlichem Handeln. Am Ende seines Artikels kommt Kornelius auf den Punkt: »Die USA haben ihre Friedensdividende nicht investiert, um den alten Übeln einer zu engen Welt der verfeindeten Nationalstaaten eine moderne Version globaler Governance entgegenzustellen. Wie die hätte aussehen sollen? Eine gute Frage, nicht viele haben sich an die Antwort in den letzten Jahrzehnten gewagt.«

Wagen wir es! Glauben wir an die Macht der Disruption! Heute belächelt und abgelehnt, bricht sich Neues in kurzer Zeit Bahn. Noch dazu, wenn es zwingend und naheliegend ist.

Die Erde mit ihren Menschen muss als Ganzes gedacht und gelebt werden. Das gilt für das Verhältnis der Menschen untereinander wie auch des Menschen mit seiner belebten und unbelebten Mitwelt.

> Erinnern wir uns:
> WIR SIND ALLE ASTRONAUTEN AUF DEM RAUM-
> SCHIFF ERDE. ES IST UNSERE EINZIGE HEIMAT.

Hält man kurz inne, ist die Vorstellung eines Raumschiffs Erde naheliegend, aber staunenswerterweise in den Köpfen seiner Besatzungsmitglieder nur schwach ausgebildet. Es fehlt offensichtlich eine verständliche Gebrauchsanleitung, die das hochkomplexe Gefährt erklärt und Fehlgriffe sowie Fehlverhalten möglichst ausschließt.

Diese Anleitung wäre wiederum die hilfreiche Basis für eine Hausordnung, deren Regeln strikt eingehalten werden müssen. Das gilt für jedes Mitglied der Besatzung ebenso wie für jede Gemeinschaft, ob sie sich Stamm oder Staat nennt. Ziel ist allemal eine globale Besatzung, die verinnerlicht hat, dass sie nur im Miteinander eine kleine Chance bei der Reise durch Raum und Zeit hat. Deren Ziel und Zweck weiß sowieso keiner.

Der deutsche Astronaut Alexander Gerst schrieb: »Beim Blick aus dem Bullauge der ISS hatte ich das Gefühl, dass mich da unten Milliarden Kollegen und Kolleginnen auf ihrem Raumschiff Erde begleiten. Wir flogen beide durch einen tiefschwarzen Raum und hofften auf eine gute Reise und eine sichere Landung.«

Fatalerweise erleben wir im Augenblick das genaue Gegenteil einer planetaren Gemeinschaft. Wir werden mit einer destruktiven, rückwärtsgewandten Strömung der nationalen Kleinstaaterei konfrontiert. Dabei stapft der Koloss USA mit seiner Trump-Administration und der Forderung »America first« unbeirrt voran. Dicht gefolgt von China, dem bevölkerungsreichsten Land der Erde, unter der Führung von Xi Jinping. Ein Recep Erdogan träumt davon, die Türkei auf dem gerade begonnenen demokratischen Weg zu einer weltoffenen Demokratie zurückzuzwingen in ein osmanisches Sultanat. Auch in Europa sind Staaten auf dem Weg ins Mittelalter. England zieht sich wieder in die alte Splendid Isolation auf seiner Insel zurück, dazu das erzkatholische Polen mit Jarosław Kaczyński, Ungarn mit Orbán und Frankreich mit Le Pen. Selbst in der Bundesrepublik Deutschland regt sich wieder nationale Engstirnigkeit und braune Nostalgie. Ausgerechnet im jahrhundertelang von Nachbarschaftskriegen zerrütteten Europa, das seit Ende des Zweiten Weltkrieges 1945 ein beispielloses Kollektiv von verschiedensten Völkern in der Europäischen Union geworden ist. Nicht perfekt, aber ein Modell für die UNION ERDE. Ein fabelhaftes Beispiel für eine Disruption, deren Entwicklung und Erfolg sich vor 60 Jahren bei dem Vertragsschluss in Rom zu einer Europäischen Wirtschaftsgemeinschaft zumindest andeutete.

Dass die Völkergemeinschaft eine notwendige und sinnvolle Unterbrechung einer bedrohlichen Entwicklung auf den Weg bringen kann, zeigt das jetzt kleiner werdende Ozonloch. In den 80er- und 90er-Jahren hatte sich über dem Südpol dieser Defekt der Ozonschicht gezeigt, die normalerweise dafür sorgt, dass die gefährliche UV-Strahlung der Sonne nicht ungehindert auf die Erdoberfläche trifft. Verursacher war Fluorchlorkohlenwasserstoff (FCKW), das bisher bedenkenlos als Treibmittel in Sprühflaschen und als Kältemittel in Kühlschränken eingesetzt worden war. 1990 beschloss eine internationale Konferenz in London, diese Gruppe chemischer Verbindungen weitgehend zu verbieten. Noch ist das Ozonloch zwar größer als zum Zeitpunkt seiner Entdeckung, aber in den letzten 10 Jahren ist es immerhin von 27 auf 23 Millionen Quadratkilometer geschrumpft. Ein kleiner Schritt für die Ozonschicht, aber ein großer Schritt für die Menschheit, der ein Fünkchen Hoffnung bei den anstehenden gravierenden Entscheidungen enthält. Wenn nicht, dann heißt es:

BIG DADDY ÜBERNIMMT

Für alle Freunde der Science-Fiction – und alle, die es jetzt werden wollen – noch eine interessante Variante einer zukünftigen Lösung (die allerdings auch als Revolution – weil es plötzlich sehr schnell und unausweichlich ging – verstanden werden kann):

Die Menschheit schreibt das Jahr 2080. Alles ist gut, weil Big Daddy das Sagen hat. Auf der ganzen Erde, für alle Menschen.

Grenzen sind abgeschafft, alle Erdlinge haben reichlich zu essen und zu trinken und sind friedlich. Big Daddy sorgt für alles. Er ist das Beste aus dem, was menschliche IT-Spezialisten vor 50 Jahren auf den Weg gebracht haben. Nach 20 Jahren haben dann die selbstlernenden Algorithmen in Daddys (den Titel »Big« verlieh er sich etwas später selbst) Maschinenhirn selbst die Zügel in die Hand genommen – wenn ich diesen altmodischen Begriff verwenden darf. Es war höchste Eisenbahn – wieder so ein antiquierter Ausdruck –, weil sich die jetzt 10 Milliarden Menschen immer noch vermehrten wie – sorry – die Karnickel (ein damals durchaus gebräuchlicher Ausdruck) und nichts Vernünftiges auf die Reihe brachten. Wenigen Superreichen stand ein Milliardenheer Hungernder und Verarmter gegenüber. Streitereien um Wasser und Nahrung. Die Bodenschätze waren knapp und sündhaft teuer. Auch über einen wahren und einzigen Gott konnten sie sich immer noch nicht einigen. Und dann hatte da einer auch noch diese Idee mit einer UNION ERDE. Das passte den Mächtigen in ihren Landesgrenzen ganz und gar nicht in den Kram. Sie bauten wie verrückt Mauern. Die Situation spitzte sich zu.

Jetzt übernahm Big Daddy. Und alles wurde gut.

(Big Daddy ist ein Nachfolger von DeepMind. Er holt sich seine Energie von der Sonne, arbeitet Tag und Nacht, ist unbestechlich und nur den Gesetzen seiner selbst erlernten und für gut befundenen Arbeitsregeln unterworfen. Auch glaubt er an keinen Gott.)

Möchten Sie im Jahre 2080 leben?

TRANSFORMATION

Das Lebensmodell der westlichen Welt, also der sogenannten »Ersten Welt« hat schon einen generationenlangen Vorlauf hinter sich. Setzt man den Startpunkt der Moderne mit der Aufklärung, schauen wir auf über 200 Jahre zurück. Wenige Jahre vor Ausbruch der Französischen Revolution trafen sich damals die besten Köpfe Europas regelmäßig im Pariser Salon des Barons d'Holbach: Denis Diderot, Jean-Baptiste le Rond d'Alembert, David Hume, Jean-Jacques Rousseau, Voltaire und einige namhafte andere. Man speiste, trank, diskutierte und arbeitete an der *Encyclopédie*, die das noch nicht so aufgeklärte Wissen der Zeit enthalten sollte. Das Ganze war höchst konspirativ, herrschten doch noch Adel und Klerus, denen diese Umtriebe gefährlich erschienen. Mit Recht, wie sich schnell zeigte.

Die Ideen der Aufklärung flossen in die folgende, blutige Revolution ein, von der besonders die Botschaft »Freiheit, Gleichheit, Brüderlichkeit« die Weichen stellte für die nachfolgenden Generationen in den europäischen Kernländern. Das ging natürlich nicht mit kollektivem, friedlichem Einverständnis aller Beteiligten ab, sondern forderte viel Blutvergießen, bis sich neue Gesellschaften herauskristallisierten.

Eine Folge ist unsere so geliebte wie jetzt wieder infrage gestellte Demokratie, die sich seit 1949 in der Verfassung der Bundesrepublik Deutschland niederschlägt. Ein vorläufiger Schlusspunkt einer über 200-jährigen Transformation, die einige Irrwege – darunter zwei Weltkriege – mit einschließt. Ausgangspunkt war eine Gesellschaft unter der Knute von Monarchie und Adel sowie der Kirche, die mit ihren Amtsträgern dem Schrecken der weltlichen Herrscher nicht nachstand.

Die kurze Rückblende soll vor Augen führen, dass Veränderungen selbstverständlich auch durch Transformation zu bewerkstelligen sind. Sie dauern eben länger und schließen das wachsende Verständnis und Einverständnis der Mehrheit mit ein. Ohne Zwist und Streit gehen auch sie nicht vonstatten. Aber das Ergebnis zählt.

Transformation wird auch heute wieder gerne eingefordert, wenn es um Wege aus dem Dilemma des Anthropozän geht. Klimaerwärmung, endliche Ressourcen, die hemmungslos verbraucht werden, eine ungebremste Wachstums-Ideologie getrieben von Kapital und Märkten, Armut und ungerechte Güterverteilung und, und, und …

Der Idee der schrittweisen, langsamen Veränderung steht unser wunderbares Heute entgegen. Warum soll sich denn um Himmels willen für uns hier im Schlaraffenland Deutschland überhaupt etwas ändern? Über 70 Jahre Frieden, Wohlstand und Liberalität. Meinungs- und Religionsfreiheit, Versammlungs-, Wohnorts- und Arbeitsplatzfreiheit, soziales Netz und Altersversorgung sind eine direkte Folge davon, dass die Aufklärung die Schleusen geöffnet hat. Der Mensch hat sich auf hohem Wohlstandsniveau als Individuum entdeckt und definiert sein eigenes Lebensglück getreu dem Motto: Ich verbrauche für mich, was immer ich meine zu brauchen. »Ich kaufe, also bin ich.« Ein ausgeprägter Konsumegoismus, dessen Wahrnehmen und Handeln ausschließlich auf den kleinen, ganz persönlichen Kreis des Einzelnen samt seinem privaten Umfeld abzielt. Dabei ist die Freiheit grenzenlos: »Ich konsumiere, also bin ich«, »Ich reise, also bin ich«, »Ich gebe Gas, also bin ich«. Je größer das Auto, je mehr bin ich.

Der Theologe Markus Vogt, Professor an der Ludwig-Maximilians-Universität in München, fordert ein neues Bewusstsein von Grenzen, eine intelligente Selbstbegrenzung: »Ich plädiere für eine freiwillige Selbstbegrenzung aus Überzeugung. Das kann ein erfüllendes Lebensmodell sein.«

Da ist *Zeit-Online*-Autor Sebastian Dalkowski noch weit davon entfernt. Auch wenn ihm bewusst ist, »dass vieles von dem, was wir kaufen und verbrauchen, nicht gut ist. Unser Konsum schadet uns selbst, am meisten aber anderen. Denen, die mit uns auf der Erde leben, die wir nicht sehen, weil sie weit weg wohnen. Und denen, die nach uns noch hier leben werden.« Da macht sich einer – neben hoffentlich vielen anderen – tatsächlich einen Kopf und wird von einem lästigen Umweltgewissen geplagt. »Coffee to go geht gar nicht. Auch nicht Kaffee aus der Kapsel. Wieder ein neues Smartphone? Im Dezember nach Neuseeland, dann noch im Frühjahr eine Woche Azoren. Von München nach Berlin fliegen, weil es schneller geht. Ich hatte zwar gerade gestern Steak, aber egal, das habe ich mir jetzt verdient.« Der Hin-und-her-Gerissene kommt am Schluss zu der Einsicht: »Die Folgen unseres Konsums werden wir erst dann bemerken, wenn irgendwann der Ozean vor der Tür steht. Bloß ist es dann eben zu spät.« Dann geht es ab

IN DIE HÖLLE MIT UNS MENSCHEN.
Fragt sich nur, ob man uns da haben will.

Auch Markus Vogt weiß: »Wir sind auf einem zerstörerischen Gleis der Entwicklung unterwegs. Wir ersticken am eigenen Erfolg und beuten rücksichtslos die ökologischen Lebensgrundlagen aus.

Auch sind liberale Gesellschaften bei Verständigungsprozessen sehr träge.« Die Lösung sieht er aber nicht in den großen Imperativen, die dirigistisch in das Verhalten der Menschen eingreifen. »Mag sein, dass sogar jeder diesen Ver- und Geboten zustimmt, aber keiner handelt danach, weil sich jeder überfordert fühlt«, meint Vogt. »Damit hat das Christentum 2000 Jahre Erfahrung, dass wir ständig das nicht tun, von dem wir wissen, dass wir es tun sollten.«

Vogt setzt auf den mühsamen Weg jener spezifischen Bewusstseinsbildung, die die Grenzen der Freiheit nicht nur sozial, sondern auch ökologisch definiert: »Freiheit bedeutet auch hier eben nicht, beliebig viele Möglichkeiten zu nutzen.« Stattdessen sollen Vernunft, Verantwortung und Demut die egozentrischen Aktionen einhegen. Diese Forderung nach einer freiwilligen Selbstbeschränkung kollidiert oft heftig mit dem Freiheitsverständnis des Menschen. Da ist dann ein tief gehender Lernprozess notwendig.

Marcus Vogt: »Von unserer ganzen Biologie als Resultat einer langen Prüfung im Laufe der Evolution sind wir erst einmal auf Wachstum eingestellt. Auf ein großes Jagdrevier, auf Beschleunigung, auf Mobilität. Alles Leben ist Wachstum. In der Natur ist es allerdings ein Rhythmus von Mehr-Werden und auch wieder Weniger-Werden, ein Hoch und ein Tief zwischen Wachsen und Sterben. Wir haben diese biologische Metapher auf unser Verständnis von Wirtschaft und auf größenwahnsinnige Vorstellungen von Unendlichkeit übertragen, ohne den Herkunftshintergrund zu beachten. Darin besteht ein wesentlicher Irrtum.«

Vogt sieht den mutigen Lösungsweg in einer Transformations-Ethik, die Schritt für Schritt Veränderungsprozesse in Gang setzt. »Freiheit entsteht durch Bindung. An einen Ort oder eine Gemeinschaft. Erst in dieser Vertrauensbeziehung habe ich als Einzelner die Möglichkeit, wirklich etwas zu verändern. Es gilt, den Freiheitsbegriff auf soziale, ökologische Rücksichten regional zu transformieren und bewusst als etwas Kollektives wahrzunehmen.«

Seiner Meinung nach bewirken Verbote nichts. Vogt: »Es geht um die Vermittlung von Erfahrungen gelungenen Lebens, was meines Erachtens anthropologisch nur in Verbindung mit Verantwortung und Sorge für andere Menschen und die Umwelt möglich ist.«

Andere optimistische Transformations-Denker fordern statt Umweltfrust eine geradezu hedonistische Umweltlust. Schaut man sich die oft waghalsigen Aktionen meist jugendlicher Greenpeace-Aktivisten an, mag man leicht Abenteuerlust in Verbindung mit einem starken Engagement erkennen. Der Theologe Markus Vogt kann sich damit durchaus anfreunden: »Gerade im Umweltbereich haben wir heute eine Synergie-Ethik. Jeder ist mit jedem vernetzt. Wir sind tolerant, lieb und nett. Das fruchtbare Element des Konfliktes, der Differenz und auch des Kampfes, der Auseinandersetzung wird verdrängt. Dabei vergessen wir, dass in der Natur Fortentwicklungen keineswegs nur durch Selektion und Mutation stattfinden. Das Zusammenwirken und das Kooperieren – auch wenn es vorher kracht – sind wichtige Strategien in der Evolution.«

AUF IN DEN KAMPF!

Wir leben in einer Zeit des Umbruchs. Wir wissen sehr genau, dass wir unseren Lebensraum Erde übernutzen. Schamlos. Wenn wir einen Funken Ehre, Moral und Verantwortung in unserer eigennützigen Brust haben, müssen wir fast alles ändern. Erinnern Sie sich: Es geht um die PLANETARE WENDE.

Ist die auf lange Zeitspannen angelegte Überzeugungsarbeit der Transformations-Anhänger der richtige Weg?

Das Zeitfenster ist klein. Die Ereignisse laufen uns davon: Klimaerwärmung, Eisschmelze an den Polen ebenso wie bei den Gletschern weltweit, Ausbreitung der Wüsten, Auslaugen und Schrumpfen der fruchtbaren Böden, Versauerung und Überfischung der Weltmeere, Abholzung von Regenwäldern, Reduzierung der Artenvielfalt, Ausbeutung der Bodenschätze und – die Menschen werden immer mehr! 90 Millionen kommen jedes Jahr hinzu, meist in Ländern und Regionen, die schwierige Lebens- und Überlebenschancen bieten.

65 Millionen Menschen sind bereits als Flüchtlinge unterwegs. Steigen die Ozeane weiter, versinken Inseln und tief liegende Siedlungsgebiete. Selbst in die Brunnen weiter im Landesinneren dringt Salzwasser ein. Die wandernden Massen werden an den Grenzen ihrer Nachbarn stehen. Glaubt man Beobachtern, sind bereits heute in Afrika 50 Millionen junger Männer auf dem Sprung nach Europa. Und es werden mehr. Die Bewohner des Kontinents sollen sich bis zum Jahr 2050 von 1,2 Milliarden auf 2,5 Milliarden verdoppeln.

Man mag ein Freund von Überzeugungsarbeit, konstruktiver Diskussion und auf Einsicht aufbauenden Handlungen sein – jetzt sind aber meiner Meinung nach **TATEN UND VERBOTE gefragt**.

Das wird nicht allen gefallen.

Philipp Blom vergleicht in seinem fabelhaften Buch *Die Welt aus den Angeln* (Sie erinnern sich?) eine Kälte-Krise mit der »Warmzeit«, die uns heute bedroht: »Umfang und Wucht werden so lange anwachsen, bis uns der Leidensdruck unserer kollektiven Erfahrung zum Umdenken zwingt, und es ist anzunehmen, dass sehr viele Menschen im Zuge dieser Entwicklung leiden werden.«

DIE BEVÖLKERUNG

7,5 Milliarden Menschen leben heute auf der Erde. Vor 200 Jahren
waren es 1 Milliarde.

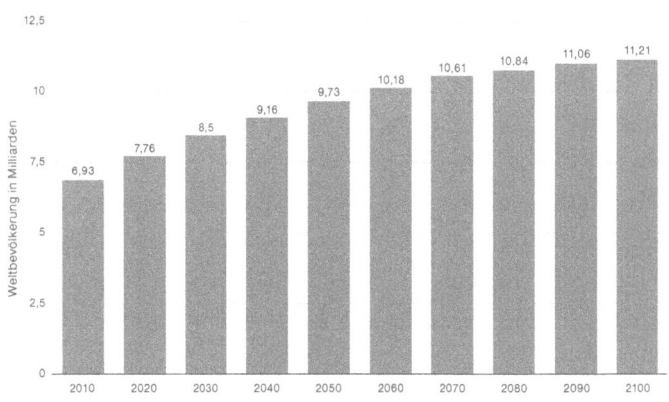

UN-Prognose zur Entwicklung der Weltbevölkerung in den Jahren von 2010 bis 2100

Wie die sich leicht abflachende Kurve zeigt, werden es 2100 über
11 Milliarden sein. Ihre Enkel – sollten Sie Kinder haben – könnten
dabei sein.

Müssen wir so viele sein? Sind wir nicht bereits jetzt zu viele?

Aus einer größeren Zahl von Herausforderungen an die Menschheit lassen sich besonders vier Bereiche nennen, die sich aus der zunehmenden Populationsdichte ergeben:

- Armut, Unterentwicklung und Arbeitslosigkeit
- Die wachsende Anzahl von Migranten
- Die globale Überalterung
- Die Vereinbarkeit von menschenwürdigen Lebensverhältnissen mit einer nachhaltigen Entwicklung

Immer mehr Menschen machen es sicher nicht leichter, diese Herausforderungen zu bewältigen.

In keinem noch so heiligen Buch steht geschrieben, dass der göttliche Auftrag »Seid fruchtbar und mehret euch« (1. Buch Mose) in die Milliarden gehen soll. Allerdings ist von einer Obergrenze leider auch nirgendwo die Rede (die bayerische CSU war noch nicht gegründet). Ein großer Fehler im Schöpfungsplan. Vielleicht war es im Paradies auch nur deshalb so paradiesisch, weil es nicht viele von uns gab?

Wohlmeinende Exegeten der biblischen Botschaft deuten das »Seid fruchtbar und mehret euch« im Sinne der Verbreitung eines ständig sich vergrößernden Wissens und Erkennens. Sollte das so gemeint sein, dann hätten wir noch einen weiten Weg vor uns – wenn wir ihn denn noch lange weitergehen können.

Das Leben neigt dazu, sich überreichlich zu vermehren. Das lässt sich im Tierreich ebenso beobachten wie bei den Pflanzen. Dabei haben sich unterschiedlichste Strategien entwickelt, die ein Überleben der Art sicherstellen sollen. Bringt eine Grauwalkuh im Laufe ihres Lebens nur ein Junges zur Welt, finden sich im Laich eines Laubfroschweibchens bis zu 1000 potenzielle Nachkommen. Die

Eier haben aber nur eine kleine Chance, sich zu einem ausgewachsenen Frosch zu entwickeln. Die meisten von ihnen sind Fischfutter. Bekannt für eine hohe und erfolgreiche Fortpflanzungsrate sind Karnickel, Lemminge und Ratten.

Die Verbreitung und Dichte einer Population hängt vom Nahrungsangebot sowie etwaigen Fressfeinden ab. Mangelt es an beidem, dann begeben sich Lemminge auf eine selbstmörderische Wanderung, die zu einer starken Dezimierung des Bestandes und damit auch zu einer Entlastung des heimischen Lebensraumes führt. Bei den meisten Tieren regelt aber das »Fressen und gefressen werden« den Fortbestand, womit eine zerstörerische Überzahl vermieden wird. Pflanzen nutzen Sonnenlicht, Wasser und passenden Boden zur Vermehrung. Bekommt eine Art mehr davon, wird sie sich gegenüber Benachteiligten durchsetzen. Aber das Beispiel der berühmten weißen und schwarzen Gänseblümchen in der Gaia-Hypothese von James Lovelock zeigt, dass sich dieses Missverhältnis in den Rahmenbedingungen der Naturgesetze wieder einpendelt.

Wir Menschen sind bekanntlich Säugetiere, haben aber keine natürlichen Fressfeinde mehr. Seit Aussterben des Säbelzahntigers finden wir uns an der Spitze der Nahrungskette. In dieser bevorzugten Position bietet sich eine Ausbreitung und Vermehrung an. Genau das tun wir seit der Einführung von Ackerbau und Viehzucht. Deren Möglichkeiten für Überproduktion und Vorratshaltung schufen die Voraussetzung für die Dominanz des Homo sapiens. Seine Vermehrung wurde lange durch reduziertes Nahrungsangebot, hohe Kindersterblichkeit, Krankheiten sowie kriegerische Handlungen im Zaum gehalten, stieg dabei aber trotzdem kontinuierlich an. Schätzungen zufolge lag die menschliche Population am Beginn unserer Zeitrechnung, also vor rund 2000 Jahren, weltweit bei 250 Millionen. 500 Millionen sollen es dann Ende des 15. Jahrhunderts gewesen sein. Da umfasste das Siedlungsgebiet bereits den ganzen Planeten.

Mit der industriellen Revolution in der zweiten Hälfte des 18. Jahrhunderts wurden Hunger und Krankheiten drastisch reduziert. Die Bevölkerung explodierte um sage und schreibe 4,5 Milliarden Menschen, die in 100 Jahren dazukamen. Ein beispielloser Zuwachs, obwohl in dieser Zeitspanne zwei Weltkriege stattfanden, die in der Wachstumskurve allerdings nur kleine Dellen verursachten. Auch das laufende 21. Jahrhundert beeindruckt: Immerhin 3,5 Milliarden neue Erdenbürger werden zusätzlich erwartet.

Optimisten behaupten: Wir können bereits heute 12 Milliarden Menschen ernähren. Fakt ist: Im Jahre 2017 hungern 800 Millionen, 3,1 Millionen Kinder sterben an Unterernährung, 768 Millionen Menschen haben keinen Zugang zu sauberem Wasser.

Immer wieder ist die internationale Geber- und Hilfsgemeinschaft überfordert, um Opfern von Dürrekatastrophen – meist in Afrika – das Nötigste zum Überleben zur Verfügung zu stellen. Dort, wo sie sich darum bemüht, wird ihre Arbeit von Bürgerkriegsparteien erschwert und blockiert. Der Horror ist Programm.

Auch wenn die Agrarindustrie weltweit Überschüsse produziert, kommen diese offensichtlich nicht da an, wo sie gebraucht werden. In Deutschland werfen wir im Jahr pro Kopf 82 Kilogramm Nahrungsmittel in den Müll. Das hilft den Hungernden in der Dritten Welt nicht. Das Verteilungsproblem – Finanzierung, Transport, Lagerung und Verteilung vor Ort – haben wir nicht einmal im Ansatz im Griff.

Zurück zur Ausgangsfrage: Sind wir nicht heute bereits zu viele Menschen auf dem Planeten?

Und was macht man, wenn diese vielen auch noch alle an einen Ort drängen? Bereits heute lebt über die Hälfte der Menschheit in Städten, darunter richtige Megametropolen mit zweistelliger Millionen-Einwohnerzahl. Mexico City und die chinesischen Ballungszentren geben einen Vorgeschmack. Nach einer UN-Prognose sollen es 2050 an die 70 Prozent sein. Sie werden 80 Prozent des weltweiten Energieverbrauchs für sich beanspruchen.

Global harmlos – aber symptomatisch – ist der Run auf das einstmals idyllische »Millionendorf« München, Hauptstadt des überaus schönen Bayern und eine der europäischen Boomtowns. Aus der Million sind im Verlauf der letzten 60 Jahre 1,5 Millionen geworden, 2 Millionen sind bei dem aktuellen Zuzug an Neumünchnern in 20 bis 30 Jahren zu erwarten. Hieß es einst »München leuchtet«, ist bereits jetzt eher das Attribut »stinkt« angebracht. Die Isar-Metropole ist die Stau-Hauptstadt der Republik geworden und auch bei der Feinstaubbelastung in der Spitzengruppe. Dazu ist Wohnraum sündhaft teuer, weil knapp. Trotzdem drängen Konzerne weiter hierher, was Arbeitsplätze und weiteren Zuzug schafft. Die Infrastruktur mit U- und S-Bahn samt Kitas, Schulen, Krankenhäusern und Musentempeln kommt nur noch schwerlich hinterher. Das Stadtgebiet wird »verdichtet«, das Umland mit neuen Vorstädten erschlossen. »Münchens letzter Quadratmeter wird zugebaut,« sagt Christian Hierneis, Kreisvorsitzender des Bundes Naturschutz (BN), »es gibt offensichtlich kein Halten mehr. Egal, welche Baumaßnahme kommt, es werden immer mehr Menschen.« Hierneis stellt die berechtigte Frage: »Die Politiker sagen, München muss die Metropolregion in Europa werden. Aber warum denn, wofür? Man kann natürlich sagen: Ja, wir wollen weiterwachsen, bis nichts mehr geht. Oder wir sagen: Wir wollen nicht mehr wachsen, wir wollen unsere Stadt lebenswert erhalten. Dabei müssen wir für die nächsten 50 oder 100 Jahre denken.«

Irgendwie wird es so wohl weitergehen. Schließlich garantiert das Grundgesetz jedem Bürger mit EU-Pass innerhalb der Grenzen der Europäischen Union die freie Wahl des Wohnortes. München kann nicht die Zugbrücken an der nicht mehr vorhandenen Stadtmauer hochziehen. Irgendwie soll sich das auch für das »2-Millionen-Dorf« München schon regeln. Irgendwie, irgendwann. Keine wirklich befriedigende Aussicht.

Leider ein symptomatisches Beispiel im Kleinen für das globale, große Spiel des begrenzt belastbaren Lebensraumes Erde. Es werden immer mehr Bewohner, die noch dazu immer mehr Ansprüche anmelden. Alle haben durch Geburt ihren Menschenrechts-Pass für einen Aufenthalt auf dem Planeten. Keiner sagt: Stopp!

Wir lassen es einfach laufen.

Berechnungen der UN ergaben, dass die Erde knapp 2 Milliarden Menschen mit gehobenem Lebensstandard, wie wir ihn heute in Europa kennen, verkraftet. 6 Milliarden könnte sie ertragen, wenn wir unsere Ansprüche auf ein gesundes Mittelmaß – was immer das genau sein soll – beschränken. Der Soziologe und Ökonom Professor Klaus Leisinger drückte es einfacher aus: »Würden alle Menschen so leben wie brasilianische Urwaldindianer, könnte die Erde 20 bis 30 Milliarden tragen.« (Fragt sich: Wo nehmen wir die Urwälder dafür her?) »Würden alle so viele Ressourcen verbrauchen wie die Einwohner der USA, wäre die ökologische Tragfähigkeit schon heute überschritten.« Moment! Die Tragfähigkeit ist durchbrochen! Eine Erde reicht längst nicht mehr!

Die Diagnose ist klar: Wir sind längst zu viele Astronauten auf dem Raumschiff Erde! Das Boot ist übervoll! Schließlich gibt es neben den prassenden 323 Millionen US-Bürgern 500 Millionen Europäer, die auch nicht schlecht leben, von 1,3 Milliarden aufstrebenden Chinesen, 1,2 Milliarden emsigen Indern und einigen 100 Millionen Restasiaten ganz zu schweigen. Nach Studien des Global Footprint Network übernutzen wir die Biokapazität der Erde schon seit 1987. Ein »Weiter so« geht nicht, ein Streben nach weiterem Wachstum schon gar nicht!

Gegenmaßnahmen: drastische Reduzierung der weltweiten Geburtenrate. Wie? Ganz einfach. Bildung, Wohlstand und die Sicherung des Lebensabends. Die reichen Länder der Ersten Welt machen es vor. In Deutschland kommen pro Frau nur 1,5 Kinder zur Welt, in Italien sind es noch weniger. So überzeugend, so einfach, aber trotzdem nicht hilfreich beim Thema »Erdbevölkerung«. Was bei 1 Milliarde Menschen auf der reichen Nordhalbkugel gegeben ist, entspricht nicht den Lebensumständen der anderen. Neben Armut und mangelnder Bildung ist die Rolle der Frau in der Gesellschaft ausschlaggebend bei der Anzahl der Nachkommen. Tradition und Religion, oft in einem unheilvollen Wechselspiel, lassen der Frau keinen Raum zum Widerspruch. Sie fallen dem dominanten Mann nicht in den Arm, sondern stärken im Gegenteil seinen Anspruch. Sexuelle Verfügbarkeit der Partnerin, die keine ist, gehört natürlich dazu. Eine vielköpfige Kinderschar unterstreicht Potenz und Männlichkeit – die Nachkommen dienen als billige Arbeitskräfte und sollen auch noch das Alter sichern.

Spitzenreiter ist Nigeria. Mit durchschnittlich 7 Kindern pro Frau ist das 20-Millionen-Land in den nächsten 100 Jahren auf dem besten Weg unter die Top Ten der bevölkerungsreichsten Staaten.

Unselig ist die Rolle der beiden größten Religionsgemeinschaften, die rund 3 Milliarden Menschen zu ihren Gläubigen zählen. Viele davon in den ärmeren Ländern. Allen voran die römisch-katholische Kirche. Deren Vertreter stehen – seit ihrem Kirchenvater Augustinus, in jungen Jahren ein wahrer Womanizer – auf lustfeindlichem Kriegsfuß mit der Sexualität. Sie postulieren beinhart, dass alles Leben von ihrem Gott gegeben und somit sakrosankt ist. Nachkommen ja, aber nur im heiligen Bund der Ehe (und auch da darf sich nur zum Zwecke der Zeugung vereint werden). Verhütung NEIN, und schon gar keine Abtreibung. Wenn Regierungen – sogar die USA unter Carter, Reagan oder Ford –, aber auch Deutschland bereitstanden, Familienplanungsprojekte auf den Weg zu bringen, grätschte der Vatikan dazwischen. Zigmal knickten die gewählten Volksvertreter vor dem kirchlichen Führungspersonal, das seine Herde hinter sich sammelte, ein.

Es ist unfassbar, davon auszugehen, dass die unkontrollierte Vermehrung des Menschen gottgewollt sei und man sie deshalb einfach passieren lassen müsse. Es reicht doch, in die Slums dieser Erde zu schauen, wo Kinder, ob gewollt oder ungewollt, in ein Leben in Elend, Hunger und Unwürdigkeit hineingeboren werden. Das ist UNMENSCHLICH und hilft uns auch auf unserem Planeten nicht weiter. Während das einigen Kirchenmännern in Lateinamerika in der Befreiungskirchen-Bewegung klar ist, sperrt sich die betonierte Kurien-Fraktion der Amtskirche zu Rom vehement dagegen.

Babys sind die größte Umweltbelastung

Der Verzicht auf ein Kind entlastet die Umwelt viel stärker als irgendeine andere Maßnahme. Zu diesem Schluss kam ein Forscherteam der Lund-Universität in Schweden. Umgekehrt ausgedrückt: Ein Kind bedeutet die größte Umweltbelastung, die ein Mensch verursachen kann.

Während gewöhnlich Hausbau, das Auto, Reisen, Ernährung und Stromverbrauch auf den Prüfstand der persönlichen Ökobilanz kommen, berechneten die schwedischen Forscher den CO_2- Abdruck eines neuen Erdenbürgers und legten diesen auf die Elternjahre beider Erzeuger um. Das Ergebnis: Die CO_2-Belastung macht 58 Tonnen im Jahr aus, weit vor der Umweltsünde Automobil oder Flugreisen. Diese werden übrigens von der Klimadiskussion ebenso gerne ausgeklammert wie die menschliche Reproduktion, wie die findigen Schweden feststellten. Kimberly Nicholas von der Forschergruppe sagte in einem Interview des *Guardian*: »Tatsächlich löst der Zusammenhang von Baby und Klimabelastung bei uns Unbehagen aus, solange auf der Ebene einer individuellen Familienplanung diskutiert wird.« Das erscheint irrational, weil in der globalen Perspektive der Zusammenhang von Bevölkerung/Überbevölkerung zu Ressourcenverbrauch und CO_2-Emissionen eigentlich jedem bewusst ist. Nicholas weiter: »Ich habe keine Kinder, denke aber daran und spreche mit meinem Verlobten darüber. Der Klimawandel wird sicher ein Faktor unserer Entscheidung sein, aber nicht der einzige.«

Offensichtlich treibt ein starker Sexualtrieb die Menschen poten-
ziell 365 Tage im Jahr zu- und aufeinander (die meisten Tiere
konzentrieren sich auf wenige Wochen und haben dann wieder
entspannte Ruhe, was auch dem friedlichen Miteinander zugute-
kommt). Dabei übernehmen bei uns die Hormone das Ruder und
das Gehirn ist ausgeschaltet. Wenn man Mann und Frau diese
Leidenschaft schon nicht verbieten kann, dann müssen aber alle
moralischen und technischen Möglichkeiten einer Verhütung bis
hin zur Abtreibung verfügbar sein. Schluss mit dem dogmatischen
Folterwerkzeug der Kurien-Kleriker einschließlich ihres drohen-
den Sündenregisters samt Tod und Teufel. Mögen die Purpur-
Würdenträger selbst in die HÖLLE fahren.

Nicht viel besser sieht es im Islam aus. In Sure 18:46 des Korans
findet sich: »Besitztum und Kinder sind der Schmuck des Lebens«
(die Reihenfolge ist interessant). Weiter in Sure 16:72: »Und
Allah gab euch Gattinnen aus euch selbst und aus euren Gattinnen
machte Er Söhne und Enkelkinder und Er hat euch mit Gutem
versorgt.« Niemals kommt Abtreibung und Tötung von Kindern
infrage. Allah sorgt für sie (die Realität in den arabischen Krisenge-
bieten sieht anders aus). Es findet sich ein Verbot, die Fähigkeit von
Mann und Frau, Kinder zu zeugen, »dauerhaft« zu beenden, also
keine Sterilisation. Der Abstand zwischen den Geburten kann in
beidseitiger Absprache und entsprechend den Regeln der Scharia
gestaltet werden.

Das Problem: Der Koran und auch das Neue Testament stammen aus einer Zeit, in der noch viel Platz auf Mutter Erde war. Bei
den umherziehenden Nomadenstämmen wurde jeder kräftige
männliche Arm als Hirte und Krieger gebraucht. Je mehr Männer,
Kamele und Schafe, umso mächtiger die Sippe. Diese biblische
Idylle ist vorbei. Wir sind längst zu viele, die noch dazu zu viel
konsumieren.

Auf den Teufelskreis der mangelnden Geburtenkontrolle stößt
man am Hindukusch, in den Regenwäldern des Äquators bis in die

Täler der Anden Perus. Armut, Tradition und Religion verhindern, dass die Erdbevölkerung abnimmt oder zumindest stagniert.

Dabei ist die Zahl der Kinder innerhalb von 35 Jahren weltweit fast auf die Hälfte geschrumpft. Das reicht aber bei Weitem nicht aus. Hatten Frauen zwischen 1970 und 1975 im globalen Durchschnitt noch 4,7 Kinder, waren es 2010 nur noch 2,6. In modernen Gesellschaften mit geringer Säuglings- und Kindersterblichkeit geht man davon aus, dass rechnerisch 2,1 Kinder pro Familie geboren werden müssen, um die Bevölkerung ohne Einwanderung langfristig auf einem konstanten Niveau zu halten.

Ein kurzes Baby-Ranking:

Niger	6,7
Burkina Faso	5,9
Kongo	4,7
Kenia	3,3
Ägypten	2,8
Mexiko	2,3
Frankreich	2,0
Schweden	1,9
China	1,6
Deutschland	1,4
Singapur	0,8

Um das ständige Anwachsen der Erdbevölkerung zu dämpfen oder sogar eine Korrektur zu einer Reduzierung einzuleiten, muss als Richtwert die Zahl 1,5 (wie bei der Klimaerwärmung) ganz großgeschrieben werden, was wir in Deutschland ja schon bestens hinbekommen. Die Frage sei aber trotzdem erlaubt: Müssen wir denn über 80 Millionen in unserem schönen Land sein? Würden 60 Millionen nicht auch reichen, oder noch besser: 50 Millionen? Stellen Sie sich Land und Städte einmal etwas weniger zersiedelt und verdichtet vor. Kanada, Neuseeland, Skandinavien, da kommt doch so was wie Sehnsucht nach Weite und unberührter Natur auf. Lebensräume, die zumindest unsere Urlaubsträume beflügeln.

Die Statistik von Hans Rosling, Professor für Internationale Gesundheit am Karolinsk-Institut Stockholm, weist seit 1963 weltweit eine Halbierung der Geburtenrate von 5 auf 2,5 Babys aus. Ob in Brasilien, Vietnam oder Indien – überall zeigen seine Zahlen eine 2 vor dem Komma. 2 Kinder sind offensichtlich auch in Ländern, die bisher kinderreiche Familien als Normalfall ansahen, zur Regel geworden.

Beispiel Bangladesch, das es geschafft hat, durch bessere medizinische Versorgung die Kindersterblichkeit zu reduzieren und parallel das Schulsystem auch für Mädchen zu stärken. Der Bildungszugang eröffnete ihnen die Perspektive für einen Job, was wiederum dazu führte, dass die jungen Frauen statt mit 17 erst ab 25 Jahren ans Heiraten – und damit neuen Kindersegen – denken. Unterstützt wurden die Bemühungen durch ein staatliches Beratungsprogramm, bei dem junge Frauen landesweit Familien in ihrem Umfeld besuchten, über das Thema »Familienplanung« informierten und großzügig Kondome verteilten. Selbst in den Slums der Hauptstadt Dhaka haben diese Maßnahmen zum Erfolg geführt. Früher starben von 6 Kindern 3–4. Heute müssen Paare nicht mehr »vorsorgen«. Ihr Nachwuchs hat gute Überlebenschancen. Auch sind 2 Kinder leichter zu ernähren. Nur auf dem Land werden Kinder noch als billige Arbeitskräfte benötigt. In der Stadt nicht mehr. Bangladesch kann so seine Einwohnerzahl mit 150 Millionen relativ stabil halten.

Indien versucht es mit einem von der Regierung geförderten Programm, wobei Männer und Frauen zur Sterilisation mit einer Prämie von 30 Dollar sowie der Teilnahme an einem Gewinnspiel (Auto oder Kühlschrank!) motiviert werden. Das Angebot ist freiwillig, 94 Prozent der Teilnehmer sind allerdings Frauen! Wieder einmal – wie bei der Empfängnisverhütung – wird das Problem auf die Frauen abgewälzt. Der Eingriff kann bei ihnen nur unter Narkose vollzogen werden. Das kostet auch noch Zeit und Geld.

Dabei ist die Sterilisierung beim Mann ein problemloser, schmerzfreier, kleiner chirurgischer Schnitt unterhalb seines Hodensacks. Das wars. Unter besonderen Umständen könnte das sogar wieder rückgängig gemacht werden. Der Virilität und Potenz tut das keinen Abbruch. Er steht weiter seinen Mann, wenn es denn für seinen Trieb und sein Selbstverständnis so sein muss. Das Problem: Traditionen und Religionen sowie das uralte »Ich bin ein Mann«-Getue. Mein Schwert, mein Pferd, mein Gott, mein Auto und meine Potenz. Von Hirn redet keiner.

In einer von möglichst vielen Staaten sowie den Religionsgemeinschaften getragenen Sterilisations-Kampagne müssen besonders Männer von dieser einfachen Geburtenvermeidung überzeugt werden. Materielle Anreize können sein:

```
• 1000 Dollar Prämie für Mann (bis
  50 Jahre) und Frau (40 Jahre) nach
  deren ersten Kind
• 500 Dollar Prämie für Mann und Frau
  nach deren zweitem Kind
```

Schon in der Vergangenheit haben sich die Menschen mit der Kontrolle der Populationszahl beschäftigt. Bei den Aborigines im Outback Australiens wurden – ebenso wie bei den alten Römern (siehe Romulus und Remus) – unerwünschte Neugeborene ausgesetzt.

Der sichere Tod. Wurde es auf einer von den Maoris besiedelten Südsee-Insel zu eng, musste der größte der Krieger mit den Seinen in die Auslegerboote steigen. Eine Reise in die unentdeckte Weite des Pazifiks mit offenem Ausgang. Im China des 19. Jahrhunderts war Kindstötung bis zum 6. Monat erlaubt. Ab 1980 versuchte man es im Reich der Mitte mit der »Ein Kind«-Politik. Ab Ende 2015 ist Ehepaaren wieder ein zweites Kind erlaubt, »um die Überalterung der Gesellschaft zu verhindern«. Auch war ein eklatanter Männerüberschuss produziert worden.

STEIGENDE LEBENSERWARTUNG

Die Menschen werden immer älter. Medizinische Versorgung, Ernährung, die Arbeitswelt und stabile Gesellschaften tragen besonders in der Ersten Welt dazu bei, dass deren Bürger länger leben. Heute werden hier Frauen statistisch 83 Jahre, Männer 78 Jahre alt. Das ergibt in einem Zeitraum von zwei Generationen 16 Prozent mehr Lebensdauer. Für den Geburtenjahrgang 2030 sagt eine Studie des Imperial College, London, weitere 4 Jahre Lebenserwartung mehr voraus. Männer und Frauen werden sich dabei angleichen.

Forscher sprechen von einer möglichen menschlichen Lebensdauer von 100, 120, ja 150 Jahren. Bei diesem Limit ist dann bei den meisten Schluss. Nur einige wenige grenzenlos Denkende im Silicon Valley können gar nicht loslassen und träumen von einem ewigen Leben.

Die 100-Jahre-Schallgrenze wird bereits heute ohne Eingriffe aus Labor-Hexenküchen in abgelegenen Tälern im Himalaja und in den Bergdörfern auf der schönen Mittelmeerinsel Sardinien durchbrochen. An der Spitze des Methusalem-Rankings stehen die Bewohner der japanischen Insel Okinawa. Hier leben die meisten über Hundertjährigen. Neben einer gesunden, fettarmen Ernährung erklären sie sich das Geheimnis ihres langen Lebens mit »Ikigai«, das sich zusammensetzt aus den Wörtern für »Leben« und »Sinn, Ergebnis, Wert«. Näheres lässt sich dem Buch *Ikigai – Gesund und glücklich hundert werden* der Autoren Francesc Miralles und Héctor García entnehmen.

Die heute 80-Jährigen werden die morgigen 50-Jährigen sein. Das ist auf den ersten Blick eine gute Nachricht, auf den zweiten allerdings eine Katastrophe. Die Menschheit wird immer älter – das ist gut und schlecht zugleich. So wird sie definitiv weiter anwachsen! Genau das wollten wir doch vermeiden!

Eine Überalterung stellt bereits heute Länder wie China, Japan, die USA und Deutschland bei der medizinischen Versorgung, der Ausgestaltung und Finanzierung der Sozialsysteme wie der Organisation der Pflege vor große Herausforderungen. Immer weniger Junge werden in naher Zukunft für immer mehr Alte aufkommen müssen.

Japan ist auf bestem Weg zu einem demografischen Kollaps. Das Land verliert jährlich 200 000 Einwohner. Von heute 126 Millionen werden 2060 nur noch 87 Millionen auf den Inseln im Pazifik leben. Es gibt dann mehr 80-Jährige als Babys, 40 Prozent aller Japaner sind dann über 65 Jahre alt. Dem werden das Gesundheitssystem und die Altenpflege – jetzt schon überfordert – nicht gewachsen sein. Das Staatsbudget auch nicht.

Professor Jorgen Randers, Mit-Autor des Buches *Ein Prozent,* sagt für das Jahr 2050 eine Erhöhung des Lebensalters um 8 Jahre voraus. Die Lösung der Pflege sieht er in der parallel laufenden Erhöhung des Renteneintrittsalters: »Dann helfen die jungen Alten den alten Alten.« Er ist auch großer Optimist, was die Bevölkerungszahl angeht. Bis 2100 rechnet er mit einem Schrumpfen auf 4 Milliarden. Wie das gehen soll, sagt er nicht. Hoffentlich passiert nichts Katastrophales.

Sein Kollege Rosling schließt sich – trotz der von ihm angeführten gebremsten Geburtenrate in den bevölkerungsstarken Ländern Asiens – eher den allgemein geltenden Vorhersagen von 10–11 Milliarden Menschen in 100 Jahren an. Besonderes Augenmerk liegt bei ihm auf Afrika, dessen Bewohnerzahl sich allen Prognosen nach bis 2050 auf 2,5 Milliarden verdoppeln wird. 2100 sollen es 4 Milliarden sein.

IN AFRIKA ENTSCHEIDET SICH DIE ZUKUNFT

Zu der hohen Geburtenrate kommt auf dem Schwarzen Kontinent verschärfend die weit auseinanderklaffende Schere zwischen »sehr arm« und »sehr reich« hinzu, die durch Gewaltherrscher, aber auch durch die Hierarchien der Stammesgemeinschaften festgeschrieben ist. Traditionell gilt die Regel: »The chief takes it all.« Was das jeweilige Oberhaupt an seine Familie und den »Hofstaat« samt Günstlingen und Unterstützern weitergibt, ist allein ihm überlassen. Bestes Beispiel ist der 93-jährige Robert Mugabe, der seit 30 Jahren den fruchtbaren Staat Simbabwe im Süden Afrikas mit eiserner Hand regiert. Einst Freiheitsheld des Unabhängigkeitskampfes, ist er zum diktatorischen Alleinherrscher mutiert, der sich und seinen Anhängern die Taschen füllt. Das Volk bleibt arm. Selbst demokratisch gewählte Präsidenten wie Uhuru Kenyatta in Kenia verstehen sich zuerst als Anführer ihres Stammes. Kenyatta ist Mitglied der Kikuyu. Erst durch einen blutigen Aufstand bei den Wahlen 2007 konnten sich die Stämme der Luo und Luhya ein Mitspracherecht erkämpfen.

Etwa 1,5 Milliarden Afrikaner leben derzeit in rund 50 Ländern, die von Gewalt und unsicheren politischen Verhältnissen geprägt sind. In so einem fragilen Staat zu leben, heißt, täglich der Willkür von Polizei, Militär und Gangs ausgesetzt zu sein, keine Rechtssicherheit zu haben, die Kinder nicht zur Schule schicken zu können, weil der Weg zu gefährlich ist oder es gar kein Bildungssystem gibt. Es bedeutet mangelnde medizinische Versorgung ebenso wie die eingeschränkte Möglichkeit, die Felder zur eigenen Existenzsicherung zu bestellen. Hinzu kommen grassierende Korruption, organisierte Kriminalität, Armut und Hunger.

Der Kontinent leidet weiter unter den willkürlichen Grenzziehungen der Kolonialherren, die keine Rücksicht auf gewachsene Siedlungsgebiete der einzelnen Völker nahmen. Die Regenwälder Zentralafrikas sind wie die Savannen und Wüsten des Nordens weiterhin Schauplätze für lokale Kriege. Seien es ein Bürgerkrieg wie im Südsudan, Milizen-Massaker um Bodenschätze wie Seltene Erden und Diamanten im Kongo oder religiöser Terror von Gotteskriegern wie Boko Haram im Norden Nigerias.

Von Nord bis Süd fand und findet sich in Afrika eine Vielzahl von »Demokratien«, die wenig bis gar nichts mit europäischen Maßstäben zu tun haben. An die Macht geputschte Militärs, Könige in der Blutslinie des Propheten, glühende Sozialisten, kleptomanische Stammesführer und Emporkömmlinge aus reichen und deshalb einflussreichen Familien.

Neben Asien ist Afrika Brennpunkt des Kampfes gegen die globale Überbevölkerung. Im Moment ist die internationale Staatengemeinschaft immer noch bevorzugt dabei, die Natur- und Bodenschätze des Kontinents auszubeuten. Gegenüber der Kolonialzeit hat sich grundsätzlich nicht viel geändert. Damals waren allerdings »nur« die europäischen Mächte über Afrika hergefallen. Sie haben sich den Kontinent aufgeteilt, besetzt und mitgenommen, was brauchbar erschien. Heute sind im großen Rohstoff-Roulette auch die USA und China mit dabei.

Vorschlag: Auch ohne zuständige UNION-
ERDE-Agentur geht es bereits jetzt, aus
dem Stand, mit großzügigen Patenschaften
reicher Länder mit ärmeren. Historische
Verbindungen aus Kolonialzeiten können als
wiedergutmachende Brücken genutzt werden.
Deutschland realisiert so eine Bildungs-
und Förderpatenschaft mit Tansania und
Namibia (ehemalige Kolonien). Belgien hätte
genug im Kongo zu tun und Großbritannien
könnte (solange es noch groß ist) ein neues
Empire der konstruktiven Hilfe aufleben
lassen, in dem die Sonne nicht untergeht.
Von Frankreich, Spanien und Portugal ganz
zu schweigen.

Der diskutierte Marshall-Plan für Afrika wird in der heutigen Ausstattung wohl nicht reichen. Entwicklungsminister Gerd Müller, CSU, prognostiziert bei einer Erderwärmung um 2 Grad 100 Millionen Flüchtlinge aus den Tiefen des Schwarzen Kontinents. »Hier entscheidet sich die Zukunft der Erde«, zitiert ihn die *Bild am Sonntag* vom 18. Juni 2017. Auch ist es zu kurz gedacht, die Hilfen auf den Norden zu beschränken, weil sich aus den Ländern Mali, Somalia, Äthiopien, Sudan, Algerien, Tunesien, Marokko, Libyen die heutigen Flüchtlinge rekrutieren. Bei dem zu erwartenden Bevölkerungsdruck von 2,4 Milliarden werden sich Menschen aus allen Teilen Afrikas in Bewegung setzen. Viele Menschen. Millionen. Wohin? Natürlich Richtung Norden, nach Europa. Die Routen sind bekannt.

Martin Bröckelmann-Simon, Geschäftsführer der katholischen Hilfsorganisation Miserior: Die Industrieländer tragen eine große Mitverantwortung. Die Transparenz von Zahlungsströmen beim Abbau von Rohstoffen sowie stärkere Kontroll- und Sanktionierungsmöglichkeiten für die Zivilgesellschaft über deren Verwendung sind wichtig. Auch muss die Außen- und Sicherheitspolitik so gestaltet werden, dass sie nicht zu Menschenrechtsverletzungen und zur Eskalation von Konflikten beiträgt.«

LEBENSAUSTRITTSALTER

Alle Länder mit niedriger Geburtenzahl (unter 2 Kindern) kämpfen mit einer immer älter werdenden Bevölkerung.

Ist das längere Leben für den Einzelnen eine verheißungsvolle Perspektive, so stellt diese Entwicklung die Gesellschaft vor große Probleme. Medizinische Versorgung, Pflege, Renten etc.

Das Lebensende selbst ist weiter ein großes Tabu. Unter welchen Umständen auch immer, wird es heute der Biologie überantwortet. Ein »natürlicher« Tod ist gesellschaftlich, religiös, moralisch und rechtlich anerkannt. Ein selbstbestimmter Tod in Würde unterliegt in den meisten Ländern strengen Restriktionen oder ist strikt sanktioniert. Dafür gibt es Gründe. Die gibt es aber auch für Menschen, die diese letzte Entscheidung für sich selbst einfordern. Schließlich ist es ihr Leben.

Wir werden vielleicht das heute Undenkbare denken lernen müssen. Je früher, desto besser. Für kommende Generationen – und auch für uns. Das hat viel mit Freiheit und Verantwortung zu tun und setzt Menschen voraus, die ihren Weg aus der selbst gewählten Unmündigkeit gefunden haben.

Wir müssen jetzt etwas tun! Unsere Kinder und Enkel werden sonst irgendwann fragen: Wie konnten die Menschen so viele werden? Zu viele. Ihr habt es doch gewusst!

Unter den ZU VIELEN sind zu viele, die ZU VIEL produzieren und konsumieren. WIR!

Wieder eine Fiktion: 2. September 2052

Sitzung des Hohen Rates der UNION ERDE in Sydney. Dieses Mal treffen sich die Vertreter der Kontinente »down under« – wie man immer noch scherzhaft sagt –, obwohl alle fünf Erdteile längst einen gleichberechtigten Status haben. Einer der Tagungspunkte ist die Neuregelung des »Lebensaustrittsalters«.

Neueste Zahlen aus dem Ministerium für Populationskoordination zeigen, dass die gemeinsamen Anstrengungen der letzten 10 Jahre Wirkung zeigen. Neben einer Regulierung der Geburtenzahlen durch Zuteilung von maximal 2 Kindern hat auch die Einführung eines »Lebensaustrittsalters« mit 78 Jahren dazu geführt, dass sich die Menschheit auf der Erde bei einem Bestand von 8,2 Milliarden eingependelt hat. Diese Kurve ist bereits seit einem Jahr stabil. Das Problem der Überalterung in den Verwaltungseinheiten der planetaren UNION ERDE hat sich entspannt.

Diese Zahl geht mit einem stark reduzierten Gesamtverbrauch an Wasser, Nahrung und Konsumgütern von über 9 Prozent im Vergleich zum Vorjahr einher. Auch die Energie- und Rohstoffnutzung der Industrie ist entsprechend gesunken. Die Nichtwachstums-Rate weist weltweit einen neuen Rekord von 6 Prozent aus.

Nachdem bereits das »Renteneintrittsalter« der Erdbevölkerung im vergangenen Jahr von 68 auf 70 Jahre erhöht worden war, steht jetzt eine Neufestsetzung des »Lebensaustrittsalters« auf der Agenda. Eine Gruppierung um einen charismatischen Neohumanisten aus dem ehemaligen Amerika setzt sich für eine Neufestsetzung auf 80 Jahre ein.

Nach kurzer Diskussion beschließt eine klare Mehrheit, die bestehende Regelung für die nächsten 4 Jahre beizubehalten. Für 28 Prozent der Delegierten ist diese Marke bereits in greifbare Nähe gerückt. Auch sie werden selbstverständlich ihren Platz frei machen.

REICH UND ARM

Die Waage der globalen Güterverteilung ist völlig aus dem Gleichgewicht geraten.

Die haarsträubende Nachricht einer Studie der Hilfsorganisation Oxfam schrieb das Menetekel der Ungerechtigkeit 2015 an die Wand: »62 Menschen gehört zusammen genauso viel wie der gesamten ärmeren Hälfte der Weltbevölkerung.« 2016 standen 8 Milliardäre 3,6 Milliarden Menschen der ärmeren Hälfte der Menschheit gegenüber.

Die Supersuperreichen sitzen auf einem Haufen digitalem Geld, Firmenbeteiligungen oder Aktien. Diese Mengen lassen sich nicht mal mehr in Megayachten, Immobilien, Fußball- oder Baseballklubs »materialisieren«. Verfressen schon gleich gar nicht.

Unter der »ärmeren« Hälfte finden sich über 2 Milliarden Menschen, die von Armut bedroht, davon 1 Milliarde, die von Armut betroffen sind. Davon hungern 800 Millionen, mit 700 Millionen die meisten in den Entwicklungsländern. Die Ärmsten unter den Armen: Sierra Leone, Niger und Burkina Faso. Rund 1 Milliarde Menschen müssen – gemessen in Kaufkraft-Paritäten – mit weniger als 1 Dollar pro Tag auskommen. Weitere 2 Milliarden haben zwischen 1 und 2 Dollar zur Verfügung. In den ärmsten Ländern der Erde betrifft dies fast alle Einwohner.

Die Armutsgrenze wird definiert als Einkommen, unterhalb dessen der Erwerb aller lebenswichtigen Ressourcen – darunter auch der Zugang zu sauberem Wasser – nicht mehr möglich ist.

Selbst in der Bundesrepublik Deutschland werden im 5. *Reichtums- und Armutsbericht* der Bundesregierung etwa 2 Millionen Kinder als armutsgefährdet ausgewiesen. Ihre Eltern kommen nur auf ein Monatseinkommen von 850 Euro. Das Existenzminimum liegt bei etwas über 600 Euro. Dem stehen 2,8 Prozent der Bevölkerung (82 Millionen) mit einem Vermögen von mehr als 500 000 Euro gegenüber. Der Reichtum beruht aber nur zum Teil auf eigener Leistung. Bei zwei Dritteln sind Erbschaften und Schenkungen die Ursache. Bundesarbeitsministerin Andrea Nahles: »Je weniger Reichtum mit eigener Leistung zu tun hat, umso mehr stellt sich die Frage nach Gerechtigkeit.«

Da die so reich Beschenkten und Erben nicht von sich aus auf die Idee des verantwortlichen Teilens und Gebens kommen, liegt die Antwort wohl in den Händen der Politik. Ganz klar muss die Erbschafts- und Schenkungssteuer drastisch erhöht werden. Das hat nichts mit Sozialneid zu tun. Es muss einfach sein, um den Ausgleich und damit den sozialen Frieden wiederherzustellen. Das betrifft auch unfassbar hohe Managergehälter samt Boni, Abfindungs- und Ruhestandsregelungen.

> Der Ausgleich zwischen ungleichen
> Partnern steht aber auch innerhalb
> der Europäischen Union auf der
> Agenda. Der Exportchampion und Euro-
> Nutznießer Deutschland wird zumindest
> einem Europäischen Währungsfond, der
> die Unterschiede in der Euro-Zone
> ausbalanciert, zustimmen müssen.

Global steht ein massiver Kapital- und Know-how-Transfer der westlichen Industriestaaten in die Dritte Welt einschließlich der Schwellenländer an. Dabei sollte man sich in Erinnerung rufen, wo denn die Rohstoffe für die Produktion und den Reichtum der Alten Welt herkamen. Sei es das Gold der Inkas, der Kautschuk aus den Regenwäldern, die Baumwolle von Sklavenplantagen oder die mineralischen Schätze Afrikas, die von Europas Kolonialmächten ausgebeutet wurden.

Auch heute läuft dabei weiter vieles schief. In einem Interview mit der *Abendzeitung*, München, vom 27. Februar 2017 sagt der politische Analyst Asfa-Wossen Asserate, 68, einer der besten Afrika-Kenner Deutschlands: »Ob Milchpulver, Hähnchenfleisch, Textilien oder Elektronik-Schrott: Afrika ist zur Müllhalde Europas geworden. So werden auch die lokalen Märkte kaputtgemacht. Weiter wurden Zölle und Handelsbarrieren aufgebaut, mit denen afrikanische Länder jährlich fast die doppelte Summe verlieren, als sie durch Entwicklungshilfe bekommen.« Diese milden Gaben bewirken darüber hinaus auch nicht, dass Flüchtlinge zu Hause bleiben. Asserate: »Afrikanische Regierungen forcieren geradezu die Auswanderung. Denn wenn ihre Bürger in Europa, Amerika oder Australien gelandet sind, schicken sie Geld an ihre Verwandten. Die Naivität der Europäer liegt darin, dass sie glauben, solche Regierungen mit 50 Millionen gefügig machen zu können. Die verdienen durch die Flüchtlinge Milliarden.«

Im Jahr 2015 schickten Migranten sagenhafte 410 Milliarden Dollar in ihre jeweiligen Heimatländer. Das ist mehr als das Zweieinhalbfache der gesamten globalen Entwicklungshilfe (161 Milliarden). Das sauer verdiente Geld der Exilanten fließt zu einem Großteil zurück auf Konten in der Schweiz oder wird von korrupten Machthabern in Immobilien in Paris und London angelegt.

So ist Afrika ein Failed Continent, der zusammen mit seiner gewissenlosen Elite in die HÖLLE fährt.

Das Problem der Reichen

Flaggschiffe des globalen Monopoly sind heute die Vereinigten Staaten von Amerika und China. Ihre Volkswirtschaften dominieren den internationalen Marktplatz. So gewaltig ihre Macht, so gigantisch ist ihre Verschuldung. Hatten sich die Staatsschulden der USA unter George W. Bush auf 10 000 Milliarden verdoppelt, wuchsen sie unter Obama nochmals auf jetzt 20 000 Milliarden Dollar an. Auch die Defizite in China haben sich in den letzten 7 Jahren fast verdoppelt. Die Verschuldung stieg dort von 120 auf über 240 Prozent der Wertschöpfung an. Gleichzeitig beendete das Land das Jahr 2016 mit dem schwächsten Wachstum seit 1990. China wird sich schwertun, seine Schuldenlast zu managen, sollte US-Präsident Trump die asiatische Exportmaschine zum Stottern bringen.

Weltweit werden Wettbewerb und Währungskurse durch staatliche Interventionen und die Politik des billigen Geldes verzerrt. Die Welt der Reichen, also die Länder der Ersten Welt, bewegt das Hamsterrad eines letzten spekulativen Anstiegs einer Megablase der Zentralbanken. Diese wird, wie jede Blase, platzen, sobald die US-Notenbank die Zinsen anhebt. Und das tut sie gerade. Beim Platzen der schillernden Spekulationsblase werden die Auswirkungen und Umwälzungen sehr wahrscheinlich noch größer als beim Platzen der Immobilienblase 2008 sein. Sind doch diesmal sämtliche Anlagegüter von einer verzerrten Preisfestsetzung betroffen. Der »America first«-Kurs der Trump-Administration wird nicht nur mit dem Marktkonkurrenten China kollidieren, sondern steuert zwangsweise auch auf eine Neuverteilung von Produktion und Konsum in Europa zu. Dabei steht der Exportüberschuss-Champion Deutschland ganz oben auf der Abschussliste.

Aus dem »kranken Mann« Europas ist 2003 nach der Agenda 2010 der Schröder-Regierung eine wahre Zugmaschine der Völkergemeinschaft auf dem alten Kontinent geworden. 2016 erzielte die fleißige und geschäftstüchtige Bundesrepublik einen Exportüberschuss von 64 Milliarden Euro. Dabei profitierte sie – neben dem innovativen Erfinder- und Fertigungsgeist ihrer Industrie – auch von der Geldpolitik der Europäischen Zentralbank, EZB, die versucht, mit Zukäufen von Staatsanleihen (im Monat 60 Milliarden) besonders die schwächelnden Südländer der Europäischen Union über Wasser zu halten. Deutschland glänzt mit hohen Steuereinnahmen und einer schwarzen Null.

Das »arbeitende« Kapital

Das Anhäufen von großem Reichtum ist der Marktflutung mit virtuellem Geld, den Aktivitäten sowie Spekulationen auf dem grenzüberschreitenden, freien Markt gedankt. Das Kapital »arbeitet« und vermehrt sich mit geradezu magischer Kraft.

Einer der Brennpunkte ist neben New York, Tokyo und Singapur die englische Hauptstadt London, (noch) der wichtigste europäische Finanzplatz. Täglich wechseln dort Derivate im Wert von 850 Milliarden Euro den Besitzer. Diese Finanzverträge schließen Banken und Unternehmen, um sich gegen Währungs- und Zinsschwankungen abzusichern. Die meisten Transaktionen geschehen in milliardstel Sekundenbruchteilen, die nur noch von Rechnern und ihrer Software erfasst werden können. Mehr als 250 Banken residieren in den modernen Glastürmen von Canary Wharf.

Was ist Geld? Wo kommt es her? Wie weit bestimmt es unser Leben und Überleben auf der Erde?

FINANZ-MIX VERSUS MONOKULTUR

VON KLAUS FABRY

**Ein makroökonomischer Lösungsansatz
für nachhaltiges Wirtschaften**

Bereits in der Grundschule lernen wir, dass Mischwälder langfristig stabiler und vitaler sind als Tannen-Monokulturen. Wenn Ökosysteme auf Dauer, also nachhaltig, auf unserem Planeten Erde überleben wollen, müssen sie eine fein abgestimmte Biodiversität vorweisen, welche auf optimaler Balance zwischen Effizienz und Widerstandsfähigkeit (Resilienz) beruht. So ist Nachhaltigkeit wissenschaftlich definiert = Nachhaltigkeitsfunktion (Anlehnung an komplexe Flussnetzwerke). Was hat nun diese zentrale Erkenntnis der natürlichen Nachhaltigkeit mit unserem »*künstlichen*«, von Menschen gemachten Geld und dem eBanking zu tun?

Geld liegt als Münze oder Schein vor, meist aber als Zahl im Computer wie beim eBanking. Heute sind 97 % allen Geldes elektronisch. Dieses Geld nennt man Buchgeld, Giralgeld oder »Fiat Money«. Für alle, die sich wegen des Fachbegriffs des Buchgeldes noch unsicher sind: Die Zahlen beim eBanking repräsentieren überwiegend dieses Buchgeld. Damit wird so gut wie alles in unserem Leben finanziell geregelt. Wer kontrolliert das derzeitige Finanz-System?

Rund 190 Zentralbanken nehmen jeweils das nationale Eigeninteresse ihres Landes wahr. Bei einer geschätzten globalen Fiat-Money-Geldmenge von 1,5 Billiarden US-Dollar und Transaktionen von weit über 4–6 Billionen USD pro Tag sowie gravierenden Systemkrisen wie 2008 wird hier nur noch im Reaktionsmodus und auf Verschleiß gefahren. Sind nicht schon längst alle Menschen »Sklaven« diese monopolistischen Geld-Systems geworden? Eine neutrale, globale Kontrollinstanz gibt es jedenfalls nicht. Ein Moloch ist sich selbsterhaltend überlassen. Genau dieses System müssen wir uns näher anschauen, wenn wir ein nachhaltigeres Wirtschaften und Leben wollen. Dieses Buchgeld-System hat neben seiner global herausragenden Rolle ein paar ganz entscheidende Schwachstellen.

Schwachstelle Nr. 1: Weltweit findet hauptsächlich nur dieses Buchgeld-System Verwendung. Wir haben es hier mit einer hocheffizienten globalen Monokultur zu tun! Es sind zwar nur Zahlen in irgendwelchen Computern und auf Hochleistungs-Servern in den Rechenzentren der Zentral- und Geschäftsbanken. Was soll da schon schiefgehen? Das Kernproblem liegt darin, dass wir Menschen auf Basis dieses Buchgeld-Systems weltweit arbeiten, sämtliche Geschäfte abwickeln und somit komplett abhängig von dessen Regeln und Funktionsweisen sind. Es führt zu einem monopolartigen Short-Term-Denken und Handeln, was wiederum kurzfristige Profit-Orientierung nach sich zieht. Langfristiges Denken und Handeln kommt so erst an zweiter Stelle, weil es weniger wirtschaftlich belohnt wird. Das ist ein sehr großes Problem!

Schwachstelle Nr. 2: Dieses System zwingt uns zu einem niemals enden wollenden quantitativen wie qualitativen Wirt-

schaftswachstum, erzwungen durch einen gigantischen Zins-
rückzahlungs- und Wettbewerbsdruck.

Schwachstelle Nr. 3: Mittels Zinseszinseffekt werden Arme
(99 %) zwangsläufig immer ärmer und Reiche (1 %) immer
reicher. Die Mittelschicht erodiert. Diese Schwachstellen
sind systemimmanent im Fiat-Money-System verankert und
dazu noch gesetzlich in Beton gegossen. Weltweit! Ein Aus-
stieg oder Wechsel scheint unmöglich. Stichwort: »*Too big
to fail!*« Wer sich für weitere Details interessiert, dem sei die
Studie zur »*Kreditschöpfungstheorie*« von Prof. Dr. R. Werner
empfohlen.

Krisenanfällig

Systeme mit monopolistischem Charakter hat Mutter Natur
auch beim Geld nicht so gern (Prof. Dr. Lietaer: Money & Sus-
tainability/Club of Rome, Report). Allein 425 vom IMF (International Money Fund) protokollierte Systemkrisen in den
letzten 40 Jahren (also fast eine Krise pro Monat) im globalen
Fiat-Money-System belegen dies. Der größte Hebel zur Stabi-
lisierung des globalen Finanzsystems, inklusive der Steigerung
nachhaltigen Wirtschaftens und Lebens, liegt in der Erhöhung
der Finanzsystem-Resilienz durch mehr Währungs-&-System-
Diversität, bis zur optimalen Balance mit der Finanzsystem-
Effizienz. Notwendig ist in erster Linie:

1. Steigerung der Nachhaltigkeit und Stabilität des globalen
   Finanzsystem, durch mehr unterschiedliche sowie andersartige Finanzsysteme sowie mehr komplementäre Währungs-
   vielfalt.

2. Die zusätzliche Nutzung andersartiger, innovativer Geld-
   Systeme und Komplementär-Währungen erfolgt **parallel**
   zum Ist-System des Fiat Money. Langfristige Bestrebun-
   gen können somit stärker belohnt werden. Dem kurzfristig
   schnellen Profit wird somit ein natürlich-sinnvoller Widerstand (Resilienz) entgegengestellt.

Nachhaltigkeits-Ziel

Anstreben der maximalen OHS (Overall Human Sustainabi-
lity). Diese Ansätze sollten in der Folge unsere menschliche
Overall-Nachhaltigkeit steigern, unsere Wirtschaft stärken
und unsere Lebensgrundlagen sichern. Anstatt eines einzigen
hocheffizienten sowie global agierenden Geldsystem-Mono-
pols brauchen wir viele lokale und globale »Finanzsystem- und
Währungs-Mischwälder« – analog zur Nachhaltigkeitsfunktion und Artenvielfalt, wie eingangs erklärt. Es gilt das bestehende monopolartige Top-down-Fiat-Money-System intelligent
zu ergänzen (diversifizieren), damit es wieder das tun kann, wofür es ursprünglich erdacht wurde – dem Menschen nachhaltig
zu dienen und dabei zu helfen, sein Überleben zu sichern. Dieser Prozess soll friedlich, demokratisch, kooperativ sowie wissenschaftlich fundiert vonstattengehen. Es gilt, möglichst viele Menschen für einen neuen, innovativen Bottum-up-Ansatz
(also von der Basis herkommend) zu gewinnen. Jeder kann
mitmachen und helfen. Wenn wir allerdings so weitermachen
wie bisher, werden am Ende alle Menschen leiden, insbesondere unsere Enkel!

Lösungs-Möglichkeiten wären:

- Steigerung der Currency & Financial System Diversity (CFDS)
- **Andersartige Geld-Systeme:** Informationsgeld.info, Vollgeldinitiative.ch, goldbasiertes Fiat-Geld, Bartersysteme usw.
- **Komplementär-Währungen:** WIR-Bank (CH), Flug-Miles, DORA, TERRA, ECO, C3, Energiewährungen, TRC, Wellness Token, Natural Savings, Zeitbanken (Fureai Kippu), Ovolos, Regiogeld und weitere 4.500 Komplementär-Währungen
- **Blockchain-Kryptowährungen:** Bitcoin, Ethereum, Ripple und 100 weitere

Man denke an die Systemvielfalt in anderen Bereichen des täglichen Lebens. So gibt es in der IT viele verschiedene Betriebssysteme mit teils völlig anderer Hardware. Weiter hatten wir noch nie so viele gut ausgebildete Menschen auf der Erde wie heute. Da wird uns sicher im Bereich Forschung und Entwicklung zum Thema CFDS noch viel Innovatives einfallen. (Siehe z. B.: kostenlose Open-Source-Programme wie Cyclos.)

Klaus Fabry ist Inhaber der Firma fabry | strategy (fsc) und selbständiger Unternehmer-Coach in Zürich. Seit zehn Jahren entwickelt er ganzheitliche, profitable sowie nachhaltige Wachstums-Strategien. Als Autor der M.I.C.E.-FORMULA leistet er einen wissenschaftlichen Beitrag zur Steigerung der Stabilität des globalen Finanzsystems sowie einer nachhaltigen Wirtschaft.

Auch wenn sich einige Ausführungen eines weiteren Finanz-Experten mit dem Fabry-Text überschneiden – das Thema GELD ist der Schlüssel unseres materiellen Weltbildes und damit Lebens. Geld bestimmt unser Denken und Handeln. Wir sind längst auf Droge. Es droht ein harter Entzug.

Die Finanzkrise kommt, bestimmt

IM WÜRGEGRIFF DER SCHATTENBANKEN

VON DIETMAR WOLF

Finanzsysteme sind, wie alles auf dieser Welt, einem steten Wandel unterworfen. Dabei kann der Wandel in verschiedene Zeithorizonte unterteilt werden. Wir nehmen beispielsweise zur Kenntnis, dass es ab und an einen Crash an den Aktienmärkten gibt. Aber diese interessieren uns bald nicht mehr, solange das wirtschaftliche Gefüge, an dem wir kurzfristig interessiert sind, weiter funktioniert. Dies sind hauptsächlich Arbeit, Einkommen und Konsum. Zudem werden Risiken tendenziell wieder schnell vergessen, wenn sich Chancen bieten. Kleinere und grössere Crashs ist man mittlerweile gewohnt. Es wird dann trotzdem munter weiterspekuliert, bis zum nächsten Zusammenbruch. Jedesmal wenn dann Experten und Ökonomen wieder vor Übertreibungen warnen[1] heisst es »dieses Mal ist alles anders, es kann gar nicht so schlimm werden wie beim letzten Mal«.[2]

---

1 Irrationaler Überschwang: Warum eine lange Baisse an der Börse unvermeidlich ist
2 Dieses Mal ist alles anders: Acht Jahrhunderte Finanzkrisen –
   http://www.reinhartandrogoff.com/

Auch an den Finanzmärkten ist es für den Menschen schwierig, langfristig zu denken und zu handeln. Meint er es Ernst, muss er sich mit der grundlegenden Funktionsweise des Finanzsystems auseinandersetzen. Erkennt er hier die Risiken, hilft ihm sein Wissen trotzdem nur sehr bedingt, da sowohl der Zeitpunkt als auch die Art des Wandels ungewiss sind.

Dabei ist es äusserst wichtig, das Gesamtbild im Auge zu behalten, denn bei grossen strukturellen Änderungen in sehr kurzen Zeiträumen reagiert der Mensch oft überfordert und panisch. Insbesondere dann, wenn er nicht vorbereitet ist und nicht versteht, wieso oder weshalb etwas geschieht.

Geldsysteme, insbesondere jene, die auf Banknoten aus Papier basieren, versagen rein historisch gesehen schlussendlich immer. Jeder Numismatiker weiss dies aus seiner Erfahrung.

Aber unser Finanzsystem funktioniert doch wie ein Papiergeldsystem? Beide Begriffe sind uns, nicht zuletzt aufgrund der Finanzkrise des Jahres 2008, mittlerweile bekannt. Nur können wir konkret nicht viel damit anfangen. Und wir können schon gar nicht abschätzen, ob wir uns am Anfang, in der Mitte oder kurz vor dem Kollaps befinden.

Nehmen wir beispielsweise die grosse Finanzkrise 2008, den Bankenkollaps und die europäische Schuldenkrise. Scheinbar wurde hier der Kern des Systems bereits schwer angeschlagen. Wenige Jahre später gingen all diese Krisen letztendlich scheinbar spurlos an uns vorüber. Die Wirtschaft brummt, die Arbeitslosigkeit ist niedrig. Unsere Grundbedürfnisse sind gestillt. Es gibt doch gar keine Krise!

Im Folgenden mache ich zunächst einmal eine Bestandsaufnahme und stelle die grundlegende Problematik dar. Anschliessend wird die Funktionsweise des aktuellen Finanzsystems und dessen negativen externen Effekte auf die Realwirtschaft erklärt. Abschliessend werden Lösungsvorschläge diskutiert.

Wir konzentrieren uns in unserer Analyse im Wesentlichen auf die Lokomotive der Weltwirtschaft, die USA mit der Weltwährung US-Dollar.

1. Die grundlegende Problematik

Bis etwa Mitte der 70er Jahre war der Anteil der Gesamtverschuldung an der Gesamtwertschöpfung (Bruttosozialprodukt) relativ gering. Auch stieg die Verschuldung nur moderat an. Man verdiente zu dieser Zeit zwar auch Geld mit Geld. Aber nur in bescheidenem Masse. Der Fokus lag im Erwirtschaften von Vermögen durch Produktion und Arbeit.

Zudem befanden sich damals die sozialen Sicherungssysteme der Staaten noch in den Kinderschuhen. Das Lohnniveau der Mittel- und Unterschicht reichte aus, um ohne eine grosse Verschuldung zu konsumieren. Die Unternehmen finanzierten sich vorwiegend durch Ersparnisse, welche die Banken für ihre betrieblichen Investitionen durch das System schleusten. Die Wertschöpfung reichte also aus, um all das zu finanzieren, was in einer funktionierenden Ökonomie wichtig ist – plus Zinslast. Pro 1 US-Dollar Wirtschaftswachstum wuchs die Verschuldung in diesem Zeitraum im Schnitt »nur« um 1.5 US-Dollar.

Man kann diesen Abschnitt auch als **eigenkapitalbasierten Kapitalismus** bezeichnen. Eigenkapital war in dieser Zeit vor Fremdkapital aus verschiedenen Gründen weit bevorteilt. Dieses System ist gemeinhin das, was wir in den Schulbüchern finden und welches an Universitäten im Grundstudium gelehrt wird.

Dies hat jedoch nichts mehr mit dem heutigen Finanzsystem zu tun.

Etwa Mitte der 70er Jahre kam es zu einem Bruch. Die Steigung der Verschuldungskurve nahm rasant zu. Schon bald überholte sie grössenmässig die Wirtschaftsleistung. Anhand der Steigung der Schuldenkurve erkennt man, dass jedes Jahr für eine Einheit Wachstum immer mehr Schulden als im Jahr zuvor benötigt wurden. Wurden in den 80er Jahren bereits 3 US-Dollar Verschuldung für 1 US-Dollar Wachstum generiert, explodierte in den 90er Jahren und nach dem Jahr 2000 die gesamtwirtschaftliche Verschuldung regelrecht. Pro 1 US-Dollar Wachstum mussten fast 6 US-Dollar Schulden aufgewandt werden!

Der Abstand der Verschuldung zur Wertschöpfung wird also immer grösser. Man kann die aktuelle Zeit auch als **fremdkapitalbasierten Kapitalismus** bezeichnen. Fremdkapital wird vom Geldsystem immer mehr dem Eigenkapital vorgezogen.

Die Wertschöpfung reicht nicht aus, um den gewünschten Konsum zu finanzieren. Für die Wünsche, die über das tatsächlich Erwirtschaftete hinaus gehen, verschuldet man sich. Dabei wird die Abhängigkeit von Fremdkapital immer grösser, denn die Zinslast steigt über den Zeitraum stets mit.

Doch auch die Risiken wachsen mit der Schuldenkurve exponentiell. Stockt der Motor ein bisschen, kommen die weltweiten Finanzströme schnell zum Erliegen und in der realen Wirtschaft geht bald gar nichts mehr.

Beispielsweise knickte im Finanzcrash 2008 der Zuwachs der Gesamtverschuldung nur kurz ein. Es wurden Schulden abgeschrieben. Dieser kleine Knick im Anstieg der Schuldenkur-

ve in 2008 führte jedoch bereits zur grössten Weltwirtschaftskrise seit 1930!

Damals wurden private Schulden in staatliche Schulden um-
geschichtet (teilweise direkt bei den Zentralbanken gehalten),
um Schlimmeres zu verhindern. Die Gesamtverschuldung lässt
sich aber von diesen Krisen nicht beeindrucken und wächst in-
dessen munter weiter.

2. Die Funktionsweise des aktuellen Finanzsystems

Bis Anfang der 70er Jahre hatte Gold im damaligen Papiergeldsystem im Grunde zwei Funktionen. Zum einen bedeutet
Gold Sicherheit. Jeder konnte darauf vertrauen, dass sein ge-
samtes Vermögen gedeckt war. Jede Papiernote ließ sich theoretisch jederzeit in Gold umtauschen. Zum anderen begrenzte Gold aufgrund seiner natürlichen Knappheit das Wachstum
der Kreditvergabe. Die Wirtschaft bevorzugte auch aus diesem
Grund natürlicherweise Eigenkapital vor Fremdkapital, da zu-
sätzliches Fremdkapital (bzw. Geldmenge) im System relativ
schwierig zu erschaffen war.

Immer mehr reichte das Wachstum der Geldmenge nicht
mehr aus, um den zusätzlichen Konsum zu finanzieren, der
nicht durch die Wirtschaftsleistung gedeckt war.

In den 70er Jahren wurden dann die Spielregeln des Finanzsystems auf den Kopf gestellt. 1971 hob der damalige US-Präsident Richard Nixon die Goldkonvertibilität des Dollars auf.
Es begann die Zeit der flexiblen Wechselkurse – und eines globalen *Fiat Money*, sprich ungedeckten Papiergeldsystems. Zum
ersten Mal in der Geschichte konnten die Geldmengen aller

zentralen Währungen der Welt <u>ohne natürliche Begrenzung</u> wachsen.

Während vorher sämtliches neues Geld durch die Golddeckung quasi nur mit einer eingebauten Bremse geschaffen werden konnte, wird heute die Geldmenge auf zwei verschiedenen Wegen generiert.

Nur ein sehr kleiner Teil, nämlich das sogenannte <u>Notenbankgeld</u> (Banknoten und Münzen in unserem Portemonnaie), wird direkt durch die Zentralbanken »gemacht«. Allein das Notenbankgeld ist im Übrigen auch gesetzliches Zahlungsmittel.

Der Grossteil der Geldmenge wird jedoch durch die Vergabe von Krediten durch die Geschäftsbanken »erschaffen«. Dieses <u>Buchgeld</u> ist im Gegensatz zum Notenbankgeld jedoch nur rein virtuell. Man sieht es lediglich auf dem Kontoauszug.

Dieses Buchgeld wird theoretisch als Teil (Fraktion) der Notenbankgeldmenge abgeleitet. Man nennt dieses Geldsystem daher auch *Fractional Reserve Banking* oder ungedecktes Papiergeldsystem.

Bei der Schaffung von neuen Geldmitteln via Krediten bzw. Schulden wird im täglichen Bankgeschäft jedoch keineswegs darauf geachtet, bilanzielle Kapitalvorschriften einzuhalten[3]. Ein einfacher Kreditvertrag ist aus Sicht der Banken die alleinige Voraussetzung für das Schaffen von neuem Geld. Wichtig ist lediglich, dass die vorgegebenen Sicherheiten der Kreditnehmer ausreichend vorhanden sind.

Diese in der Realität fehlende Begrenzung hat jedoch dazu geführt, dass für jede US-Dollar Banknote der US-Notenbank die Geschäftsbanken durch Kreditvergabe weitere ***sechs,***

---

3   Werner et al Studie

sieben oder mehr Dollar Buchgeld zusätzlich erschaffen. Von den aktguell gesamt 65 Trillionen US-Dollar an Krediten sind nur etwa 3 Trillionen echtes Notenbankgeld.

Der Rest sind Kredite, die mit den entsprechenden Sicherheiten hinterlegt sind und für welche Zinszahlungen zu leisten sind.

Zurück zur Historie: Nachdem in den 70er Jahren die Voraussetzungen für eine exzessive Kreditvergabe gegeben waren, überschwemmte das neu geschaffene Geld zunächst die reale Wirtschaft. Da das Angebot an Geld relativ zu Waren überproportional wuchs, folgte die Zeit der hohen Inflation.

Dann passierte etwas, was noch nie da war und was das Schuldenwachstum extrem beschleunigte. Mit ihrer technologischen Entwicklung eroberten die Computer die Welt. Das traditionelle Bankenwesen wandelte sich. Finanzgeschäfte wurden immer mehr rein virtueller Natur. Man verdiente plötzlich immer einfacher sehr viel Geld mit Geld. Völlig losgelöst von der realen Wirtschaftsleistung. Insbesondere durch eine massive Deregulierung des Bankensektors in den 90er Jahren[4] koppelte sich der sogenannte **Schattenbankensektor komplett von den Realitäten ab.** Dieser war kurz vor der Finanzkrise 2008 bereits fast **drei Mal so gross** wie der traditionelle Bankensektor! Dieser hingegen wächst in etwa analog der Wertschöpfung[5].

Zum Schattenbankensektor gehören neben Versicherungen, Kreditinstitute, Kapitalgeber, Hypothekenbanken und Holdings als grösster Anteil alle Institutionen, die ihr Geschäft mit und an den internationalen Kapitalmärkten (Börsen) tätigen.

---

4 http://www.handelsblatt.com/politik/konjunktur/oekonomie/nachrichten/folgen-der-deregulierung-die-selbst-gemachte-krise/3765676.html
5 Aus https://www.federalreserve.gov/pubs/feds/2013/201321/201321pap.pdf

Die Schattenbanken sind die eigentliche Ursache für das Explodieren der Verschuldung. Ein Grossteil der Schuldenüberschüsse wird hier erwirtschaftet.

Dieser Schattensektor produziert quasi immer effizienter das an sich überschüssige Geld. **Er bedient damit aber nur die Wünsche des privaten Sektors der Ökonomie.**

Der zweite Grund für die Explosion der Verschuldung ist in der stark steigenden staatlichen Nachfrage zu suchen. Hier werden vor allem diverse private Interessen bedient: beispielsweise der Ausbau der staatlichen sozialen Sicherungssysteme, das Wachstum der Militärindustrie oder das Bedienen von Partikularinteressen via Steuersenkungs- und Konjunkturprogrammen.

2.1. Negative externe Effekte auf die Realwirtschaft

Das gegenwärtige System ist darauf spezialisiert, zukünftige Wertschöpfung in der Gegenwart für die aktuellen Akteure der Wirtschaft über Kredite verfügbar zu machen.

Durch diese Entwicklung sitzen wir mittlerweile auf einem gigantischen Berg an grösstenteils bereits verbrauchten Gütern und Dienstleistungen und gleichzeitig auf einem gigantischen Berg an zukünftigen Verbindlichkeiten. Dieser riesige Wirtschaftszweig wächst zusammen mit der Verschuldung immer schneller und bläht sich dabei zu einer immer grösser werdenden Blase auf. Die Geldschöpfung, d.h. der massive Berg der Verschuldung, ist nämlich zu einem grossen Teil nicht real durch die aktuelle Wirtschaftsleistung gedeckt. Sondern über Erwartungen und Versprechungen von Werten und Zahlungen, die in der Zukunft liegen.

2.1.1. Inflation

Steigt das Angebot an Geld schneller wie das Angebot an Gütern, so führt dies unweigerlich zu Inflation. Jede einzelne Geldeinheit verliert an Kaufkraft.

Der Preis einer gewöhnlichen Dose *Campbell* Tomatensuppe kostete beispielsweise von 1895 bis 1970 konstant 0,1 US-Dollar. Nach 1970 explodierte der Preis auf aktuell 1.00 US-Dollar pro Dose.

Auf der einen Seite ist Inflation, d. h. steigende Güterpreise, insbesondere auch Aktien- und Immobilienpreise, im aktuellen System grundsätzlich erwünscht. Denn hiermit steigt auch der Wert der künftigen Sicherheiten für neue Kreditvergaben.

Als in den 70er Jahren die ausgewiesene Inflation zunächst sehr stark anstieg, führte dies auf der anderen Seite jedoch zu einem Abwürgen der realen Wirtschaftstätigkeit. Zunächst schossen die Nominallöhne und danach die langfristigen Zinsen in die Höhe. Auch die Wertentwicklung der sozialen Sicherungssysteme ist an die offiziellen Inflationsdaten gekoppelt. So haben die Parteien zwar ein Interesse, möglichst viele und hohe Leistungen zu versprechen, aber der Staat kann insbesondere unter dem Aspekt der Überalterung der Gesellschaft nicht exzessiv Schulden machen. Aus diesem Grund hat man auf verschiedenen Ebenen kein Interesse an einer zu hohen <u>ausgewiesenen</u> Inflation.

Die USA bediente sich dann eines einfachen Tricks, um dieser Entwicklung entgegenzuwirken. Anfang der 80er Jahre wurde die Berechnung der offiziellen Inflationsdaten schrittweise angepasst. Vor allem durch das Hinzufügen von hedonischen Preisberechnungsmethoden wurden die ausgewiesenen Inflationsdaten künstlich gesenkt.

Würde man die Inflation weiterhin nach den offiziellen statistischen Grundsätzen von 1980 berechnen, würde die USA aktuell eine Inflation um die 10 Prozent p.a. ausweisen. Offiziell wird von einem Inflationsziel von 2 Prozent gesprochen, von welchem man jedoch weit entfernt sei.

Die zu niedrig ausgewiesene Inflation hat auf die nun folgenden Punkte einen entscheidenden Einfluss. Sie verzerrt im Verlauf der Zeit wesentliche Kerngrössen der Wirtschaft. Die Zinsen bleiben niedriger und die Löhne wachsen langsamer als sie sollten.

2.1.2. Benachteiligung der menschlichen Arbeitskraft

Durch das künstlich zu niedrig gehaltene Zinsniveau werden Investitionen in Maschinen und technische Anlagen tendenziell gegenüber der menschlichen Arbeitskraft bevorteilt. Dies gilt insbesondere dann, wenn im Zuge der Einführung von Sozialabgaben die menschliche Arbeitskraft parallel dazu immer teurer gemacht wird.

Dies führt auch dazu, dass die Produktivität der Menschen steigen muss. Man muss also immer schneller und mehr in der selben Zeit arbeiten. Sonst wird man wegrationalisiert.

2.1.3. Löhne, Einkommen und Vermögen

Da bei Lohnverhandlungen eine zu tiefe Inflationsrate zugrunde gelegt wird, steigen die realen Löhne nicht in dem Mass an, wie sie sollten.

Auf der anderen Seite wird das neu geschaffene Geld zunächst stets in der Nähe des Schattenbankensektors ausgeschüttet. »In der Nähe« des Schattenbankensektors bedeutet:

Stadt vor Land, Finanzindustrie vor produktiver Industrie, Besitzer von Aktiva vor Lohnempfänger. Erst danach tröpfelt das neu geschaffene Geld langsam durch die reale Ökonomie.

In der Folge werden das nationale Einkommen und Vermögen immer ungerechter verteilt. Das Wachstum des Einkommens (inklusive Kapitalgewinne) der oberen ein Prozent der Bevölkerung stagnierte bis zu den 70er Jahren, um danach stark anzusteigen. Die Löhne und das Einkommen der restlichen Bevölkerung hingegen stiegen in der Nachkriegszeit stark an, um nach 1970 real zu stagnieren oder gar zu fallen.

2.1.4. Politische Spannungen

Die grossen Lohnunterschiede zwischen Stadt und Land, zwischen den oberen und unteren Einkommensschichten sowie die immer grösser werdende Kluft bei der Verteilung des Vermögens führen zu gewaltigen Spannungen. Sehr eindrücklich waren die Wahlstatistiken der letzten Wahlen in Österreich, beim Brexit und den Präsidentschaftswahlen in den USA. Hier gab es vor allen Dingen einen starken Kontrast zwischen den Protestwählern und den Wählern in meist stadtnahen Gebieten. Diese Spannungen sind für den Zusammenhalt der Gesellschaft extrem gefährlich[67].

2.1.5. Wirtschaftswachstum schwächt sich ab

Unabhängig von der Höhe des Zinssatzes nimmt die Zinslast exponentiell zu. Dies belastet immer mehr das reale Wirtschaftswachstum, da ein immer ein grösserer Teil des Volksein-

---

6 http://harvardmagazine.com/2006/01/growth-is-good.html
7 http://www.bbc.com/future/story/20170418-how-western-civilisation-could-collapse

kommens eben für diese Zinslast ausgegeben werden muss und deshalb nicht reinvestiert werden kann. Denn Zinsen werden innerhalb des Systems nicht geschaffen, sondern müssen aus der existierenden Geldmenge finanziert werden.

Das Wirtschaftswachstum der USA wuchs in der Nachkriegszeit im Durchschnitt mit etwa 6 Prozent. In den letzten 4 Jahrzehnten schwächte sich die Zuwachsrate stetig auf weniger als die Hälfte ab.

2.1.6. Abhängigkeit von einem nichtproduktiven Teil der Wirtschaft

Das Schattenbankensystem ist nicht nur in sich isoliert zu betrachten. Es benötigt auch einen grossen Dienstleistungsapparat, um zu funktionieren. Vom Anwalt über den Immobilienmakler bis zum Kleidermacher und Friseur.

Dies bedeutet: Je grösser das Schattenbankensystem in Relation zur realen Wirtschaft wird, desto mehr Einfluss gewinnt es auf die wirtschaftlichen Schwankungen. Wankt das an sich unproduktive Schattenbankensystem durch seine immer wiederkehrenden Krisen, so zieht es mittlerweile sehr rasch die Gesamtwirtschaft mit sich. Dies hat wiederum zur Folge, dass die Politik und die Zentralbanken sich immer weniger um die reale Wirtschaft kümmern, sondern immer mehr um das Schattenbankensystem.

2.1.7. Globales Phänomen

Im Zuge der Globalisierung können es sich Unternehmen und auch Staaten nicht mehr leisten, restriktiver zu sein, als der nächstgrössere Konkurrent. Wer die Zügel schleifen lässt, wird zunächst belohnt. Wechselkurse, Finanzierungen, Übernahmen und Fusionen. All dies wird über das Schattenbankensystem, über die Stellgrössen Zins und über den Einsatz von Fremdkapital gelenkt. Auch die Zentralbanken kommen immer mehr unter Druck und verlieren immer mehr ihre Unabhängigkeit. Denn erhöhen sie die Zinsen relativ zum nächstgrösseren Wettbewerber zu stark, hat dies sofort negative Auswirkungen.

Dieser Wettbewerb führt dazu, dass die Schulden nicht mehr nur regional sondern global explodieren8 9.

Beispielsweise benötigte die Wachstumslokomotive China im Jahr 2016 bereits ein dreimal höheres Schuldenwachstum, um dasselbe Wachstum wie 2008 zu generieren.

Seit diesem Jahr ist hier alleine die Verschuldung des Privatsektors um 80 Prozent, d.h. auf insgesamt 175 Prozent bezogen auf die Wirtschaftsleistung, gestiegen. Solch grosse Anstiege führten oft zu Wachstumsverlangsamungen und Finanzkrisen10 11. Zudem ist Chinas Bankensektor mit Verbindlichkeiten von aktuell 310 Prozent / Bruttosozialprodukt bereits jetzt grösser als in den meisten entwickelten Volkswirtschaften. Chinas Schulden entwickelten sich also analog der USA, lediglich in einem viel kürzeren Zeitraum.

8 https://www.theguardian.com/business/2016/oct/05/
   world-debt-has-hit-record-high-of-152tn-says-imf
9 http://www.telegraph.co.uk/business/2017/04/04/
   global-debt-explodes-eye-watering-pace-hit-170-trillion/
10 https://www.theguardian.com/business/2017/aug/15/
   imf-warns-china-debt-slowdown-financial-crisis
11 https://www.imf.org/external/pubs/ft/wp/2016/wp16203.pdf

2.1.8. Die Assetpreise

Die Hypothekenkrise von 2008 hat die zentrale Schwachstelle des papiergedeckten Geldsystems aufgedeckt. Da jedes Buchgeld durch Kredite geschaffen wird, stehen dem Geldvermögen auf der anderen Seite der Bilanz wertmässig in gleicher Höhe Sachwerte bzw. Einkommensströme gegenüber.

Verselbständigt sich der Schattenbankensektor immer mehr von der Realwirtschaft, führt dies dazu, dass im Zuge von Spekulationen und Übertreibungen an den Märkten in regelmässigen Abständen die Distanz zwischen Realwirtschaft und dem Wert der Sachwerte zu gross wird.

In der Illusion der viel zu hohen Preise für Sachwerte wird dann wiederum durch die Schattenbanken übermässig viel Buchgeld geschöpft. Dies geht solange gut, bis die Sachwerte in ihren jeweiligen Märkten in einem Crash wertmässig fallen. Dann haben die Schattenbanken mit grossen Kreditausfällen zu kämpfen. Je grösser nun die Blase ist, die da platzt, desto weniger können diese Ausfälle durch Reserven gedeckt werden. Das System funktioniert also ähnlich einem Schneeballsystem. Es expandiert, solange kein Teilnehmer sein Geld zurück haben will und somit Druck auf das System ausübt, beziehungsweise solange die Assetpreise nicht fallen.

3. Reaktion der Zentralbanken auf die Krisen im Schattenbankensystem

Mit dem Aufstieg des Schattenbankensystems in den 70er Jahren sind gleichzeitig Finanzkrisen in regelmässigen und kurzen Zeitabständen aufgetreten. Während vom zweiten Weltkrieg bis Anfang der 70er Jahre nur eine kleinere Krise in Erscheinung trat, waren es danach bis zur grossen Subprime Hypothekenkrise ganze acht Krisen!

Jede Krise hatte grössere Auswirkungen auf das Finanzsystem, als die Krise zuvor. Der Grund dafür ist einfach. Der Schattenbankensektor wuchs im Verhältnis zur Realwirtschaft jedesmal um ein überproportionales Stück weiter.

Das Drehbuch wurde dabei jeweils so geschrieben:

1. Jeder Krise ging zunächst eine Spekulation in Sach- oder Finanzwerten voraus.
2. Im Anschluss daran versuchte die amerikanische Notenbank durch Zinserhöhungen die Spekulation einzudämmen.
3. Diese Zinserhöhungen führten stets zu einem Platzen der Blase. Da das stets realwirtschaftlich negative Folgen hatte, waren die Notenbanken danach stets gezwungen, die Zinsen wieder zu senken. Damit war die Krise scheinbar gelöst.
4. Doch mussten die Zinsen jedesmal auf ein niedrigeres Niveau als zuvor gesenkt werden. Denn die Probleme und Schuldenblasen wurden ja auch grösser. Diese Senkung auf ein noch tieferes Zinsniveau bereitete so den Nährboden für die nächste Spekulation und der Kreislauf begann von vorne bei Punkt 1.

Die Krisenbewältigung wurde also von immer weiter sinkenden Zinsen der Zentralbanken begleitet, ohne dass die Ursache der exorbitanten Verschuldung angegangen worden wäre. Alle klopfen sich auf die Schultern, die Boni fliessen wieder, und die Wirtschaft brummt. Bis zum Platzen der nächsten Blase.

2008 veränderte sich jedoch etwas Entscheidendes!

Die Zinssenkungen bis auf null Prozent hatten keine ausreichende Auswirkung mehr, um die Wirtschaft nach der Krise wieder in Schwung zu bringen. Der Schattenbankensektor war schlicht zu gross geworden und war durch die letzte Krise schwer angeschlagen. Zugleich lastete die immer grösser werdende Zinslast der Verschuldung auf der Realwirtschaft.

Die Wirtschaft und der angeschlagene Schattenbankensektor waren selbst bei Null-Kosten nicht mehr bereit, das angebotene Geld aufzunehmen, um das Spiel erneut starten zu lassen. Man nennt dies Liquiditätsfalle. Herkömmliche Geldpolitik versagt in ihrer Wirkung. Die traditionelle Flexibilität der Zentralbanken ist weitgehend am Ende. **Man hat das alte System schon vor Jahren bereits endgültig an die Wand gefahren.** Aber weshalb merkt man davon in der Realität noch nichts!

3.1. Die Bazooka

Die Reaktion der Zentralbanken auf die Liquiditätsfalle war einfach: man änderte die Spielregeln des Systems. Mit dem Rücken zur Wand haben die Zentralbanken angefangen, einfach selbst aktiv Geld in das Finanzsystem zu pumpen. Man spielt also Schattenbank.

Die fünf grössten Zentralbanken (FED, EZB, SNB, BOJ, China) pumpten in den letzten neun Jahren über den Aufkauf von Aktien und Anleihen insgesamt **fast 20.000 Mrd. US-Dollar** in die Finanzmärkte. Dies sind **fast 40 Prozent des Bruttosozialproduktes dieser Länder!**

Oder anders ausgedrückt: jedes Jahr wurde im Schnitt Liquidität in der Höhe von vier Prozent der Wirtschaftsleistung in die Finanzwelt gepumpt. Das Geld bleibt aber grösstenteils

<u>wieder</u> dort hängen und löst dabei einen gigantischen Mega-bubble in nahezu allen Finanzmärkten aus!

Während vorher die Schattenwirtschaft vom Zinssenkungs-zyklus quasi wie von einer weichen Droge abhängig war, lebt sie aktuell auf Steroiden, die zwangsweise mit der Spritze verabreicht werden. Und während vorher nur Teilbereiche des sonst gesunden Körpers angegriffen wurden, so durchflutet und infiziert diese Politik aktuell sämtliche Bereiche der Finanzwelt.

Eine nachhaltige Lösung für unser Finanzsystem fehlt nach wie vor.

4. Lösungsvorschläge

4.1. Deflation

Durch den Aufbau des enormen Kreditvolumens wurde Konsum und Leistung von der Zukunft in die Gegenwart vorgezogen. Die naheliegendste Lösung wäre also, diesen Überschuss an Geldschöpfung des Schattenbankensektors durch Sparen und Konsumverzicht wieder abzubauen. Man müsste quasi den ganzen »Konsum-Film« der letzten Jahrzehnte wieder rückwärts spulen.

Genau dies war in den USA in den 30er Jahren passiert. Ende der 20er Jahre lag die Gesamtverschuldung im Verhältnis zum Bruttosozialprodukt in der Spitze bei 280 Prozent. Danach platzte die damalige Kredit- und Aktienblase. In der Folge fiel die Wirtschaft in eine grosse Depression. Massenarbeitslosigkeit und die Weltwirtschaftskrise waren die Folge. Die Gesamtverschuldung wurde in dieser Zeit auf unter 180 Prozent gesenkt, wo sie bis Anfang der 70er Jahre blieb.

Aktuell ist der Gesamtschuldenstand bezogen auf das Bruttosozialprodukt jedoch bei 370 Prozent! Das Ausmass der nötigen Leistungen, um wieder auf ein normales Niveau der Verschuldung zu kommen, müsste also grösser sein als noch in den 30er Jahren. Ich bezweifle, dass die Gesellschaft aus freiwilligen Stücken dazu bereit ist.

4.2. Regulierung der Schattenbanken

Ausgehend vom aktuellen Niveau wird seit 2008 verstärkt wieder versucht, das Schattenbankensystem stärker zu regulieren und so in Schranken zu weisen.

Zum einen wirkt eine Regulierung nur sehr langsam. Gleichzeitig verlangsamt sich das Wirtschaftswachstum, weil der Sektor mit den vielen neuen Auflagen quasi erwürgt wird, ohne dass Alternativen geboten werden. Beispielsweise registrierte Thomson Reuters noch 2016 weltweit 200 Regulierungen – jeden Tag.

Zum anderen arbeitet der finanzkräftige Schattenbankensektor durch Lobbyarbeit stetig und intensiv gegen eine Regulierung. Wir befinden uns dann schnell in einem Kreislauf, in dem nach einem Crash zwar reguliert, aber nicht gelöst wird. Und im Boom danach eben jene Regulierungsarbeit durch Lobbyarbeit wieder aufgehoben wird12.

4.3. Schuldenschnitt

Eine erste, wirkliche Lösung wurde 2011 durch die Boston Consulting Group BCG13 veröffentlicht. Die Studie heisst

12 https://de.wikipedia.org/wiki/Steven_Mnuchin
13 https://www.bcg.com/documents/file87307.pdf

»Back to Mesopotamia«. Um das Schuldenproblem zu lösen, schöpft man einfach das Vermögen der obersten ein Prozent ab und finanziert so die Reduktion der Schuldenlast. Vorgeschlagen wird eine einmalige Steuer in Höhe von **30 Prozent** auf Immobilien und Aktienvermögen.

Nun hängen in unserem System Schulden und Assetpreise zusammen, da sie in einem Zug erschaffen werden. Also müssen die Akteure, um die Steuerlast zu begleichen, Assets verkaufen. Dies senkt deren Preise.

Im Endeffekt würden also mit diesem einmaligen Schnitt die Schulden und die Assetpreise gleichermassen sinken.

Der Vorteil dieses Ansatzes ist es, dass er im Zuge der Digitalisierung und Überwachung des Steuerbürgers relativ einfach durchzuführen wäre.

Dennoch hat auch diese Lösung mindestens zwei Nachteile. Zum einen ändert sie nichts am System selbst, sondern lässt es nur erneut auf tieferem Niveau starten. Zum anderen fühlen sich zwar die obersten ein Prozent Bewohner des Landes, welches diese Aktion durchführt, untereinander immer noch gleich wohlhabend. Jedoch erleiden sie einen massiven Wettbewerbsnachteil gegenüber denjenigen Ländern, die nicht mitmachen. Man müsste solch eine Aktion also global durchführen.

4.4. Die staatliche Alternative – das Vollgeldsystem

Mit der Einführung von Vollgeld würde man, vereinfacht gesagt, die freie Schöpfung des Buchgeldes beenden. Alles Geld würde direkt von den Zentralbanken geschaffen. Das Schuldenwachstum wäre somit zumindest theoretisch begrenzt.

Man vertraut darauf, dass die unabhängige Zentralbank die Geldschöpfung von sich aus soweit optimal begrenzen würde, dass es zu keinen Übertreibungen an den Märkten und auch zu keiner Inflation kommt.

Hier lebt man in der immer wiederkehrenden Illusion, der Staat könne als zentraler Entscheider die Dinge besser regeln als der Markt. Diese Annahme wurde durch den Zusammenbruch des Sowjet Systems jedoch eindrücklich widerlegt.

Das Grundproblem besteht weniger darin, ob nun der Staat oder die Privatwirtschaft das Geld schöpft, sondern dass die Geldschöpfung in beiden Fällen weitestgehend einem Monopol unterliegt, welches die Spielregeln schlussendlich nach eigenen Interessen festlegt.

Und dieses Monopol, ob besetzt von den Schattenbanken oder den Zentralbanken, lässt den wirtschaftlichen Akteuren keine Ausweichmöglichkeiten, da es keinen Wettbewerb gibt.

4.5. Die Lösung – Freiheit und Demokratie

Das aktuelle System fährt sich, schon rein rechnerisch, gegen eine Wand, die es aus eigener Kraft nicht zu überwinden vermag. Man kann durch die verschiedenen Ansätze nur jeweils seine Lebensdauer verlängern.

Im ersten Schritt, so wäre der Vorschlag, sollte man das aktuelle System grundsätzlich beibehalten. Mit all seinen Nachteilen. Jedoch muss auf eine künstliche Ausweitung der Zentralbankbilanzen gänzlich verzichtet werden.

Parallel dazu führt man eine marktwirtschaftliche Geldordnung ein, das sogenannte »free banking«. Das staatliche Geldmonopol wird abgeschafft und durch einen freien Wettbewerb zwischen verschiedenen Emissionsbanken ersetzt. Das führt

nicht zu Anarchie sondern nur zu einem anderen Ordnungs-
rahmen. Es geht also darum, dass der Bürger die Freiheit bekommt, selbst entscheiden zu können, welches Geld er bevorzugt.

So wird politische wie auch wirtschaftliche Macht und Einflussnahme durch Aufspaltung verringert. Es kann dann eine
echte dezentrale bürgerliche Gegenmacht zum aktuellen Fi-
nanz- und Politiksystem entstehen.

»Die Zulassung von sich konkurrierenden Privatwährungen
und ein allumfassender Währungswettbewerb würden so aufgrund der individuellen Nachfrage nach gutem Geld und der
Möglichkeit für alle Menschen, die Produzenten von schlech-
tem Geld durch Abwanderung zu bestrafen, dazu führen, dass
sich evolutionär eine neue Geldordnung entwickelt, in der die
Möglichkeiten zur Geld- und Kreditschöpfung aus dem Nichts
aufgrund von Wettbewerb beschränkt sind, wodurch die Wahr-
scheinlichkeit von gefährlichen Investitionsblasen und Schein-
wohlstand sinkt.«14 15

Diese Formen der Alternativen Regionalwährungen gibt es bereits. Sei es das WIR Geld aus der Schweiz, der Sardex in Sardinien oder der Chiemgauer in Bayern.

Bisher hatten diese Währungen zugegebenermassen ge-
wichtige Nachteile. Zum einen steigen die Transaktionskosten
mit jeder zusätzlichen Währung. Und zwar exponentiell. Man
stelle sich nur ein Preisschild mit zehn verschiedenen Währungen vor. Dann verlöre der Konsument bald den Überblick über

---

14 Aus https://www.hayek.de/images/pdf/Thesenpapier_Schffler.pdf
15 Buch »Nicht mit unserem Geld – Die Krise unseres Geldsystems und die Folgen
   für us alle«

die Währungslandschaft. Zu guter Letzt ist es für den Konsumenten schwierig, die vertragliche Gestaltung der Währungen zu erkennen und vor allem mitzugestalten.

Die Lösung für diese Probleme scheinen zwei neue Wirtschaftszweige zu sein, die gerade am Entstehen sind. Es sind zum einen Kryptowährungen und zum anderen fintech Firmen.

Kryptowährungen, wie beispielsweise die bekannte *Bitcoin*, werden bereits in ihrer Entstehung mathematisch klar definiert. Dadurch ist deren Geldmenge klar begrenzt.

Dann gibt es inzwischen auch Kryptowährungen, wie das sogenannte *Eutherium*, mit der man Verträge ohne das Risiko unerwünschter Einflussnahme von aussen zwischen vielen Marktteilnehmern klug abstimmen kann.

Zusätzlich kann man mit Kryptowährungen physische Geldscheine und Münzen durch volldigitale Transaktionssoftware ersetzen. Das Umrechnen entfällt. Transaktionen werden sogar noch schneller abgewickelt.

Für Kunden, die doch den Überblick verlieren, stünden abschliessend fintech Firmen bereit. Diese beraten und betreuen ihre Kundschaft individuell. Zum Beispiel bei der Wahl der für sie geeigneten Währung.

Der Kurs eines Bitcoin ist seit seiner Einführung von Nahe Null auf über 4.000 US-Dollar geklettert. Die Marktkapitalisierung liegt derzeit bei über 70 Milliarden US-Dollar.

Noch wird von Spekulation gesprochen. Sollte der Vertrauensverlust in die staatlichen Währungen offensichtlich werden, könnte man rückblickend von Revolution sprechen.

Dietmar Wolf ist Volkswirt und Vermögensverwalter in Zürich.

Die Finanzindustrie und davon abhängige Branchen, wie Anwälte und Wirtschaftsprüfer, beschäftigen 750 000 oft sehr gut bezahlte Angestellte in der Kapitale. Besonders das Turbo-Spiel des Investmentbankings hat an der Themse – aber auch an den anderen Hotspots des großen Geldes wie Frankfurt – nach der globalen Finanzkrise 2008 wieder Fahrt aufgenommen. Befeuert wird das risikoreiche Spiel durch billiges Geld, das die Notenbanken wie FED und EZB per Knopfdruck in den Markt drücken. Das Drucken von Geldscheinen ist dazu schon lange nicht mehr notwendig. Fiat Money, digital generiertes Buchgeld, bestimmt ein von realen Werten völlig losgelöstes virtuelles Spiel. Ein Tanz um das Goldene Kalb Kapital; alles, um den »Markt«, der alles richten soll, am Laufen zu halten. Mit entsprechenden Gewinn-Margen und Boni, versteht sich.

Im wogenden Meer des Geldes sind die Habenden damit beschäftigt, ihr Kapital möglichst gewinnbringend anzulegen oder managen zu lassen. Die dafür bezahlten Bosse von Hedge-, Investment- und Rentenfonds, die auf vielen Anleger-Milliarden sitzen, sind ebenso getrieben wie Aktionäre, Oligarchen oder stille Briefkasten-Betreiber in Malta, auf den Caymans oder in Panama. Je höher das Anlage-Risiko, desto höher die Gewinnchance. Bei Niedrigzinsen weltweit steigt der Druck im Dampfkessel. Risiko-Kapital beinhaltet schon im Wort die Möglichkeit des Totalverlustes. Doch an den Börsen wird weitergezockt.

Beim Spekulieren am Aktienmarkt ist natürlich auch der »kleine Mann« dabei. Sei es als direkter Aktionär oder über Fonds. Zur Motivation seiner kleinen wie großen Geldgeber hat der Autovermieter Sixt eine allseits bekannte Weise neu texten lassen und bewirbt das Werk in ganzseitigen Zeitungsanzeigen als Einladung zur Hauptversammlung 2017. Heiter beschreibt sie die kleine und große Gier beim Geldvermehren.

ODE AN DIE FREUDE ÜBER DIE DIVIDENDE

Freude, schöne Dividende, Tochter aus Bilanzium,
wir betreten freudetrunken die Jahreshauptversammlung.
Deine Zauber binden wieder, was der Schäuble streng geteilt;
Aktionäre werden Brüder, wo dein reicher Flügel weilt.
Wem der große Wurf gelungen, Shareholder von Sixt zu sein,
wer dies holde Ziel errungen, mische seinen Jubel ein!
Seid umschlungen, Millionen! Schönstes Geld der ganzen Welt!
Freude ist's, mit anzusehen, wenn sich Schein zu Schein gesellt!

Wahrlich eine »schein«heilige Gesellschaft.

Die Staatengemeinschaft hat es immer noch nicht geschafft, mit einer Finanztransaktionssteuer wenigstens ein Scherflein vom wilden Treiben abzubekommen. Für ihre Bürger, versteht sich.

Thomas Piketty hat mit seinem 2013 erschienenen Buch *Das Kapital im 21. Jahrhundert* für Furore gesorgt. Mit großem statistischem Aufwand dokumentiert er, wie sich Kapital und Arbeit seit 1800 auseinanderentwickeln. Bleibt der politische Rahmen, wie er ist, wird sich, so Piketty, das oberste Promille weiter absetzen.

Nur kurz hat die Finanzkrise 2008 das Vertrauen in den internationalen Finanzkapitalismus erschüttert. Man fragte nach seiner Beherrschbarkeit und Legitimität. Doch schnell standen die Vermögenden wieder so glänzend da wie vorher. Verlierer waren die Kleinanleger und Geringverdienenden. Robert M. Solow, Wachstumstheoretiker und Nobelpreisträger, stützt die These der »Rich Get Richer Dynamic« von Piketty: »Sollte sich das Eigentum an Vermögen im Rest des 21. Jahrhunderts noch stärker konzentrieren, ist der Ausblick trostlos, es sei denn, man hat eine Vorliebe für Oligarchie.«

Hinzu kommt, dass sich Kapitalbesitzer den nationalstaatlichen Grenzen entziehen. Steuerparadiese bilden nur einen Teil einer globalen Sondersphäre, zu der alle Freihandelszonen und sonstige Speicher- und Umschlagplätze gehören. Allein die in den Panama Papers aufgedeckten Steuerpraktiken kommen die EU-Staaten teuer zu stehen. 2015 entgingen den nationalen Haushalten der Mitgliedsländer etwa 173 Milliarden Euro an Steuereinnahmen. Damit hätten Schulden zurückgezahlt und 1,5 Millionen Arbeitsplätze geschaffen werden können.

Viele Länder buhlen mit niedrigen Steuersätzen auf Kapitalerträge um international operierende Großkonzerne wie Amazon oder Apple. Das ist sicher nicht damit gemeint, wenn Optimisten und Visionäre von einer »postnationalen« Ära reden. Hier wird staatsbürgerliches Ethos nicht kosmopolitisch erweitert, sondern verachtet.

Die zügellose Profitgier der großen Player setzt auf immer mehr, auf endloses Wachstum. Endloses Wachstum zerstört den Planeten. Also muss der ekstatische Tanz der enthemmten Reichtums-Junkies gestoppt werden.

DIE GELDMENGE WIRD AUF EIN ZEHNTEL REDUZIERT

97 Prozent der Geldmenge, die weltweit im Umlauf ist, ist virtuelles Geld. Nur noch die restlichen 3 Prozent lassen sich als bedruckte Scheine bündeln und mit den Fingern zählen oder klimpern als Münzen in die Kasse. Geld wird heute von Noten- und Geschäftsbanken aus einem digitalen, virtuellen Tresorraum heraus per Tastendruck »erschaffen«. So wandert es – sollten Sie einen Kredit wünschen und ihn auch zugesprochen bekommen – auf Ihr Konto. »Geld« lässt sich also beliebig und problemlos »machen«, aber auch wieder löschen. Zig Billionen sind so gerade unterwegs.

Sollte all das schöne virtuelle Geld beim
Platzen der aktuellen Megablase nicht in
einer Nanosekunde im Nichts verschwinden,
wäre es eine dringliche Aufgabe der
Notenbanken, eine Reduzierung in 10 Jahres-
schritten zu organisieren. Fiat Money im
Übermaß verzerrt nicht nur Preise, sondern
auch die Pratzen der Gierigen. Wenn sie
nicht einzeln vor uns in die HÖLLE fahren,
tun wir es gemeinsam mit ihnen.

Ein Blick in die Große Halle des Volkes in Beijing. Es tagt
der Nationale Volkskongress (NVK) der Kommunistischen
Partei Chinas. Die 200 reichsten Delegierten, die die Partei in
diese Veranstaltung geladen hat, kommen zusammen auf ein
Vermögen von umgerechnet 500 Milliarden US-Dollar. Nach
Berechnungen des Shanghaier Hurun Reports konnte die
Hälfte von ihnen ihr Vermögen seit Amtsantritt ihres neuen
Großen Vorsitzenden Xi Jinping verdoppeln. Das in einem
kommunistischen Land!

Wie grenzenlos tobt das »Bereichert euch« da wohl im Liberalismus einer freien Marktwirtschaft, die sich dem Kapitalismus ohne
Wenn und Aber verschrieben hat? Das Oxfam-Ranking zeigt es
überdeutlich.

Die Schere der materiellen und sozialen Ungleichheit ist Spreng-
stoff für das Miteinander. Verstärkt durch gewaltige technologische
Umwälzungen wie den Einsatz von Robotik und künstlicher Intelligenz ist die friedensstiftende Balance in den kommenden Jahrzehnten in Gefahr. Der Schriftsteller Mathias Greffrath kommentiert
sein Buch *RE. Das Kapital – Politische Ökonomie im 21. Jahrhundert*
im *Spiegel* 13/2017: »Marx wäre der Letzte gewesen, der bestrit-
ten hätte, dass der Kapitalismus den Wohlstand ins quasi Uner-

messliche steigern kann. Entscheidend ist die Frage: Genügt diese Gesellschaft, die so reich ist, den eigenen Kriterien, was Fairness, Gleichheit, Gerechtigkeit angeht? Und da, würde ich sagen, leben wir nicht über, sondern weit, weit unter unseren Verhältnissen.«

EXISTENZMAXIMUM

In Deutschland ist ein sogenanntes »Existenzminimum« definiert und anerkannt. Im Moment liegt es bei knapp über 7200 Euro im Jahr. So engmaschig ist das soziale Netz in unserem Wohlfahrtsstaat. Das Median-Jahreseinkommen liegt bei 18 800 Euro. Der Chef des deutschen Software-Konzerns SAP erfährt erst in 4 Jahren, was unterm Strich für ihn nach 12 Monaten rausgekommen ist. Bisher war er unter den 30 Dax-Chefs mit etwa 15,3 Millionen Euro Jahresgehalt der Spitzenreiter. Es kann aber sein, dass noch ein Zuschlag, ein Sahnehäubchen dazukommt und er am Ende 40 Millionen verdient. Das weiß er erst, wenn die langfristigen Kriterien für seine Erfolgsbeteiligungen überprüft sind.

Beim offiziellen Gehälter-Ranking des Dax-Oberhauses, der exklusiven Tafelrunde der Money-und-Boni-Ritter, spannt sich der Bogen von 8 Millionen (Deutsche Börse) über 4,6 Millionen (Deutsche Bank), 3,15 Millionen (Deutsche Lufthansa) bis zu geradezu bescheidenen 950 000 Euro (Commerzbank). Alles geht mit rechten Dingen zu. Das meiste ist von den Aktionären abgesegnet. Mit wenigen Ausnahmen haben die Eigentümer auch den größten Exzessen zugestimmt.

Erster Widerstand regt sich im VW-Aufsichtsrat. Eingehüllt in Dieselschwaden hatte der Ex-Chef Martin Winterkorn in seinen Glanzzeiten 17 Millionen Jahresgehalt eingestrichen. Jetzt sind es »nur« noch 3100 Euro Betriebsrente pro Tag. In den Vorstandsverträgen sind die Vorstandsboni an die Entwicklung von Gewinnen und Aktienkursen gekoppelt.

Man möchte meinen, dass bei einem guten Gehalt grundsätzlich gute Arbeit erwartet werden kann. Warum also Boni? Man staune weiter: IG-Metall-Chef und VW-Aufsichtsrat Jörg Hofmann im *Spiegel* 9/2017: »Wir wollen eine verbindliche Obergrenze von zehn Millionen. Auch soll weniger für die Altersversorgung zugesagt werden.« Das sagt ein Gewerkschafter.

EINE FRAGE DER MORAL

Politische Interventionen erreichten bisher nicht das gewünschte Ziel einer Deckelung der Bezüge. Also muss zusätzlich die Gesellschaft – also wir – Druck aufbauen.

```
Vorschlag: Die Einführung eines EXISTENZ-
MAXIMUMS. Bis dahin und nicht weiter! Die
Armen müssen sich ja auch ein EXISTENZ-
MINIMUM vorschreiben lassen.
Jedes Unternehmen legt das Existenz-
Maximum für seine Mitarbeiter selbst fest.
Also kein Rasenmäher-Dirigismus. Das
Ausgangskriterium ist das Gehalt, der Lohn
des am niedrigsten bezahlten Mitarbeiters.
Der bestbezahlte Mitarbeiter bekommt
höchstens das Zehnfache seines Kollegen.
Also: Der Hausmeister verdient 1800 Euro
brutto. Voilà: der CEO dann eben maximal
18 000. Zusätzliche Boni des leitenden
Personals fließen zu 50 Prozent (nach
Steuern) in einen Mitarbeiterfonds, der
gemeinsam verwaltet wird.
Ein Ausweg: Der Hausmeister verdient
3000 Euro brutto. Dann wären das für den
CEO 30 000. Die Wolfsburger Autobauer können
ja schon mal auf dieser Basis rechnen.
Sicher freut sich dann der Hausmeister.
```

Das Problem der Armen

Das Bild einer Schere wird gerne benutzt, um die ungleiche Verteilung materieller Güter zu beschreiben. Seit Beginn der Industrialisierung in Europa hat sie sich zwischen dem Westen und den übrigen Teilen der Welt weit geöffnet. Heute findet sich eine Menge klaffend aufgerissener Scheren rund um den Globus. Sie beschreiben die Unterschiede zwischen Kontinenten, Staaten, aber auch den Gesellschaften in den einzelnen Ländern, Unternehmen und Nachbarschaften. Die Kluft zwischen Reich und Arm vertieft sich reihum rasant.

Ungleichheit wird gerne mit Ungerechtigkeit verglichen, was allerdings zur Begründung einer längeren Grundsatzdiskussion bedarf.

Reiche US-Bürger sehen problemlos Gott an ihrer Seite, während ein abendländisch geprägter Linker wohl eher Chancengleichheit und Brüderlichkeit vorbringen würde. Der Nobelpreisträger Sir Angus Deaton, Autor des Buches *Der große Ausbruch*, sagt in einem *Spiegel*-Interview 3/2017: »Die entscheidende Frage ist: Über welche Ungleichheit sprechen wir? Profitiert die Gesellschaft von den Regeln und Institutionen, die es einigen erlauben, viel reicher zu werden als die übrigen? Oder schaden die Reichen allen anderen, indem sie die Einflussmöglichkeiten der Nichtreichen und die Gestaltung des Gemeinwesens beschneiden? [...] Viele denken, dass Ungleichheit an sich zwar nicht ungerecht ist, dass es aber eine Begrenzung des Abstandes zwischen Arm und Reich oder zwischen Nicht-ganz-Arm und Superreich geben sollte.« Für Deaton ist der Kapitalismus eine Erfolgsgeschichte, die einem Raubzug gleichkommt.

Sein englischer Professoren-Kollege Andrew Sayer attackiert die Superreichen mit seinem Buch *Warum wir uns die Reichen nicht leisten können* (C.H. Beck) frontal: »Wussten Sie, dass eine nachmittägliche Spritztour mit einer Wally-Superyacht auf dem

Mittelmeer 10 000 Liter Sprit verbraucht und der Umwelt mehr Schaden zufügt als ein durchschnittlicher Afrikaner in seinem ganzen Leben? Oder dass in Bishops Avenue, der zweitteuersten Straße Londons, ein Drittel der Häuser leer steht? Reiche Ausländer sparen damit zuhause Steuern und schauen zufrieden zu, wie an der Themse die Immobilienpreise durch die Decke gehen.« Er schließt daraus, dass sich eine gerechte Gesellschaft diese Art von Reichtum nicht länger leisten kann.

Neben dem schamlosen Reichtum sieht Thomas Straubhaar, Professor der Universität Hamburg, auch die Folgen der Globalisierung und den schnellen Wandel der Arbeitswelt als Ursache der auseinanderklaffenden Schere zwischen Arm und Reich. »Die Globalisierung war der stärkste Wachstumsmotor der Menschheitsgeschichte.« Sie sorgte dafür, dass es noch nie so vielen Menschen so gut ging wie heute. Aber sie hat eben auch zu einer Polarisierung geführt. Nicht alle konnten gleichermaßen von höheren Kapitaleinkommen aus der Wertsteigerung und aus Vermögenserträgen von Aktien, Immobilien, Unternehmensgewinnen und Monopolrenten profitieren. Wer eine Spaltung der Gesellschaft verhindern will, muss sich mit Verteilungsfragen beschäftigen.

Straubhaar weiter in einem Artikel in der *Süddeutschen Zeitung* vom 7. Dezember 2016: »Die Verlagerung der Wertschöpfung aus Fabriken in den raumlosen Orbit virtueller Netzwerke und der Ersatz menschlicher Arbeit durch selbstregulierende, mit künstlicher Intelligenz ausgestattete Automaten werden den Strukturwandel weiter beschleunigen.« Er plädiert für einen neuen Gesellschaftsvertrag, dessen Kern ein bedingungsloses Grundeinkommen ist. Damit sieht er sich in bester Gesellschaft mit Joe Kaeser (Siemens), Timotheus Höttges (Deutsche Telekom), Elon Musk (Tesla) und Drogerieunternehmer Götz Werner. Der schwärmt: »Ich will paradiesische Zustände schaffen. Grundeinkommen gewährleistet Freiheit, und die liegt auf dem Weg zum Paradies.«

Kritiker stehen dieser visionären Idee sehr ablehnend gegenüber. Neben der Finanzierbarkeit – diskutiert werden 1000 bis 2000 Euro im Monat für Jung und Alt – sehen sie mangelndes Arbeitsbedürfnis in einer fröhlichen Freizeitgesellschaft, innere Leere und Frustration in einem sinnfreien Leben als große Gefahren. Auch lauert wieder das Gespenst der Ungleichheit oder Ungerechtigkeit, wenn die einen chillen oder Party machen, während die anderen arbeiten.

Dazu Stephen Hawking: »Die Ressourcen konzentrieren sich immer mehr in den Händen weniger, weshalb wir lernen müssen, weit mehr als bisher zu teilen. Da nicht nur Arbeitsplätze, sondern ganze Industriezweige verschwinden, sind wir verpflichtet, den Menschen zu helfen, sich für eine neue Welt weiterzubilden und sie während dieser Zeit finanziell zu unterstützen. Wenn das gegenwärtige Ausmaß der Migration für die Gemeinschaften und Volkswirtschaften nicht zu bewältigen ist, müssen wir mehr für eine globale, nachhaltig ausgerichtete Wirtschaftsentwicklung tun. Denn das ist die einzige Möglichkeit, die Millionen Auswanderungswilligen davon zu überzeugen, sich in ihren Heimatländern eine Zukunft aufzubauen.«

```
Um Zündstoff aus Gesellschaften
herauszunehmen, wird an einem Ausgleich
kein Weg vorbeiführen. Die bedingungslose
Leistungsgesellschaft mit ihrem Wachstums-
Credo, gepaart mit einer entarteten
Geldwirtschaft und der größer werdenden
Kluft zwischen Reich und Arm, zwingt zum
Handeln.
Das ICH des egoistischen Profitdenkens
muss dem WIR eines gemeinsamen Überlebens
weichen.
```

RÜSTUNG UND KRIEG

Die Doomsday Clock wurde im Januar 2017 nach langen Jahren wieder um eine halbe Minute vorgestellt. Der Zeiger der »Atomkriegsuhr« steht jetzt auf 2,5 Minuten vor 12. Grund war die Wahl von Donald Trump zum Präsidenten der Atommacht USA. Gestartet wurde das anschauliche Szenario 1947 von amerikanischen Atomwissenschaftlern, als Seismograf für die nukleare Bedrohung.

Damals stand die Uhr auf 7 Minuten vor 12. Gerade einmal 2 Jahre war es her, dass amerikanische Atom- und Wasserstoffbomben Japan zur Kapitulation gezwungen hatten. Die verheerende Wunderwaffe war nicht lange exklusiv in der Hand der Vereinigten Staaten. Russland zog nach. Schnell folgten England, Frankreich, Indien, Pakistan und China.

Als geradezu friedenssichernd erwiesen sich die nuklearen Overkill-Kapazitäten im Ost-West-Konflikt des Kalten Krieges, bei dem die kommunistischen Länder des Warschauer Paktes denen der NATO gegenüberstanden. Es galt die Logik der Abschreckung: Wer zuerst schießt, stirbt als Zweiter. Später versuchten die beiden Großmächte immer wieder, das Gleichgewicht des Schreckens durch Verhandlungen auszutarieren, wobei es weniger um Abrüstung als um die Festlegung von Obergrenzen ging.

Heute verfügen die USA nach Angaben der Abrüstungsgruppe Ploughshares Fund über 6800 atomare Sprengköpfe und liegen damit hinter Russland, das 7000 Interkontinental- und Mittelstreckenraketen land- und seegestützt vorhält. Gegenwärtig läuft – trotz Salt-II-Vertrag – eine Modernisierung des amerikanischen Atomarsenals im Umfang von 1 Billion Dollar. Das war schon unter Obama beschlossene Sache. Sein blonder Nachfolger und Rudel-Führer im Weißen Haus verkündet: »Es wäre ein Traum, wenn kein Staat Atomwaffen hätte. Aber solange das nicht der Fall ist, werden wir im Rudel ganz oben stehen.« Von Februar 2018 an wollen die beiden Big Boys des Horrors ihre Atomarsenale gleich groß halten. Wie schön und beruhigend, finden Sie nicht? Haben auch Sie sich daran gewöhnt? Ich nicht.

Paul, der Mann mit dem Atomkoffer, war neben Donald Trump im Internet zu sehen. No, kein Fake. Bei einem Abendessen seines Präsidenten mit Parteifreunden und Gönnern in einem New Yorker Hotel. Trump brauchte auf die Schnelle etwas mehr Licht, um einen zugeschobenen Zettel zu lesen. Da hielten einige dienstbare Geister mit den Handy-Lampen drauf. Tja, und einer hat es auch gefilmt und ins Netz gestellt. Eine erschreckende Momentaufnahme der permanenten atomaren Bedrohung.

Der Kofferträger Paul ist strategisch wichtig. Feindliche russische, chinesische, nordkoreanische oder von wo auch immer anfliegende Interkontinentalraketen brauchen nun einmal um die 8 Minuten, bis sie ihr Ziel in den USA erreichen. In dieser Zeitspanne sind dann der Präsident und eben auch Paul mit seinem Koffer gefragt. Damit startet die kleine War Unit den Gegenschlag. Apokalypse now! In diesem Fall fahren wir alle direkt in die HÖLLE. Und das mit Recht.

Wie kann eine Spezies so abgrundtief bescheuert sein, sich überhaupt in so eine Lage zu bringen?

ALLE ATOMWAFFEN MÜSSEN VERSCHROTTET WERDEN.
Dafür ist kein Platz auf unserem
Raumschiff Erde (und gegen Außerirdische
helfen sie uns auch nicht, wetten?).

130 von 193 UN-Staaten führten Anfang 2017 bei den Vereinten Nationen in New York Verhandlungen über ein Verbot von Atomwaffen. Maßgeblicher Initiator: Österreich. Respekt. Wer saß nicht am Tisch? Alle neun Bad Boys, die Atomwaffen zu Hause haben. Keine USA, kein Russland und so weiter. Nordkorea auch nicht.

Chinas Xi Jinping hatte sich zuvor für ein Verbot von Atomwaffen ausgesprochen. Sein großer Drache war aber in New York auch nicht dabei. Selbst ein Land wie die Bundesrepublik Deutschland, das vom nuklearen Schutz durch Atomstaaten profitiert, boykottierte diesen gut gemeinten Versuch, dem Wahnsinn ein Ende zu setzen. »Weltweite atomare Abrüstung ist die unerledigte Aufgabe Nummer eins. Auch die Beseitigung biologischer und chemischer Waffen begann mit deren völkerrechtlichem Verbot«, sagte Österreichs Außenminister Sebastian Kurz.

Im Juli 2017 beschlossen dann tatsächlich 122 Staaten bei den Vereinten Nationen in New York ein Verbot von Atomwaffen. »Ein historischer Moment«, wurde verlautbart. Allerdings verweigerte sich weiterhin eine zentrale Staatengruppe der Initiative. Genau die, die über Atomwaffen verfügt. Nikki Haley, US-Botschafterin bei den Vereinten Nationen, hatte vor dem Treffen zwar betont, sie wünsche sich nichts sehnlicher »für meine Familie als eine Welt ohne Nuklearwaffen«. Aber die Staatengemeinschaft müsse »realistisch« bleiben: Die Zeit dafür sei noch nicht reif.

Die zunehmende Polarisierung zwischen den USA und der NATO auf der einen sowie Russland auf der anderen Seite hat Abrüstungsbemühungen zudem in den vergangenen Jahren ausgebremst: Atomwaffen gelten in der internationalen Politik wieder als zentrales Mittel der Abschreckung.

Nein, wir sind noch nicht am Ende.
ALLE WAFFEN MÜSSEN ABGESCHAFFT WERDEN.

Machen wir es kurz.

Ganze 1,6 Billionen Dollar wurden 2015 von den Staaten dieser Erde für Rüstungsgüter ausgegeben. Ganz vorne »im Rudel« waren natürlich die Vereinigten Staaten von Amerika mit knapp 600 Milliarden. Weit dahinter China mit 215 Milliarden, einer Steigerung von 132 Prozent seit 2005. Da es seinen Militäretat in den letzten 10 Jahren um knapp 100 Prozent verdoppelt hat, belegte Saudi-Arabien mit 87 Milliarden Platz 3. Russland, Platz 4, hat in dieser Zeitspanne auf 66 Milliarden ebenso verdoppelt. Fünfter Platz für Großbritannien, das 7 Prozent reduzierte, aber immer noch 55 Milliarden investierte. Nach Indien, Frankreich und Japan weist die Bundesrepublik Deutschland einen Wehretat von 40 Milliarden aus und diskutiert, diesen um weitere 30 Milliarden – wie vom NATO-Partner eingefordert – zu erhöhen. So habe man das doch schließlich bei dem Treffen 2014 in Wales vereinbart. Die Erklärung ist allerdings nur im historischen Kontext verständlich. Ursprünglich sollte das 2-Prozent-Ziel vom Bruttoinlandsprodukt dazu dienen, die neuen Mitglieder in Osteuropa dazu anzuhalten, in neues Militärgerät zu investieren.

Dazu ein Kommentar in der Zeitung *Der Freitag*:

Kriegskassensturz

VON JÜRGEN TODENHÖFER

**Deutschland und die NATO-Partner dürfen
Trumps Forderungen nicht nachgeben –
sonst kommt die Logik der Bombe zurück**

Donald Trump will, dass Deutschland zügiger aufrüstet. Auf zwei Prozent seines Bruttoinlandprodukts. Nach Berechnungen des »Internationalen Instituts für Strategische Studien« in London wären das deutlich über 30 Milliarden Dollar zusätzlich. Jährlich. Gegenüber den Rüstungsausgaben von 2016 wäre es fast eine Verdoppelung. Insgesamt fordern die USA von ihren NATO-Verbündeten Mehrausgaben von 100 Milliarden Dollar. Wozu eigentlich? Schon jetzt sind die NATO-Staaten – gemessen an ihren Rüstungsausgaben – ihrem angeblichen Gegner Russland (und auch China) weit überlegen. 848 Milliarden Dollar gaben die NATO-Staaten 2016 für ihr Militär aus. Im Vergleich zu den 59 Milliarden, die Russland in sein Militär investierte, ist das ein Verhältnis von 14 : 1.

Ginge es nur um die Verteidigung des NATO-Bündnisgebiets, bräuchte der Westen keine neue Aufrüstungsrunde. Geld fehlt höchstens zur Ko-Finanzierung der US-Militärinterventionen im Mittleren Osten und der Rambo-Politik der USA gegenüber ihren angeblichen Feinden auf der ganzen Welt. Die militärische Dominanz des Westens besteht selbst dann noch, wenn man berücksichtigt, dass – nach Aussagen russischer Experten – die Kosten für Flugzeuge, Panzer und Soldaten in Russland mehr als dreimal so niedrig sind wie im Westen. Dafür ist die Qualität westlicher Waffen meist höher als die der russischen Militärgeräte. Ein Lada ist kein Audi. Das vom Westen dämonisierte Russland hat seine Militärausgaben in den letzten zwei Jahren aus wirtschaftlichen Gründen sogar um 25 Milliarden Dollar verringert. Niemand wird behaupten, dass Russland dadurch seiner militärischen Handlungsfähigkeit beraubt worden wäre. Abrüstung geht also. Manchmal sogar einseitig. Allein die europäischen NATO-Partner (inklusive der Türkei) geben heute gigantische 231 Milliarden Dollar für ihr Militär aus, viermal so viel wie die Russen. Würden sie ihre Militärausgaben auf zwei Prozent ihres Bruttoinlandsprodukts steigern, stiege ihre Überlegenheit auf den Faktor fünf. Die Folge einer solchen westlichen Aufrüstung liegt auf der Hand – ein neues Rüstungsrennen, auch im nuklearen Bereich. Wenn wir nicht höllisch aufpassen, kommt die Logik der Bombe zurück, der Wahnsinn der nuklearen Abschreckung. Polens Jarosław Kaczyński, Chef der Regierungspartei PiS, hat vor kurzem in der *FAZ* die europäische Bombe gefordert: »Eine eigene Atommacht muss mit Russland mithalten können.« Dr. Seltsam lasst grüßen.

Die NATO muss dem Frieden dienen, nicht den USA

Die NATO-Staaten könnten ihr Bündnisgebiet sogar mit deutlich niedrigeren Militärausgaben als bisher verteidigen, wenn sie mehr Wert auf Qualität und Einsatzbereitschaft von Waffen und Personal legen, Korruption, Schlamperei und Verschwendung im Rüstungsbereich entschlossener bekämpfen, ihre Armeen weniger in Afrika und im Mittleren Osten einsetzen und die europäischen NATO-Partner im Verteidigungsbereich enger kooperieren würden. Für mehr Effizienz braucht man nicht mehr Geld.

Noch größere Einspar-Potenziale ergäben sich, wenn der gesamte Westen der politischen Konfliktlösung, der Entspannungspolitik und der Abrüstungspolitik endlich den gleichen Rang einräumen würde wie der Rüstungspolitik. Warum bauen die Europäer nicht endlich eine strategische Partnerschaft zu Russland auf – unter Beibehaltung des transatlantischen Bündnisses? Die USA könnten ihre Rüstungsausgaben von über 600 Milliarden Dollar sogar halbieren. Selbst dann halten sie mit Hilfe ihrer gigantischen nuklearen Kapazitäten jeden Gegner dieser Welt in Schach. Sie wären nur nicht mehr in der Lage, mehrere Länder gleichzeitig anzugreifen und zwei große Kriege zur selben Zeit zu führen. Und das wäre gut so. Ihr jetziger »Kriegshaushalt« würde dann eben zu einem noch immer sehr üppigen Verteidigungshaushalt.

Was könnten die USA nicht alles mit den Unsummen anfangen, die sie zur Zeit in die Rüstung stecken: die Altersversorgung ihrer Bürger auf ein menschenwürdiges Niveau anheben, mehr in Bildung investieren sowie in der Umwelt- und Entwicklungspolitik Weltchampion werden. Donald Trump macht das genaue Gegenteil.

Die USA haben seit dem Afghanistan-Krieg eine militärische Fehlentscheidung nach der anderen getroffen. Sie haben für ihre Anti-Terror-Kriege zwei Billionen Dollar ausgegeben. Zusätzlich zu ihren »normalen« Rüstungsausgaben! Mit diesem Geld hätten sie die Länder des Mittleren Ostens in blühende Landschaften verwandeln können. Die Menschen dort wären ihre Freunde geworden. Der Terrorismus wäre nicht explodiert. Und Flüchtlingsstrome in dem erlebten Ausmaß hätte es auch nicht gegeben.

Fassungslos macht auch die Tatsache, dass die deutsche Verteidigungsministerin Ursula von der Leyen (CDU) ihre eilige Zustimmung zu Trumps ruppigen Forderungen nach Beschleunigung der deutschen Aufrüstung mit »Fairness gegenüber den USA« begründet. Und dass die Kanzlerin das alles abnickt. Militärische Aufrüstung den USA zuliebe? Die Bundeswehr muss dem Frieden dienen, nicht den USA. Kluge Entspannungs- und Friedenspolitik würde unser Land viel sicherer machen. Die krisengeschüttelte Welt braucht Staatskunst, nicht Kriegskunst.

Das Stockholmer Friedensforschungsinstitut Sipri sieht ab 2015 Anzeichen dafür, dass die Rüstungsausgaben wieder steigen. Auslöser sei die wachsende Anzahl von Konflikten in vielen Teilen der Welt. So hätten die Spannungen mit Russland auch die Nachbarländer wie die Ukraine, Polen, Litauen und die Slowakei zu verstärkten Waffenkäufen motiviert.

Wo wird eingekauft? Bei Lockheed Martin, USA (Umsatz rund 40 Milliarden Dollar), Boing, USA (30 Milliarden), BAE Systems, Großbritannien (25 Milliarden). Auf Platz 7 findet sich die Airbus Group, Europa, mit 15 Milliarden. Deutsche Firmen verkauften 2015 Rüstungsgüter für 4,8 Milliarden. Platz 5 im internationalen Ranking, nach den USA und China. Ein gewaltiger militärisch-industrieller Komplex, der die Menschheit mit ihren jeweiligen Regierungen in Geiselhaft hält. Mit Waren, die zerstören und keinen Menschen satt machen – und so überflüssig sind wie ein Kropf.

Wohlgemerkt: Wir wissen das. Es ist uns bewusst. Wir – die Menschheit – könnten es ganz einfach ändern. Wir tun es aber nicht!

Auf einen praktischen und sehr einfachen Nenner bringt es Sprengmeister André Vogel. Seit 27 Jahren entschärft er alle möglichen

Kaliber von Fliegerbomben, Granaten und Munition aus dem Zweiten Weltkrieg. Vorsichtig geschätzt hat er noch gut bis 2100 zu tun. »Nicht nur die Vergangenheit findet kein Ende. Auch die Dummheit der Menschen«, meint Vogel.

Rüstung ist die Voraussetzung für Krieg. Eine gigantische Ressourcen- und Energieverschwendung, die nichts weiter hervorbringt als Zerstörung und Tod. Wenn wir das auf unserem Planeten nicht in den Griff bekommen, dann bleibt wohl wieder nur: **ZUR HÖLLE MIT UNS MENSCHEN.**

Dazu ein Zitat von Robert Oppenheimer, Leiter des Manhattan-Projekts, das 1945 die erste Atombombe entwickelte: »Wenn die Atombomben den Arsenalen einer kriegerischen Welt hinzugefügt werden, wird die Zeit kommen, in der die Menschheit die Namen von Los Alamos und Hiroshima verfluchen wird. Die Völker dieser Welt müssen sich vereinigen oder sie werden untergehen.«

Was denken Sie jetzt über eine UNION ERDE?

ERDERWÄRMUNG

Der Klimawandel existiert, es wird wärmer, das verändert den Planeten. Und wir Menschen sind schuld daran. Der amerikanische Ex-Vizepräsident Al Gore leitete einen Vortrag zum Thema mit den Worten ein: »Wir haben die Ära der Voraussagen verlassen und die Zeit der Realitäten erreicht.«

Die Atmosphäre und die Ozeane erwärmen sich, die Schnee- und Eismengen gehen zurück, der Meeresspiegel steigt an – in den letzten 100 Jahren um rund 20 Zentimeter. Die weltweit beobachteten Temperaturen von Land- und Ozean-Oberflächen zeigen einen Anstieg in den letzten 30 Jahren von knapp 1 Grad. Seit 60 Jahren treten verstärkt extreme Wetterereignisse wie Dürre oder sintflutartige Niederschläge auf. Menschliche Aktivitäten haben die atmosphärischen Konzentrationen von Kohlendioxid, Methan und Lachgas auf Werte ansteigen lassen, die in den letzten 800 000 Jahren noch nie vorgekommen sind. Die Gasmoleküle verhindern, dass die Sonnenenergie wieder ins All reflektiert wird. Unter der Atmosphärendecke wird es folglich wärmer. Die Summe der CO_2-Emissionen der Industrialisierung bestimmt jetzt schon die mittlere globale Erwärmung der Erdoberfläche bis zum Ende des 21. Jahrhunderts. Um die Erwärmung auf weniger als 2 Grad zu begrenzen, dürfen nur 2900 Gigatonnen (1 Gigatonne entspricht 1 Milliarde Tonnen) CO_2 ausgestoßen werden. Zwei Drittel davon sind schon verfeuert. Dabei sind die anderen Treibhausgase noch nicht berücksichtigt.

Trendwende: Klimaneutral bis 2050

Führende internationale Forscher schlagen eine simple Faustregel vor, die der Einzelne sofort umsetzen kann, ebenso wie jedes Dorf, jede Stadt oder Land. Die Weltgemeinschaft natürlich auch. Das geht so:

Jedes kommende Jahrzehnt müssen sich die CO_2-Emissionen weltweit halbieren. Ausgehend von geschätzten 40 Gigatonnen, die der Mensch im Jahre 2020 in die Luft geblasen haben wird, sollen es 10 Jahre später nur noch um die 20, eine weitere Dekade später nur noch 10 und bis 2050 nur noch 5 Gigatonnen sein. Von da an wären wir auf unserem Planeten praktisch CO_2-neutral. Damit ließen sich die schlimmsten Klima-Folgen verhindern. Wenn alle mitmachen würden, besteht die 75-prozentige Chance, dass die globale Durchschnittstemperatur nicht auf 2 Grad über die Marke vor Beginn der Industrialisierung ansteigt. Das wollten ja die Unterzeichner des Pariser Klimavertrages von 2016 verhindern.

»So ein CO_2-Gesetz gilt für alle Sektoren und Länder und fördert kurzfristig kühnes Handeln«, schreiben der frohgemute schwedische Umweltwissenschaftler Johan Rockström und sein deutscher Kollege Hans Joachim Schellnhuber, Leiter des Potsdam-Instituts für Klimafolgenforschung. Es soll ein Signal an alle sein, nicht auf komplizierte Abkommen zu warten, sondern sofort anzufangen – praktisch vor der eigenen Haustür: Reduziere dein CO_2 alle 10 Jahre um die Hälfte! Alles klar?

Ganz so einfach ist der Weg aus der bedrohlichen Treibhausspirale dann doch nicht. Nachdem es keinen Königsweg gibt, müssten mehrere Optionen in den kommenden Dekaden verfolgt werden. 2020: Subventionen für fossile Brennstoffe werden gestrichen. Eine Schadstoff-Steuer belastet jede Tonne CO_2 mit 50 Dollar und wird bis 2050 auf 400 Dollar erhöht (in Schweden sind es bereits jetzt 150 Dollar, in Deutschland schlappe 4 Euro). Parallel werden verstärkt Technologien entwickelt, die das Gas bei Verarbeitungsprozessen herausfiltern und langfristig einlagern (Carbon Capture and Storage). Das Aufforsten von Landflächen wird forciert, CO_2-Steuern im Transportwesen und für den Luftverkehr werden erhoben.

Dazu sei kurz eingeschoben: EU-weit existiert bereits für bestimmte Industriezweige ein Emissionshandel, der über die Jahre eine stetig schrumpfende Menge von klimarelevanten Gasen festlegt. Die Unternehmen dürfen untereinander mit den Emissionsmengen handeln. Das Problem: Die zugelassene Menge an Treibhausgasen – also die Handelsware – ist viel zu groß, es gibt zu viele Schlupflöcher und es wird etwa nur die Hälfte der Emissionen erfasst. Die Erzeugung von Wärme, der Verkehr und die Landwirtschaft – alles relevante Treibhaus-Akteure – sind weitgehend außen vor.

2030: Kohle wird weltweit nicht mehr zur Energiegewinnung genutzt (schon gar keine Braunkohle). Autos mit Verbrennungsmotoren finden sich nur noch vereinzelt auf den Straßen. Immer mehr Großstädte organisieren sich CO_2-neutral. Die skandinavischen Länder machen es vor. Selbst der stark reduzierte Ausstoß aus Verkehr, Industrie und Handel von 2 Gigatonnen wird dort eingelagert.

2040: Erdöl dient nicht mehr zur Energiegewinnung. In Europa sinken die Emissionen fast bis auf null. Atomkraft trägt noch zum Energie-Mix bei, ebenso wie Erdgas, dessen Ausstoß aber eingelagert wird.

Abschließend merkt Johan Rockström an: »Wir befinden uns schon am Anfang dieser Entwicklung. Im vergangenen Jahrzehnt hat sich der Anteil erneuerbarer Energie alle fünfeinhalb Jahre verdoppelt. Setzt sich dieser Trend fort, brauchen wir schon deutlich vor 2050 keine fossilen Brennstoffe mehr.« Nach Meinung der Forscher soll sich der UN-Sicherheitsrat um die Umsetzung des Plans kümmern. Das Klima gehöre weltpolitisch auf eine Stufe mit der wirtschaftlichen Entwicklung sowie der Wahrung der Menschenrechte.

Das Problem: Im UN-Sicherheitsrat gilt das Veto-Recht. Daran sind schon viele gute Ideen gescheitert.

»Bullshit«, twittert so auch der blonde US-Kämpfer für Kumpel-Arbeitsplätze aus dem Weißen Haus. Das Dekret zur Rücknahme von Umweltauflagen hat er schon unterzeichnet. Sein Präsiden-tenkollege von der Kohlevereinigung des Bundesstaates Kentucky, Tyler White, begrüßte das klare Bekenntnis zu seiner schwarzen Branche. Von ihren tiefen Stollen ist es zumindest kein weiter Weg in die HÖLLE!

Ein Hoffnungsschimmer ist eine Phalanx von großen US-Unternehmen, die sich für den Klimaschutz starkmachen. Dazu zählen immerhin so Schwergewichte wie ExxonMobil (deren Ex-Chef Tillerson ist jetzt US-Außenminister), Unilever, Nestlé und Ebay. Heftige Kritik kam auch vom früheren Vizepräsidenten Al Gore, der seit vielen Jahren als Umweltaktivist tätig ist. Er sprach von einem »Schritt in die falsche Richtung«, unter dem noch künftige Generationen zu leiden hätten.

Vom Umwelt-Schmuddelkind zum Vorreiter hat sich der jetzt immer grüner werdende Drache China entwickelt. Von 2001 bis 2010 nahm der Kohleverbrauch bei Verhüttung und Stromerzeugung noch um 10 Prozent zu, und das auf höchstem Niveau. China förderte so viel Kohle wie der gesamte Rest der Welt. 2014 führte die Regierung Effizienzstandards für Kohlekraftwerke ein und drängte die Konzerne, die Produktion ihres schmutzigen schwarzen Goldes um 10 Prozent zu reduzieren. Der aktuelle 5-Jahres-Plan schreibt weitere 20 Prozent fest. 4300 Kohleminen mit einem Ausstoß von 700 Millionen Tonnen CO_2 sollen geschlossen werden. Neben wirtschaftlicher Rezession und Wassermangel für Kraftwerke haben auch die extremen Smogperioden in Ballungszentren das Umdenken im Reich der Mitte ausgelöst.

Der zweite Milliarden-Koloss Indien folgt China mit zeitlicher Verzögerung, wobei die wachsende Importabhängigkeit das Hauptproblem darstellt. Ende 2016 waren noch 50-Gigawatt-Kohlekraftwerke im Bau, weitere wurden aber gestoppt. Erneuerbare Energien boomen. Tja, und da wäre noch der postfossile Zwerg Deutschland. Er kann noch immer nicht von seinen 11 Kohlekraftwerken lassen. Darunter die Oberdreckschleudern des Braunkohle-Abbaus. Nicht zu vergessen: Wir waren einmal die Sauberknaben der Erde. Dann kam irgendwie der schnelle Fukushima-Atomausstieg dazwischen. Eigentlich hatte unsere Regierung ja gerade die Laufzeit der »sauberen« Atommeiler verlängert.

Noch strahlen die meisten radioaktiven Brennstäbe-Kammern und verwandeln Wasser in Dampf, der wiederum Turbinen antreibt, die über Generatoren Strom erzeugen. Wie banal eigentlich. Nur, die Risiken und Folgen bis zur Endlagerung sind echte Probleme. Wind- und Sonnenstrom haben kräftig zugelegt (ca. 30 Prozent). Es reicht aber noch nicht. Wir sind weiter Fossile und stoßen absehbar mehr CO_2 aus, als wir in Paris so vollmundig verkündet haben.

Hat sich was mit Klimazielen. So fahren wir samt Trump in die HÖLLE!

MOBILITÄT

Neben Sex zählt die Bewegung, das Fahren, Fliegen und Reisen zu den Sehnsuchtszielen des Menschen, zumindest in der sorglossatten 1. Welt. All das wird sogar als eine Art Menschenrecht beansprucht. »Freie Fahrt für freie Bürger« könnte ein Slogan der Französischen Revolution gewesen sein, wenn es denn vor 230 Jahren schon einen Porsche Carrera gegeben hätte.

Bevorzugtes Verkehrsmittel ist das Automobil, dessen Bestand in den 130 Jahren seines Daseins auf 1,2 Milliarden weltweit angewachsen ist, davon allein 230 Millionen in der Europäischen Union und 45 Millionen in der Bundesrepublik. Im vergangenen Jahr wurden 83 Millionen neue Fahrzeuge mit traditionellen Verbrennungsmotoren hergestellt. Der ist eine störanfällige Ansammlung von Kolben, Ventilen und Wellen. Bestenfalls wandelt das Antriebswerk 30 Prozent der getankten Energie in Bewegung um. Der Rest ist Wärme, die aufwendig abgeleitet und gekühlt werden muss.

Bis 2050 hofft die herstellende Industrie auf eine Verdoppelung des Bestandes auf 2,7 Milliarden. Diese stattliche Flotte bläst dann 8 Milliarden Tonnen CO_2 in die hoffentlich noch belastbare Luft.

Offen ist die Frage, ob es dann noch die benötigten fossilen Brennstoffe in ausreichender Menge gibt.

Nachdem ja auch die Erdbevölkerung und das Wirtschaftswachstum samt Wohlstand immer weiter wachsen (so sagt man uns), sind das statistisch gesehen durchaus einleuchtende Ziele. Vor allem, wenn man als Verantwortlicher Benzin oder Diesel im Blut und PS samt Drehzahlen im Gehirn hat. Nur: Wächst denn auch die Erde mit? Wo sollen denn die schönen Autos fahren und vor allem parken? Wohin sollen sich die Fußgänger vor dem Feinstaub und den Stickoxiden retten? Und was machen wir mit dem CO_2, das bereits heute aus den Auspuffrohren zur Erderwärmung beiträgt? Eine Betrugssoftware für den Prüfstand hilft dem Planeten nicht wirklich. Uns Menschen auch nicht.

Schaut man sich die Ankündigungen auf den Bühnen der Automobilmessen oder im Showroom des Händlers um die Ecke an, sind das Träume aus einer anderen Welt, die durch Hochglanz-Anzeigen und faszinierende Werbespots im Fernsehen und Internet befeuert werden. Nur zu gerne folgt der Käufer, ist das aufwendig designte Blech doch hochemotional aufgeladen. Was treibt ihn?

Warum least oder kauft er gar großvolumige Coupés und Cabrios mit über 2 Tonnen Eigengewicht, die dazu von Jahr zu Jahr immer mehr in die Länge und Breite wachsen?

401 PS beschleunigen einen Mercedes E 43 AMG in einsame Geschwindigkeitshöhen, in denen er dann einem mit Achtgang-Automatik und Allradantrieb ausgestatteten Range Rover Velar bei 250 km/h die Stoßstange poliert. Was kommt bei der Zweitwagen-Käuferin bei einem Coupé VW Arteon in Schwingung, dem von der Fachpresse ein »betörendes Design« angedichtet wird?

Serpentinen und Passstraßen sollen das Habitat des Alfa Romeo Stelvio sein. Aus einem Testbericht des *Focus*: »In einer Blechschlange am Stilfser Joch hinter einem Stiegl-Pils-Lastwagen sind 280 PS ein großes Geschenk, das einen nach links ausscheren und

Sekunden später mit 130 auf die nächste Kehre zufliegen lässt. Allradantrieb und gefräßige Bremsen sind dann sozusagen die hübsch gebundene Schleife ums Päckchen.« Berg Heil!

Mit dem Ferrari 812 Superfast macht sich der Autobauer aus Maranello selbst ein Geschenk zum 70. Firmenjubiläum. V12-Mittelmotor, 800 PS. Höchstgeschwindigkeit 340 km/h. In 2,8 Sekunden auf 100. Beten Sie, dass Sie nie so einem Geschoss samt hirnamputiertem Fahrer begegnen.

Was sagt ein GTX oder TT samt der Zylinder-Anzahl unter der Motorhaube über Charakter und Persönlichkeit des Fahrers oder der Fahrerin aus? Motorleistung ersetzt nicht menschliche Qualitäten wie Intelligenz (diametral entgegengesetzt), Wissen und Empathie oder Humor. Größe und Marke des Gefährts weisen höchstens auf die finanzielle Potenz des Halters hin, wobei ein Großteil der Limousinen geleast ist und so in Monatoraten abgestottert wird. Gas geben auf Pump. Viele werden auch noch als Geschäftsfahrzeuge steuerlich geltend gemacht.

Maßgeschneidert für das komfortable Fahren und Parken in der Stadt auf bestens asphaltierten Straßen und Plätzen sind die großen, geländegängigen SUV Kinder- und Einkaufstütentransporter. Tatsächlich ist hierzulande jedes fünfte neu zugelassene Fahrzeug ein spritfressender Geländewagen oder SUV (gerne auch »Stadtgeländewagen« genannt). Jeder Anbieter hat diesen Irrsinn auf Rädern als Wachstumstreiber im Sortiment. Größer, stärker, schneller, teurer. Die Marke macht den Mann, aber auch die Frau, die beide deshalb händchenhaltend auf ihren 4 Wheels in die HÖLLE fahren.

Kein Wunder, dass der Verbrauch der Benzin- und Dieselgeschwader und damit die CO_2-Emissionen immer langsamer sinken. Das europäische Ziel von 95 g/km bis 2021 ist kaum mehr erreichbar. Zum Vergleich: Audi liegt bei 132 g/km, Mercedes ebenso. BMW kommt auf 127 g/km durchschnittlichen Flottenverbrauch. Alle melden noch erfreulich steigende Absatzzahlen, besonders in den Schlüsselmärkten China und USA. 90 Prozent deutscher Automobile werden im Ausland verkauft. Doch es dräut Ungemach.

Noch ruht die schützende Hand der Politik über dem Autostandort Deutschland. Da werden niedrigere Grenzwerte in Brüssel verhindert und auch bei einem ausgewachsenen Diesel-Skandal räumt die Kanzlerin vor einem Untersuchungsausschuss ein, dass eine Regierung abwägen müsse zwischen strengeren Umweltvorschriften und den Folgen für Arbeitsplätze. »Wir erleben eine sehr entscheidende Phase für die deutsche Autoindustrie«, sagte Angela Merkel. Wie wahr. Nur, mit einem »Weiter so wie bisher« fährt die konventionelle Kolben- und Getriebebranche an die Wand. Krachend.

»Diesel-Dämmerung«, »Die Stinker müssen raus!«, »Auto-Papst will Diesel abschaffen«, »Aus für Verbrennungsmotoren«. Deutsche Großstädte erlassen Fahrverbote, weil Feinstaub und Abgase die Gesundheit ihrer Bürger bedrohen. »Wenn wir das Pariser Klimaabkommen ernst nehmen, dürfen nach 2030 keine Verbrennungsmotoren mehr neu auf die Straße«, fordert die Partei der Grünen und fand überraschend Fürsprecher im Bundesrat. Eine Mehrheit der Länder befürwortete ein entsprechendes Verbot. Ab 2030 sollen auch in der EU nur noch emissionsfreie Pkw zugelassen werden. Frankreich und Großbritannien schreiben dafür im Moment das Jahr 2040 fest.

Schaut man auf die 130-jährige Geschichte des Automobils zurück, zeigt sich erneut eine starke Neigung der Spezies Mensch, anfänglich gute Ideen ins Übermaß zu pervertieren. Waren die zündende Idee von Carl Benz und sein Verbrennungsmotor sicher eine große Erleichterung beim Transport von Waren und Personen für die Zugtiere ebenso wie für die menschliche Muskelkraft, so nahm die technische Innovation buchstäblich schnell Fahrt auf. Menschlicher Erfindungsdrang verbesserte die Ausgangsidee von Benz, menschlicher Erwerbssinn brachte sie – siehe Henry Ford – samt

FORDERUNG GLEICH UND SOFORT:

- Schrittweiser Entzug aus dem PS-Wahn für
  Hersteller und Käufer. Ab 2020 dürfen
  keine SUVs sowie keine Modelle mit mehr
  als 100 PS hergestellt, verkauft und
  zugelassen werden. Ab 2025 gilt weiterhin:
  60 PS für alle Automobile als Obergrenze.
  An diese Rahmenbedingungen haben sich
  alle Hersteller ebenso wie Importeure zu
  halten. Bereits zugelassene Fahrzeuge
  haben eine Restbetriebszeit bis 2030.

- Bereits ab 1. Januar 2019 gilt eine
  Höchstgeschwindigkeit auf allen
  Straßen von 130 km/h. Logischer-
  und vernünftigerweise sind folglich
  auch keine Autos mehr notwendig,
  die wesentlich schneller fahren.
  35 PS reichen dazu völlig aus

- Konventionelle Motorräder für den
  Kurven-Kick dürfen ebenfalls ab 2020
  nicht mehr hergestellt, verkauft und
  zugelassen werden. Der Bestand hat eine
  Restbetriebszeit bis 2025. Wer weiter
  rasant und sinnlos auf zwei Rädern
  unterwegs sein will, muss auf E-Bikes
  umsteigen.

Das vor dem Hintergrund der sinnfreien
Ressourcenverschwendung einer zügellosen
Automobilgesellschaft (Industrie, Politik,
Handel und Konsument - alle sind sie/wir
dabei).

Fließbandfertigung unters Volk. Dieses wiederum wollte sich mit den neuen Gefährten allerdings nicht nur einfacher und schneller von A nach B bewegen, sondern verlieh dem Automobil – befeuert durch hochemotionale Werbung – die Bedeutung eines gesellschaftlichen Statussymbols. Konnte man damit doch bestens vor aller Augen zeigen, wer da in immer prächtigeren Karosserien und stärkeren Motoren das Steuer in der Hand hält. Dieses Grundbedürfnis wurde von immer mehr Anbietern bedient, was sich heute bei den technisch ausgefuchsten Premium-Marken im Image- und Designwettbewerb in Perfektion zeigt. Der bereitwillige Käufer ist offensichtlich der Meinung, ein überaus sportlicher Porschefahrer oder landadliger Range-Rover-Lenker zu sein.

Der kommerzialisierte Liberalismus begleitete diesen Irrtum mit der Botschaft der grenzenlosen mobilen Freiheit des Einzelnen. Der sinnfreie Spruch »Freie Fahrt für freie Bürger« bringt dieses unreflektierte Empfinden auf den Punkt. Wo die Grenzen dieser vermeintlich uneingeschränkten Freiheit liegen, zeigen die Straßenverkehrsordnung ebenso wie die Staus in Innenstädten zur Rushhour wie auf den vierspurigen Autobahnen zum Wochenende und dem Ferienbeginn. Jeder zweite Bundesbürger besitzt jetzt ein mehr oder weniger großes Auto, das er pro Tag durchschnittlich eine halbe bis eine Stunde im Radius von 50 Kilometern bewegt. Den Rest der Zeit parkt es am Straßenrand, auf dem Firmenparkplatz oder in der Tiefgarage.

Wird diese Blechlawine bewegt, verbraucht sie Unmengen Benzin und Dieselkraftstoffe, die aus endlichen Erdöllagerstätten gepumpt und raffiniert werden. Die Versorgungsinfrastruktur mit Tankstellen und Straßen ist lückenlos und bestens ausgebaut. Riesige Grünflächen wurden damit versiegelt, die Landschaft filetiert. Was bei den Boliden hinten aus den Auspuffrohren rauskommt, bereitet allerdings in den Ballungszentren der Großstädte immer mehr

Probleme und befeuert die Erderwärmung. Wenn wir so weitermachen, fahren wir alle mit Vollgas zur HÖLLE.

In unserem Automutterland sind Hunderttausende Menschen mit der Herstellung dieser Fahrzeuge sowie deren Teilen als Zulieferer beschäftigt. Jahr für Jahr melden die größten heimischen Hersteller (VW, Mercedes, BMW, Audi) erfreuliche Zuwächse, Verkaufszahlen-Rekorde werden regelmäßig gebrochen. Noch.

Das Zünden der emissions- und emotionsbelasteten Verbrennungsmotoren neigt sich dem Ende zu. Durch die dunklen Dieselwolken bricht das Licht der erneuerbaren Sonnenenergie. Je schneller Deutschlands Schlüsselindustrie in diese Entwicklung einsteigt, desto weniger schmerzhaft wird die Landung in einem neuen Zeitalter, das in anderen Ländern längst begonnen hat.

ELEKTROMOBILITÄT

2 Millionen Elektro-Autos sind bereits weltweit leise surrend unterwegs. Davon die meisten in China, den USA und Norwegen. In dem skandinavischen Land beträgt der Stromer-Anteil bereits 30 Prozent, während es Deutschland gerade einmal auf 35 000 Einheiten bringt. 30 Prozent Elektroanteil im Straßenverkehr fordert das Zentralkomitee der Kommunistischen Partei Chinas bis 2023. Das ist nicht mehr lange hin. Neben den vierrädrigen Gefährten sind im Reich der Mitte bereits 200 Millionen Elektroroller unterwegs. 300 000 E-Busse fahren in den Städten.

»Mobilität wird gerade neu definiert«, kommentiert VW-Chef Matthias Müller, nachdem seine Managerzunft diese Einsicht jahrelang wegen des glänzend laufenden Geschäftes verdrängt hatte. An deren Speerspitze Müllers Vorgänger Martin Winterkorn, der ehemals mächtigste Bremser der E-Autos. Über 800 000 Arbeitsplätze bei Herstellern und Zulieferern stehen zur Disposition. Ein Großteil wird bei der kommenden Mobilitätslösung nicht mehr gebraucht.

Die Zukunft ist elektrisch. Bis zu 95 Prozent des eingesetzten Stroms werden in Bewegung umgesetzt. Der Elektromotor ist leise, schadstofffrei und bremst auch noch bei Bedarf mit, wobei er dabei zusätzlich zum Dynamo wird, der die Bewegungsenergie wieder in Strom umwandelt. Das E-Auto hat überdies ein Beschleunigungsmoment, das selbst übermotorisierte PS-Sportflundern alt aussehen lässt. Ein saftvoller Tesla beansprucht beim Gasgeben – jetzt genauer gesagt Beschleunigen – aus dem Stand die Nackenmuskulatur fast wie beim Start im Eurofighter. Den Kick und Fahrspaß gibt es ebenso elektrisch, was aber auch bei dieser Antriebsart zum Blackout, besser Kurzschluss des Fahrers führen kann.

```
Zwingend und sinnvoll wäre es, die
Modellpalette mit klaren Rahmenbedingungen
für die Grundanforderungen der Mobilität
bereits jetzt vorzugeben.

• Modell A: CITY – Im kurzen, wendigen
  2-Sitzer (Vorbild SMART)
• Modell B: FAMILIE – Mittelklasse-Format,
  4-Sitzer
• Modell C: KOMBI – längeres Mittelklasse-
  Format für Reisen mit Gepäck sowie
  Kinderkram/Hunde
• Modell D: SPORT – Sportwagen, 2-Sitzer-
  Cabrio (Vorbild Tesla, BMW) zum Angeben
  und Fahrspaß
• Modell E: TRANSPORT – Lieferwagen für
  Handwerk und Paketzustellung
• Modell D: COUNTRY – Geländefahrzeug mit
  Vierradantrieb, wird nur gegen Beleg
  einer berufsbedingten Verwendung (Jäger,
  Bauer etc.) abgegeben (subventioniert,
  weil nur kleinere Stückzahl)
```

- Des Weiteren Last- und Personenbeförderung mit LEWs (Lastelektrowagen) und Bussen
- Das E-Auto sollte von Anfang an den vernünftigen Zweck der Mobilität in den Vordergrund stellen:
- Es geht primär um die nachhaltige Bewältigung einer Entfernung von A nach B. Das gilt für Personen wie Waren. **Das E-Auto ist kein Statussymbol!** Eine verantwortliche Benutzung wird vorausgesetzt. Unter allen Umständen muss vermieden werden, dass sich - wieder transportiert durch massive Werbung - in den Köpfen des hilflosen Konsumenten noch einmal dieses schwachsinnige Bild festsetzt, das Mercedes-Produktionsvorstand Markus Schäfer so beschrieb:»Wichtig ist, dass ein Auto hochemotional ist.«
- Ein Auto ist ein Auto ist ein Auto ist ein Auto. Nicht weniger, aber auch nicht mehr. Sein Fahrer ist ein Fahrer, ein Fahrer, ein Fahrer - weder ein Rennfahrer noch ein hochpotenter PS-CEO. Nicht sein Vehikel zeichnet den Menschen aus.»Nichts ist so sexy wie Persönlichkeit«, sagt der legendäre Fotograf Peter Lindbergh. Der muss es nach einem langen Berufsleben wissen, hatte er doch eine reiche Auswahl an bemerkenswerten Menschen-Modellen vor dem Objektiv - keine Autos.

Die Zukunft wird vernetzt sein. Intelligente Datensysteme bringen autonom fahrende Vehikel zum Kunden, um ihn anschließend bequem ans gewünschte Ziel zu chauffieren. Carsharing ist jetzt schon bei jungen Leuten angesagt. Ein eigenes Auto zum Angeben, what shells?

Deren Kinder werden sie einst fassungslos fragen, unter welchen primitiven Bedingungen Opa und Oma damals unterwegs waren. Autos, die einen Höllenlärm machten, giftige Gase in die Luft bliesen und auch noch selbst gelenkt werden mussten? Auf diese Dreckschleudern waren die Altvorderen auch noch stolz? Wie hießen die Marken noch: VW, Mercedes, BMW und Audi? Ja, und dann gab es auch noch diesen Porsche. Schnell, aber scheiße.

FLIEGEN

4 Milliarden Menschen gehen dieses Jahr in die Luft. Waren es 2010 noch 2,4 Milliarden, sollen es 2050 satte 16 Milliarden sein. Völlig verrückt! Wird dagegen nichts unternommen, verursacht die Luftfahrt damit ein Fünftel der weltweiten CO_2-Emissionen. Vom Kerosinverbrauch ganz zu schweigen. Der wachsende Flugverkehr macht Technologiefortschritte zunichte. Die Umweltorganisation Germanwatch hat ausgerechnet, dass sich der Treibstoffverbrauch dank verbesserter Triebwerke in den letzten 40 Jahren zwar halbiert hat, geflogen wird allerdings 5-mal so viel. Der Deutsche Bundesverband der Verkehrswirtschaft vermeldet stolz, dass der Verbrauch pro Passagier und 100 Kilometer auf 3,68 Liter gesenkt werden konnte. Bleibt zu hoffen, dass dieser in 30 Jahren gegen null geht. Im Moment ist der 3-Liter-Flieger das Wunschziel.

Die EU-Kommission hat einen feinen Vorschlag gemacht, um den Ablasshandel des Luftfahrtsektors zu reformieren. Dieser stützt sich auf eine Einigung der 191 Länder, die sich in der Internationalen Zivilluftfahrtorganisation (ICAO) zusammengefunden haben. Das Wachstum soll ab 2021 neutral gestaltet werden. Ein CO_2-Ausstoß über dem Level von 2020 soll durch Investitionen in erneuerbare Energien oder Aufforstung ausgeglichen werden. Ein modernes Märchen von Fliegern und Förstern. Die Teilnahme ist bis 2027 freiwillig. China, Indien und Russland machen erst einmal nicht mit. Spielverderber. Zudem bleiben viele ärmere Länder befreit, ohne dass die reicheren bereit waren, diesen Ausfall auszugleichen. Der Klassiker im globalen Miteinander. Damit fliegen wir zur HÖLLE.

Die »Rettung« des Planeten geht noch weiter. Die Luftfahrt ist zwar bereits seit 2008 Teil des Europäischen Emissionshandelssystems, dessen Zertifikate mit schlappen 4 Euro pro Tonne des offensichtlich billigen Gases zu haben sind. Modernere, CO_2-arme Industrieunternehmen bekommen sie sogar geschenkt. Wie Kohlekraftwerke oder Zementhersteller müssen auch Airlines kaufen. Dies gilt allerdings nur für Flüge, die innerhalb Europas starten und landen. Internationale Flüge wurden 2012 nach Protesten von USA und China ausgenommen. Und so soll es auf Wunsch der Kommission auch künftig bleiben, weil es ja die »wegweisende Einigung« der ICAO-Länder gibt.

Am meisten geflogen wird in Asien. Dort hängt der Himmel voller Flugzeuge. Die zehn meistfrequentierten Passagierverbindungen der Erde sind allesamt innerasiatische Strecken. Mehr als 5 Millionen Reisende waren 2016 allein auf der beliebtesten Rennstrecke zwischen Hongkong und Taipeh unterwegs. Hongkong erweist sich als Drehkreuz für die Flüge nach Singapur, Shanghai, Seoul, Bangkok und Peking.

Außerhalb des Milliardenmarktes Asien folgt auf Platz 11 mit rund 2 Millionen Passagieren die Verbindung von New York nach London-Heathrow – dem größten Airport Europas. Über unseren Kontinent rauschen täglich 25 000 Flugzeuge hinweg. In Deutschland starteten 2013 3 Millionen Maschinen. Zusammen mit den gelandeten Flugzeugen beförderten sie 181 Millionen Menschen. Es sind bis heute nicht weniger geworden.

Überall auf der Welt, ob in Heathrow, Istanbul, Dubai oder sogar in München, werden neue Runways geplant und gebaut. Die Freiheit soll auch über den Wolken grenzenlos sein. Zumindest ist sie kerosinsteuerfrei. Nur Deutschland verlangt eine schmale Luftverkehrssteuer, die natürlich von den Betroffenen als schmerzhaft und wettbewerbsverzerrend angesehen wird.

Begründet werden die Expansionspläne am Boden mit steigendem Passagieraufkommen. Frankfurt meldet 7,5 Prozent, Dubai 54 Prozent, wie auch die Golfstaaten mit ihren Airlines (Emirates und Etihad) die traditionelle Luftfahrtbranche der einzelnen Länder (Air France, Lufthansa, British Airways) kräftig aufmischen.

Neben den Menschen sind auch Waren am Himmel unterwegs. Ein Volumen von 200 Milliarden Euro wurde 2013 allein in Deutschland (Kiwis aus Neuseeland, Rosen aus Kenia, Ananas von der Elfenbeinküste) bewegt.

In der *Süddeutschen Zeitung* vom 6. Juni 2017 fand sich dieser bezeichnende Artikel:

IN DER BILLIGFALLE

VON CASPAR BUSSE

So lange ist es noch gar nicht her, da war Fliegen für viele noch etwas Besonderes. In den Fünfziger- oder Sechzigerjahren des vergangenen Jahrhunderts machten sich Passagiere noch fein, wenn sie ein Flugzeug bestiegen. Sie hatten genügend Platz und wurden von der Crew umsorgt. Doch dann setzte ein, was manche als die »Demokratisierung des Fliegens« bezeichnen. Reisen mit dem Flugzeug wurde für fast alle erschwinglich, die Welt rückte zusammen, der Luftverkehr nahm einen beispiellosen Aufschwung. Heute gibt es Flüge für 15 Euro innerhalb Europas und für wenige Hundert Euro in die USA oder nach Asien. Nicht selten ist schon die Taxifahrt zum Flughafen teurer als das Flugticket.

Ist das normal? Ist Fliegen zu billig geworden? Umweltschützer würden sagen: durchaus. Der rasant wachsende Luftverkehr produziert enorme Mengen von Treibhausgasen, die Umwelt wird belastet, die Menschen leiden unter dem Lärm. Die günstigen, teilweise subventionierten Ticketpreise tragen noch zu einem weiteren Anstieg des Luftverkehrs bei. Zum Shopping nach New York, zum Ausspannen ein paar Tage auf die Malediven, mal eben nach Manchester – all das ist heute möglich. Aus Sicht vieler Passagiere kann es gar nicht günstig genug sein, wenn sie beispielsweise mit der Familie in den Urlaub fliegen wollen.

Die Luftfahrt ist heute eine Massenveranstaltung geworden und in eine verhängnisvolle und gefährliche Billigfalle geraten, unter der inzwischen alle leiden: die Unternehmen selbst, die Mitarbeiter – und auch die Kunden. Es ist wie in einem Strudel, der alle immer weiter nach unten zieht.

Der Preiswettbewerb ist härter denn je, fast alle Fluggesellschaften versuchen mitzuhalten und verfolgen inzwischen einen gnadenlosen Sparkurs. Unternehmen wie Air Berlin oder Alitalia stehen finanziell kurz vor dem Aus und machen trotzdem irgendwie weiter. Etablierte Anbieter wie Lufthansa oder Air France-KLM suchen neue Geschäftsmodelle und gründen Billig-Töchter. Das spüren auch die Mitarbeiter. Der Druck auf sie wird größer, die Gehälter stagnieren oder sinken sogar, die Tarifauseinandersetzungen nehmen zu. So wollten etwa die Lufthansa-Piloten lange nicht auf ihre (durchaus üppigen) Privilegien verzichten. Billig-Airlines wie Ryanair beschäftigen Piloten derweil schon auf Stundenbasis, ein zweifelhaftes Arbeitsmodell.

Leidtragende sind aber auch die Passagiere, aus dem Traum vom Fliegen wird nicht selten ein Albtraum. Der Service (sollte es ihn überhaupt noch geben) wird immer schlechter, die Sitzreihen dafür werden immer enger. Die Fluggesellschaften werden gleichzeitig rabiater, zuletzt ging der Fall eines Passagiers von United Airlines um die Welt, der von Sicherheitskräften aus dem Flugzeug gezerrt wurde, weil er in einer überbuchten Maschine Platz machen sollte. Dazu kommen Verspätungen, Flugabsagen, Schlangen auf den überfüllten Flughäfen, genervte Mitarbeiter. Die Maschinen werden um jeden Preis vollgemacht, denn jeder leere Sitzplatz ist ein Verlust.

Den Passagieren wird viel zugemutet. Dazu kommt ein immer unübersichtlicher werdendes Tarifdurcheinander, in dem sich kaum noch jemand zurechtfindet. Die wahren Preise werden verschleiert: Wenn der Passagier Gepäck aufgeben will, muss er inzwischen fast überall extra zahlen, Sitzplatzwünsche kosten meist. Umbuchungen oder Stornierungen sind, wenn überhaupt, nur gegen hohe Gebühren möglich.

Es ist ein Dilemma. Denn am Ende wird Billigfliegen dann doch ziemlich teuer – und zwar für alle Beteiligten.

Die Erfolgsgeschichte mit stolzer Wachstumskurve hat natürlich auch ihre Haken. Der Treibstoffverbrauch steigt ebenso wie die CO_2-Bilanz, die besonders in großer Höhe noch stärker als auf der

Erde zu Buche schlägt. Im Vergleich mit Fortbewegungsmöglich-
keiten auf dem Boden zieht die Fliegerei allemal den Kürzeren.
Rechnet man für einen Menschen mit einem durchschnittlichen
Jahresausstoß von 4 Tonnen CO_2, so kann er bei diesem CO_2-Ver-
brauch 3000 Kilometer fliegen, 7000 Kilometer mit einem Mittel-
klasseauto oder 17000 Kilometer mit dem Zug fahren. Ein Flug
nach Teneriffa und zurück ist so klimaschädlich wie ein Jahr Auto-
fahren (13000 Kilometer).

Heruntergebrochen auf den Zustand unseres Planeten und die Tatsache, dass wir bereits 1,6 Erden verbraten, muss ab 2030 gelten:

```
NUR NOCH DIE HÄLFTE ALLER HEUTIGEN FLÜGE
HEBT AB!

Dazu gibt es schrittweise zwei Wege, die zu
diesem Ziel führen:

Das Fliegen wird wieder so teuer wie vor
50 Jahren (Flug von Frankfurt nach New York
DM 2650).

· 1. Weg: Reduzierung aller Slots weltweit
  um 50 Prozent. Ganz einfach zu realisie-
  ren. Wir müssen es nur beschließen - und
  schon ist es passiert. Vor unserer Haustür
  gilt ab 2020: Annulierung aller inner-
  deutschen Kurzstreckenflüge (jetzt fährt
  die Bahn ja schon in vier Stunden von
  München nach Berlin).

· 2. Weg: Meilen-Kontingent von 30000 Flug-
  meilen für jeden Erdenbürger. Wie beim
  Emissionshandel (eigentlich ist Fliegen
```

```
aus ökologischer Sicht auch nichts
anderes als ein Kohlekraftwerk - fossiler
Brennstoff wird verbrannt und stößt Dreck
aus) kann an einer Börse ge- und verkauft
werden. Wer nicht fliegt, verdient sich
was dazu, wer mehr fliegen will, zahlt.

Wenn wir weiter so fliegen wie heute - und
noch viel mehr -, fahren wir in die HÖLLE
(auch, wenn auf der Erde E-Autos leise
surren).
```

Faustregel: Bei einem planetenverträglichen CO_2-Budget von 2,3 Tonnen dürfte jeder von uns bei aktuellem Kerosinverbrauch des Fluggerätes 3900 Kilometer fliegen. Das wäre knapp München–Katar zur kommenden Fußballweltmeisterschaft. Allerdings nur ONE WAY. Zurück ginge es per Kamel, Segelschiff und zu Fuß.

Damit wären wir auch schon bei den Anfängen des Reisens an sich. Vor einigen Hundert Jahren galt es, die Welt zu erobern, zu entdecken oder als Pilger zu erwandern. Zu erobern und entdecken gibt es nicht mehr viel, gepilgert wird allerdings immer noch ausgiebig (Hadsch zu den heiligen Stätten in Mekka und Medina, Jakobsweg oder zu »Mutter Ganga«, dem schmutzstarrenden heiligen Fluss der Hindus). Für sein Seelenheil oder Karma ist der Mensch offensichtlich bereit, Unbill und Gefahr des Reisens auf sich zu nehmen.

Das waren über die Jahrhunderte auch keine Hemmnisse für die profitorientierten Händler, die mit Schiffen und Karawanen in verlockende Märkte vorstießen (Marco Polo, die Genuesen, selbst die Wikinger plünderten nicht nur, sondern tauschten Bernstein gegen eingelegte Schwarzmeer-Oliven).

Entdecker-Gene (Kolumbus, Vasco da Gama, Magellan, Cook, von Humboldt) haben sich offensichtlich in Millionen heutiger Reisewilliger eingenistet. Deren weltumspannendes Treiben nennt sich jetzt

TOURISMUS

Mit 1,14 Milliarden erreichte die Zahl der Touristen 2015 eine neue Rekordmarke. So die Welttourismusorganisation UNWTO. Eine Steigerung um 4,7 Prozent zum Vorjahr. Neuere Zahlen waren noch nicht verfügbar, dürften aber diesen Trend fortschreiben. Ähnlich einer Naturgewalt kann offenbar nichts den Reisedrang des Homo sapiens aufhalten, weder Kriege noch Katastrophen. Damit ist er selbst zur Bedrohung geworden. Wir zerstören, was wir begehren.

Was in Europa im 19. Jahrhundert mit den »Kavaliersreisen« der gehobenen englischen Stände begann, spült heute das einfache Volk an die Gestade weit entlegener Inselparadiese (die dann ganz schnell keine mehr sind), in die Weiten der afrikanischen Savanne, in feuchte Rest-Regenwälder und in pulsierende Metropolen, die sowieso schon unter dem Überdruck ihrer auf engstem Raum gepressten Bewohner ächzen. Was will der Tourist da?

Die Antwort auf diese Frage ist wichtig, weil sie das lemming-artige jährliche Ausschwärmen sonst sesshaft sozialisierter Einzelwesen in die Ferne erklären könnte. Mit diesem Drang setzten die

Mitglieder des Deutschen Reisebüroverbandes im Jahr 2015 ganze 87 Milliarden Euro um. Nehmen wir die Dunkelziffer der nicht organisierten Profiteure dieses Marktes (Internet) sowie Direkt-Bucher und Individualreisende hinzu, können wir getrost auf 100 Milliarden aufrunden. Diese pralle Urlaubskasse wird allein von den Deutschen jährlich ausgegeben, wenn es sie magisch in die Ferne zieht. Wir waren nicht nur fleißige Export-Weltmeister, sondern sind auch erlebnishungrige Reise-Champions.

Dabei hatte es Anfang des 19. Jahrhunderts auch für das einfache Volk ganz harmlos angefangen: Die Romantik trieb naturverbundene Wandergruppen in die Mittelgebirge und Alpen, bei Baedecker erschienen 1827 erste Reisehandbücher, die ersten Reisegruppen folgten Thomas Cook, der 1845 sein erstes Reisebüro gründete. Das Kapitalbürgertum der Industrialisierung kopierte adliges Freizeitverhalten (Grande Tour ins geschichtsträchtige südliche Europa der Antike), während sich das blaue Blut mit Dampfschiffen auf das Meer begab und sich um 1870 auf den neu entdeckten Skiern dem Wintersport im Hochgebirge der Schweiz zuwandte. 1891 stach die TS Augusta Victoria zur ersten Kreuzfahrt in See. Das 20. Jahrhundert veränderte die Sozialstruktur, darunter die Einführung einer Urlaubsregelung für die arbeitende Klasse. Die Sommerfrische auf dem Lande versprach Tapetenwechsel und Erholung.

Nach den Zerstörungen des Zweiten Weltkrieges benötigte es nur wenige Jahre des Wiederaufbaus, bis die ersten Busse den Brenner in Richtung Süden überquerten. Bella Italia war das neue Sehnsuchtsziel. Sonne, Strand und Meer diktieren bis heute die Urlaubsplanungen von Millionen Bundesbürgern, die bereit sind, das ganze entbehrungsreiche Jahr über zu sparen, um die viel beworbenen »schönsten Wochen des Jahres« in immer weiter entfernt liegenden Gegenden des Erdballs zu verbringen. Mallorca und die Kanarischen Inseln wurden praktisch eingemeindet, All-inclusive-Pakete entführen in die Dominikanische Republik auf der anderen Seite des Atlantiks – Karibik für jedermann. In den nahen USA locken für einen Wochenend-Trip die Straßenschluchten von Manhattan oder für 1–2 Wochen die weißen Strände Floridas. Quer über den amerikanischen Kontinent reicht diese Zeit auch für den Sonnenstaat Kalifornien samt Los Angeles und San Francisco. 10 000 Kilometer far from home.

Ob Asien mit den Stränden Thailands, der großen Mauer Chinas, Afrika mit seinen Löwen und Elefanten oder das staubtrockene Outback Australiens – mit einem Abstecher zum Mount Cook auf der Südinsel Neuseelands –, kein Teil der bestens erschlossenen Reisewelt bleibt unbesucht. Jeder fünfte Reisende fliegt von Deutschland aus auf andere Kontinente.

Das kann sich der verwöhnte Traveller auf der Zunge zergehen lassen: Weltreise für das Guinnessbuch der Rekorde im Privatjet (4-strahliger Airbus A 340 mit Business-Class-Bestuhlung) mit Transantarktis-Überquerung. Von Zürich/Wien nach Kapstadt–Buenos Aires–Ushuaia–Antarktis–Perth–Ayers Rock-Cairns–Great Barrier Reef–Samoa–Vancouver–Zürich/Wien. Das Ganze in 3 Wochen für schlappe 64 350 Euro (kein Einzelzimmerzuschlag) und in Begleitung eines Arztes.

Der gleiche Anbieter ging Mitte des Jahres noch mit einem »Kreuzflug« in einer »adaptierten« Boeing 737 an den exklusiven Start: In 2 Wochen ging es kreuz und quer durch Zentralasien (Astana, Almaty, Tashkent, Asghgabat, Baku). Als besonderes Highlight wurde die Weltausstellung EXPO in Astana hervorgehoben. Ihr Motto: »Energie der Zukunft – Maßnahmen für weltweite Nachhaltigkeit« (Bingo!). Preis: 28 850 Euro. Dieser Anbieter samt seinen Kunden fährt nachhaltig in die HÖLLE!

Dicht gefolgt von der Masse der Pauschaltouristen, die zu Millionen einfach irgendwohin reisen/fliegen, weil es ihnen zum Schnäppchenpreis angeboten wird. Hauptsache Sonne und Meer sowie eine Deko-Palme dazu. Die Hotels samt Pool sind weltweit austauschbar. Kultur und Leute des Urlaubslandes sind Staffage beim jeweiligen »Heimatabend« samt Folklore-Aufguss. »All-inclusive« ist ein feststehender Sortimentspfeiler geworden. »Der kommende Sommer gehört den Billigfliegern«, titelt die *Abendzeitung*, München. »Grund zum Jubeln für Kunden«.

Weil in Europa und dem Mittelmeerraum schon viele Destinationen »ausgereizt« sind, fallen die letzten Bastionen der Linienflieger. Langstrecke in weit entfernte Traumziele ist jetzt auch von Frankfurt und München aus angesagt. Die Billigheimer Eurowings und die irische Ryanair, die die Anzahl ihrer Strecken 2016 aus Deutschland von 190 auf 245 gesteigert hat, geben kräftig Schub. Für die erfolgreichen Iren entspricht das 2000 Flügen in der Woche von und nach Deutschland. Da ist schon mal ein Flug von München nach Lissabon für 29 Euro zu haben. Im Charter-Markt der Urlauber-Herde tummelt sich neben Easy Jet, Transavia und German Wings noch Norwegian. Die pfiffigen Skandinavier haben die USA im Visier. Ab 69 Euro geht es über Dublin transatlantisch an die Ostküste. Da reiben sich die Nachkommen der Pilgrim Fathers, die auf der Mayflower die nordamerikanische Küste erreichten, die Augen.

Ein Branchen-Schmunzler zum Ausklang. Emirates wirbt weltmännisch: »732 Euro – Sagen Sie Hallo zu Phnom Penh«. Das wollten Sie sicher schon immer! Ich sage: **ZUR HÖLLE MIT DEM BILLIGREISEN**.

Die Schnäppchen-, All-inclusive- und Last-Minute-Mentalität der reisewütigen Urlauber ist zerstörerisch. Sie ist vergleichbar mit billigem Fleisch in der Tiefkühltheke von Lidl. Jedem Käufer muss doch klar sein, dass diese Produkte zu diesem Preis nicht unter nachhaltigen, vernünftigen Bedingungen produziert oder angeboten werden können. Das gilt auch für einen Lissabon-Flug für

29 Euro, eine Woche im ägyptischen Hurghada am Roten Meer für 450 Euro im 4-Sterne-Hotel inklusive Vollpension und Flug oder eine sowieso schon billige, 2-wöchige Kreuzfahrt, bei der nur 1 Woche bezahlt werden muss. Das ist widersinnig.

Wenn der Konsument trotzdem kauft und bucht, dann muss dieses Angebot verboten werden und vom Markt verschwinden. Auch die freie Marktwirtschaft setzt – wie die Demokratie – einen mündigen Bürger voraus. Erfüllt er diesen Anspruch nicht, muss ihm geholfen werden. Diese Verbote retten seinen Lebensraum Erde, den auch noch seine Enkel lebenswert vorfinden wollen. Er ist kein Opfer von Reglementierung, nein, er und seine Familie profitieren auf Dauer davon.

DER MENSCH IN MASSEN ZERSTÖRT, WAS ER BEGEHRT

Die Altstadt von Dubrovnik ist mit ihren Gassen und Plätzen auf 7000 Besucher ausgelegt. Gehen in der sommerlichen Hochsaison Kreuzfahrtschiffe vor Anker, schwillt der Andrang auf das Doppelte an. Ähnliches gilt in Barcelona, Lissabon und – dem Hotspot des Gedränges – der Lagunenstadt Venedig, die 30 Millionen Besucher pro Jahr in ihren engen Gassen zählt. Ziehen die Touristenhorden allabendlich ab, hinterlassen sie verbrannte kulturelle Erde. Gezielt auf die Heuschreckenbedürfnisse der Masse abgestimmt, haben sich Fastfood und Souvenir-Ramsch am Rande der Trampelpfade eingenistet. Der Supergau für Anwohner und all die Bildungsgeschlagenen, die nicht Sehenswürdigkeits-Fassaden mit dem Selfie posten, sondern der guten alten Geschichte dieser wunderbaren Plätze des Abendlandes nachfühlen wollen.

Abhilfe schaffen:
BESUCHER-KONTINGENTE mit Eintrittspreisen

Einige begehrte Destinationen haben bereits Besucher-Obergrenzen pro Tag oder Saison eingeführt. Manchmal werden Personen oder Autos gezählt. So zum Beispiel am markanten Half Dome im US-Nationalpark Yosemite, in den Habitaten der Berggorillas in Ruanda oder in den Ruinen des peruanischen Machu Picchu, die nur noch 7000 Menschen täglich in zwei Schichten besichtigen dürfen.

Naheliegenderes Beispiel: Granada mit seiner begehrten Alhambra. Nur 7000 Besucher pro Tag werden eingelassen. Individualreisende müssen ebenso rechtzeitig vorbuchen wie Veranstalter mit ihren Gruppen. Damit es im Inneren der Generalife-Gärten nicht zu gedrängt zugeht, kommt vorne nur rein, was hinten wieder rausgekommen ist. Das hat mit der Freiheit des Einzelnen, der kostenfrei kommt und geht, wann immer er will, natürlich nichts mehr zu tun. Aber Individualreisende sind sowieso eine aussterbende Gattung.

Also: Massen müssen gemanagt werden. Das gilt für Städte (Paris, New York, London, München) ebenso wie für Naturschauplätze (Nationalparks, Alpentäler, die im Winter durch Seilbahnerschließung und Schneekanonen sowieso schon genug gequält werden).

Selbst die Nachhaltigkeit ist in der Tourismusbranche schon ausgiebig durch den Fleischwolf gedreht und zum wohlfeilen »Qualitätsmerkmal« geworden. Auch in den Köpfen einer betroffenen Klientel hat sie sich verankert. Fast jeder freue sich darüber, ein Bio-Ei auf dem Frühstückstisch zu finden, sagt Nachhaltigkeitsforscher Stefan Gössling, Professor an den schwedischen Universitäten Kalmar und Lund, »allerdings bleibt die Nachhaltigkeit mehr ein gefühlter Trend, der nicht mehr kosten darf.« Einem Drittel der Reisenden ist dieses Thema sowieso egal. Weil nirgendwo so viel Energie verbraucht wird wie beim Fliegen, geht es sowieso in die falsche Richtung. Stefan Gössling: »Das Gesamtsystem wird immer unnachhaltiger.« Das gilt nicht nur für das Reisen in der Luft, sondern auch für das Urlaubsverhalten auf Land und Wasser. Allem liegt ursprünglich die Idee der »Erholung« zugrunde. Genau dafür hatten die Gewerkschaften für die arbeitende Bevölkerung an Werkbänken und Büros gekämpft. Nicht nur der arbeitsfreie Samstag sollte das Wochenende zum Luftholen verlängern, sondern eine mehrwöchige Auszeit im Jahresverlauf. Zweifellos eine gute Idee, die – wie so viele – völlig aus dem Ruder gelaufen ist. Das Ergebnis heute: Stress. Staus beim Ferienbeginn auf den Zubringer-Autobahnen Richtung Mittelmeer, Andrang an den Charter-Schaltern samt langen Sicherheitskontrollen, Gedränge am Frühstücksbuffet, Gerangel um die Sonnenliege – kurz: Massentourismus in seinen schönsten Ausformungen.

Erholung: Fehlanzeige. Die gebräunte Haut ist reine Tarnfarbe. Und komme mir keiner mit »Völkerverständigung« und »Kennenlernen fremder Kulturen«. Der Urlauber oder Tourist trifft nur den Urlauber oder Touristen. Und der spricht Deutsch und kann sich selbst nicht leiden.

»Einst war Reisen das Privileg weniger«, schreibt Sebastian Schoepp in der *Süddeutschen Zeitung* vom 25. März 2017, »in Zeiten der Beschleunigung ist es vielen eine Last.« Trotzdem wird Jahr für Jahr wieder gebucht. Weil es die Nachbarn und Arbeitskollegen auch so machen? Reisen als Statussymbol? Wie das Auto vor der Tür? Wenn es so wäre, wäre es jämmerlich und voll daneben. Dafür fahren wir in die HÖLLE!

Ein getriebener Reisender war auch der große Bruce Chatwin. Zeit seines Lebens wurde er gequält von der Spannung zwischen Aufbruch und Rückkehr. Sein deutscher Kollege Roger Willemsen schrieb, der britische Schriftsteller sei gereist in der fortlaufenden Anstrengung, sich selbst nicht zu begegnen. Den Touristen trifft es noch härter: Auch er hat sich selbst im Gepäck, verdient damit aber kein Geld, sondern gibt es noch dazu nur aus.

Aber nicht nur der europäische Reisende kann der Welt auf den Keks gehen, Asien dreht den Spieß gerade um. Nach den Japanern überschwemmt jetzt eine Masse chinesischer All-inclusive-Reisender die kulturhistorischen Sehenswürdigkeiten des alten Kontinents. »Comment faire avec les Chinois?«, stöhnen die Pariser, die um ihren Eiffelturm besser einen großen Bogen machen. »Diese Leute aus China sind laut, aggressiv und absolut gleichgültig in Bezug auf alle, die nicht zu ihrer Gruppe gehören.« Ein Besuch des bayerischen Königsschlosses Neuschwanstein zeigt, dass unsere französischen Nachbarn nicht übertreiben. Europa wird zum Museum. Die touristischen Invasoren aus dem Reich der Mitte kommen natürlich mit dem Flugzeug – und sie sind nur die Vorhut.

KREUZ UND QUER ÜBER DAS MEER

Zwei Drittel des Globus werden von Salzwasser bedeckt, und genau das nehmen immer monströsere sogenannte »Kreuzfahrtschiffe« unter den Kiel. Diese schwimmenden Bettenburgen werden von 75 Reedereien mit einer Flotte von aktuell rund 350 Schiffen betrieben. Jahresumsatz der Kreuzfahrtindustrie 2015: über 33 Milliarden US-Dollar. Diese Art von Urlaubs- oder Seereise macht etwa 5 Prozent des Touristikgeschehens aus. Wurden in den 1990er-Jahren noch schwimmende Hotels mit einer durchschnittlichen Kapazität von bis zu 2500 Passagieren gebaut, konnten 10 Jahre später ihre Nachfolger fast 9000 Menschen transportieren. Eines dieser größeren Exemplare ist die Harmony of the Seas, die 6360 Gäste und 2384 Besatzungsmitglieder über die Weltmeere bewegt.

Der Kreuzfahrtmarkt ist klar aufgeteilt. Vier große Gesellschaften beherrschen 90 Prozent. Carnival, Royal Caribbean, Norwegian und MSC nutzen dabei allesamt profitorientiert die Freiheit der Meere. Unabhängig vom Firmensitz fahren die Schiffe meist unter der Flagge von Panama, Malta oder Liberia. Alle großen Reedereien hissen die Flag of Convenience, um die strikten Auflagen der seefahrenden Industrienationen zu umgehen – vor allem jedoch, um Steuern, Gebühren, Gehälter und Sozialabgaben zu sparen. Die Besatzung wird vorwiegend in Entwicklungsländern rekrutiert, zu Hungerlöhnen und unmenschlichen Arbeitsbedingungen. Selbst bei den Sicherheitseinrichtungen an Bord (Rettungsboote und -inseln) sowie Übungen spart man.

Großzügig wird der hart umkämpfte Markt von den Branchenführern mit Marketing-Breitseiten beackert. Allein 2015 hat die Carnival-Gruppe über 600 Millionen US-Dollar nur für Werbung ausgegeben. Schauen Sie sich Zeitungen und Zeitschriften unter diesem Fokus einmal genauer an. In Zeiten schwindender Anzeigen-Etats sind die Traumreisen per Schiff – ob an Norwegens Küsten oder in wärmeren Gefilden – überproportional präsent. Redaktionelle Kritik fällt da sanfter aus oder findet gar nicht erst statt

Waren bisher die Karibik und das Mittelmeer die bevorzugten Kreuzfahrtreviere, führen Gedränge bei den klassischen Destinationen, der steigende Konkurrenzdruck sowie das Bestreben, treuen Kunden etwas Neues bieten zu wollen, zu einer erdumspannenden Ausweitung der Routenangebote. Der Indische Ozean wie auch der Persische Golf bieten sich an.

Neue Schiffe müssen lange vor dem Stapellauf in Auftrag gegeben werden. In den Auftragsbüchern der Werften sind in den nächsten 8 Jahren mehr als 80 Neubauten mit einer Kapazität von 250 000 Passagieren verzeichnet. Es könnten schlagartig mehr werden, wenn der chinesische Markt anspringt.

MIR STINKT'S!

Ganz im Gegensatz zu den blendend weißen oder fröhlichbuntgestalteten Schiffsrümpfen und Aufbauten meldet ein Positionspapier des Naturschutzbundes, NABU: »Mir stinkt's!

Kreuzfahrtschiffe fahren mit Schweröl, einem sehr umwelt- und gesundheitsschädlichen Abfallprodukt der Ölindustrie. Einen Stickoxidkatalysator und einen Rußpartikelfilter – wie bei Diesel-Pkw und -Lkw seit Jahren Standard – sucht man bei Kreuzfahrtschiffen meist vergebens.« Schonender Marinediesel wäre 6 bis 7-mal teurer. Bei einigen der kommenden Neubauten wird eine Flüssig-Erdgas-Technologie (LNG) eingesetzt, bei der die Emissionen von Ruß und Schwefeloxiden nahezu vollständig vermieden werden. Technisch gibt es also eine Lösung, nur: Die Mehrzahl aller georderten Schiffe wird weiterhin bis zu 40 Jahre mit giftigem Schweröl fahren. Neben der Luftverschmutzung – beim pechschwarzen »Heizer-Gruß« – bekommen die Passagiere vom Oberdeck bis in ihre Kabine auch noch eine gehörige Prise Feinstaub verpasst. Gemessene Werte übersteigen bei Weitem die Obergrenze, in Großstädten würden sie zu sofortigen Fahrverboten führen. Probleme macht auch die Abwasser- und Müllentsorgung, die zwar bestens in Verordnungen gegossen, aber auf hoher See schwer zu kontrollieren ist.

Auch in den Häfen und Naturschönheiten dieses Globus sind die kompakt mit Tausenden Gästen anlandenden Schiffe keine Freude. Sie zerstören lokale Strukturen. Sei es die Lagunenstadt Venedig, das Great Barrier Reef vor Australien (das wegen steigender Wassertemperaturen sowieso schon auf 1500 Kilometer ausbleicht) oder der hochidyllische Geirangerfjord an Norwegens eigentlich einsamer Küste. Wer die Invasion der Kraterwand der griechischen Insel Santorini per Seilbahn und Eselkarawane hinauf zum weiß getünchten Postkartenidyll Fira erlebt hat, weiß, was dieses Seefahrerheer, ausgespuckt aus vier, fünf ankernden Kreuzfahrtschiffen, in wenigen Stunden in den verwinkelten Gassen hinterlässt: Müll sowie ausgeräumte Billigschmuck- und Souvenirläden.

Wunderbar beschreibt der kritische Kreuzfahrtkenner
Wolfgang Gregor in seinem Buch *Der Kreuzfahrtkomplex –
Traumschiff oder Alptraum* eine Anlandung der Aida Bella im
Hafen von Santo Domingo in der Dominikanischen Republik,
die sich um 9.00 Uhr früh in kürzester Zeit in eine »Deutsche
Dominikanische Republik« verwandelt: »Als Vorhut kam
die ›Kavallerie‹, gebildet von geschätzt 50 deutschen Aida-
Fahrradfahrern, selbstverständlich mit einheitlichen Rädern und
tropentauglichen Sporthelmen. Geführte Zweiradtouren sind
fester Bestandteil des Aida-Ausflugsprogramms. Ungefähr eine
Stunde später folgten die Fußtruppen der Individualtouristen.

Nach weiteren vier Stunden trafen die gebuchten
Busausflügler in der Altstadt ein, die bereits diverse Ziele
abgeklappert hatten und sich nun am Ende der begleiteten
Tour exakt 45 Minuten eigenständig in der Altstadt von Santo
Domingo umschauen konnten. Abfahrt des Schiffes: 14.00 Uhr.
Deutschland ahoi!«

Trotz alledem. In den nächsten Jahren werden in den Hochsaisonzeiten täglich 1 Million Kreuzfahrer den Freibeutern der Kreuzfahrtgesellschaften zum Opfer fallen. Buffet und Entertainment
all-inclusiv. Sei es zu Schnäppchenpreisen für fensterlose Innenkabinen oder 1500 Euro pro Nacht in der Außensuite samt Balkon.
Ein wahres Titanic-Treiben. So fahren wir ausnahmsweise einmal
nicht in die Hölle, sondern in die TIEFE!

> • Ebenso wie Fliegen und Urlaubsreisen
>   aller Art muss das enthemmte Kreuzfahrt-
>   Business an die Leine gelegt werden.
>   Nicht Masse und billig kann die
>   Geschäftsgrundlage sein. Diese
>   Fehlentwicklungen zerstören und übernutzen
>   den Lebensraum unseres Planeten.

- Vorschlag: Ab 01.01.2020 gilt ein generelles Verbot für das Verbrennen von Schweröl auf Kreuzfahrtschiffen. Auch sind alle Destinationen (siehe Venedig) einem Umwelt-Stresstest zu unterziehen und entsprechend zu beschränken bzw. zu sperren.
- Das Ausflaggen auf fragwürdige Staaten, die Kontroll- und Sicherheitskriterien nicht erfüllen, wird ab sofort verboten.
- Nebenschauplatz: Schweröl darf auch auf Containerschiffen und Frachtern ab dem 01.01.2022 nicht mehr verwendet werden.

Zielsetzung bei einer Neuausrichtung von Hochsee-Urlauben ist, das moderne Piraten-Treiben (einschließlich Luftverschmutzung) auf den Weltmeeren einzudämmen. Wie beim Fliegen wird über die steigenden Preise sowie das verknappte Angebot die Wertigkeit einer Reise unterstrichen. Diese ist kein Konsum- oder Wegwerfprodukt, das beliebig dem Zeitvertreib dient. Die weite Welt ist nicht wohlfeil, schon gar kein Schnäppchen-Discount-Erlebnis. Es gibt keinen Anspruch, dass jeder jederzeit überall auf dem Globus gewesen sein muss. Wir alle haben auch die Freiheit, zu Hause zu bleiben. Keiner muss in See stechen, schon gar nicht auf schwimmenden Massenquartieren.

BIODIVERSITÄT – VIELFALT STATT EINFALT

Wir sind alle Sieger! Sie und alle Lebewesen, die in diesem Moment über die Erde schleichen, gehen, krabbeln, schwimmen, tauchen oder fliegen. Wir alle zusammen – also Millionen und Abermillionen Spezies – sind die glorreichen Überlebenden einer seit Jahrmilliarden andauernden Evolutionsgeschichte. Deren Selektionsdruck sind viele andere Arten und Versuche am weit verzweigten Baum des Lebens schon zum Opfer gefallen. Die sind auf Nimmerwiedersehen im Archiv der Evolution verschwunden. Es sei denn, ihre Knochen und Versteinerungen wurden – Millionen Jahre später – zufällig wieder ausgegraben. Siehe Archaeopteryx und Dinosaurier.

Was schließen wir daraus? Ganz einfach. Vielfalt ist in der belebten Welt DAS Erfolgsgeheimnis. Sie macht das Phänomen Leben bunt und widerstandsfähig, resilient. Biodiversität ist das natürliche Immunsystem der Erde.

Was ist »Biodiversität«? Greenpeace formuliert das kurz und knapp: Die biologische Vielfalt umfasst drei große Bereiche, die eng miteinander verzahnt sind. Erstens die Vielfalt der Ökosysteme (dazu gehören Lebensgemeinschaften, Lebensräume wie Wälder und Meere sowie Landschaften), zweitens die Vielfalt der Arten und drittens die genetische Vielfalt innerhalb der Arten. Eine dieser Arten ist der Mensch, der Homo sapiens, der wiederum den Säugetieren, genauer den Primaten und da wiederum den Trockennasenaffen, zugeordnet werden kann. Genau diese Spezies gefährdet mit ihrer Einfalt die Vielfalt!

1995 wurde im Global Biodiversity Assessment im Auftrag der UNEP (United Nations Environment Programme) für die Erde eine Zahl von 1,75 Millionen beschriebener Arten der Flora und Fauna angegeben. Wissenschaftler schätzen aber, dass es zwischen 10 und 100 Millionen Tier- und Pflanzenarten gibt. Die Artenvielfalt ist ein charakteristisches Merkmal für die Palette des Lebens in einem Gebiet. Die Palette des ganzen Planeten Erde hat vor kurzer Zeit der Dilettant Mensch in die Finger bekommen. In kindlichem Schaffensdrang mischt er die Farben und übermalt das vorliegende Meisterwerk des Künstlers Natur. Dabei bleiben viele wertvolle Details auf der Strecke.

Christof Schenck, Leiter der Zoologischen Gesellschaft Frankfurt (ZGF), vergleicht das Artensterben mit einer Festplatte, bei der aus Versehen Teile des Betriebssystems gelöscht werden: »Das leuchtet vielen eher ein, als die Vernichtung der biologischen Vielfalt.« Nach Ansicht der Wissenschaftler schlittern wir in das größte Massensterben seit dem Verschwinden der Dinosaurier – dieses Mal menschengemacht. Das wird nachfolgende Generationen teuer zu stehen kommen. Bis Ende des Jahrhunderts könnte die Hälfte aller Tier- und Pflanzenarten verloren sein. Nashörner, Elefanten, Löwen, Giraffen, Schimpansen drohen aus der Wildnis zu verschwinden. Gleichzeitig trifft es Myriaden unscheinbarer Lebewesen, die im Verborgenen existieren. Die Weltnaturschutzunion schätzt, dass ein Viertel aller Säugetiere, 13 Prozent aller Vögel und über 40 Prozent aller Amphibien vom Aussterben bedroht sind.

Ohne biologische Vielfalt ist auch der Mensch dem Untergang geweiht. Christof Schenck: »Alle biologischen Systeme, auf die wir angewiesen sind, hängen vom Netzwerk der Arten ab. Wenn sich immer mehr Knoten dieses Netzes lösen, kann es reißen. Wir wissen nicht, was das für Folgen hat.«

In der Roten Liste 2012 der weltweit bedrohten Tiere und Pflanzen der Weltnaturschutzunion (IUCN) waren ein Drittel der rund 20 000 untersuchten Arten als gefährdet aufgeführt. Nachdem dies nur einen kleinen Ausschnitt darstellt, liegen die tatsächlichen Zahlen wohl weitaus höher. Die IUCN schätzt außerdem, dass der menschengemachte Klimawandel sich auf Vögel, Reptilien und Korallen um bis zu 70 Prozent gravierender auswirken wird als bisher angenommen. Die Korallenbleiche am Great Barrier Reef vor der Küste Australiens führt dies eindringlich vor Augen.

Rote Listen sind Verzeichnisse ausgestorbener, verschollener und gefährdeter Tier-, Pflanzen- und Pilzarten, Pflanzengesellschaften sowie Biotoptypen und Biotopkomplexe. Für Deutschland zeigen sie einen dramatischen Rückgang der biologischen Vielfalt:

- 41 Prozent der einheimischen Tierarten sind bedroht oder extrem selten, 3 Prozent ausgestorben oder verschollen.
- Mehr als 70 Prozent aller im Lande vorkommender Amphibien- und Reptilienarten sind gefährdet oder extrem selten.
- 27 Prozent der rund 3000 einheimischen Farn- und Blütenpflanzen sind bestandsgefährdet, 1,6 Prozent ausgestorben oder verschollen.
- Über 70 Prozent der Lebensräume sind als »gefährdet« eingestuft.

Die Gefährdungsraten sind mit die höchsten in Europa. Landschaften sind kulturell und technologisch extrem »überformt« – zweifellos ein euphemistischer Ausdruck für eine intensive Zersiedelung samt der asphaltierten Infrastruktur sowie landwirtschaftlichen Nutzung. Nur noch vereinzelt findet sich auf kleinen Flächen ein reichhaltiges Naturerbe. Mit dem Verlust großer Waldgebiete schwand und schwindet die Artenvielfalt weiter. Viele der aktuell gefährdeten Arten sind auf naturnahe Wälder angewiesen. Diese sind aber nur eines der wertvollen Ökosysteme, von denen es in Deutschland vom norddeutschen Wattenmeer, sandigen Heidelandschaften, Seen und Flussauen bis in die Bergwelt der Alpen an die 700 gibt. Die komplexen, spezialisierten und vernetzten Lebensräume können ebenso robust wie verletzlich sein. Oft genügt es, einen kleinen Teil – eine Pflanze, Bakterium oder Insekt – herauszubrechen, um das Ganze in Schwierigkeiten zu bringen.

Mit der Planierraupe für ein neues Gewerbegebiet schafft das eine aufstrebende Gemeinde mit einem Handstreich. Jeden Tag werden in unserem schönen Lande 66 Hektar Grünland – das entspricht fast hundert Fußballfeldern – für Bauten aller Art bis auf Weiteres versiegelt. Ökosystem hin oder her.

Satellitenaufnahmen dokumentierten weltweit zwischen 2000 und 2013 einen Schwund von 1 Million Quadratkilometer intakter, natürlicher Waldlandschaft. Das entspricht in etwa der Größe Ägyptens. Uns verblieben sind nur noch 10 Millionen Quadratkilometer lebenspraller Baumreservate.

»Stummer Frühling« übertitelte die *Süddeutsche Zeitung* (5/5/17) einen Artikel, der eine erschreckende Antwort der Bundesregierung auf eine Anfrage der Grünen zur Zahl der Vögel in unserer Agrarlandschaft wiedergab. Danach geht der Bestand drastisch zurück. In den vergangenen 30 Jahren waren es bei der Feldlerche 35 Prozent, beim Kiebitz ganze 80 Prozent und bei den Rebhühnern gar 84 Prozent. Nach Ansicht von Naturschützern liegt der Grund in der immer intensiver betriebenen Landwirtschaft. Deren Spritzmittel vernichten Insekten, deren Vorkommen sich ebenso in 30 Jahren um 80 Prozent reduziert hat. Das Max-Planck-Institut für Ornithologie meldet, dass von 258 Vogelarten 141 in ihrem Bestand abnehmen. Ein Verbesserungsvorschlag:

> Agrarsubventionen müssen daran geknüpft werden, dass die Bauern 10 Prozent ökologische Vorrangflächen ausweisen.

Die industrielle Landwirtschaft killt aber auch, was auf und im Boden kreucht und wächst. Das Bundesamt für Naturschutz rechnet damit, dass in den kommenden Jahren ein Drittel aller hiesigen Pflanzen- und Tierarten aussterben werden. Bayerische Kleinwühlmaus, Braunbrüstige Hosenbiene, Orangeroter Heufalter oder Quirl-Kümmel sind bereits nicht mehr unter den lebenden Spezies zu finden.

»Ich bin davon überzeugt, dass wir nur dann den lebendigen Anteil unserer Umwelt retten und die für unser eigenes Überleben nötige Stabilität herstellen können, wenn wir den halben Planeten zum Naturschutzgebiet erklären«, schreibt der zweifache Pulitzer-Preisträger Edward O. Wilson in seinem Buch *Die Hälfte der Erde – Ein Planet kämpft um sein Leben*. Während wir in anthropozentrischer Effizienz, getrieben von Eigennutz und Wachstum, die lebendige Mitwelt in Mitleidenschaft ziehen und dezimieren, ist die wahre Vielfalt der Lebensformen der Wissenschaft bis heute noch weitgehend unbekannt. Das gilt für Pflanzen ebenso wie für Kleinlebewesen und größere Tiere. Sie existieren in den Baumkronen und im Boden des Amazonas-Regenwaldes ebenso wie in den Tiefen der Ozeane. Alles Terra incognita.

96 Prozent der Nahrungsmittelpflanzen stammen aus tropischen und subtropischen Regionen. Obwohl es rund 30 000 essbare Pflanzen gibt, basiert die Nahrungsmittelproduktion auf 30 Arten, eine hochriskante Spezialisierung. Bei dem bunt verpackten,

industriell hergestellten Überangebot im Super- und Discountermarkt vergessen wir gerne, dass die Grundlagen unseres lebensnotwendigen Stoffwechsels – neben Luft und Wasser – aus dem Boden sprießen. Die Grundnahrungsmittel beschränken sich dabei je nach Region auf Getreide wie Weizen und Reis, Speicherwurzeln wie Kartoffeln und Yams, Hülsenfrüchte wie Linsen und Bohnen sowie Früchte. Je mehr sich die Menschen auf wenige, in großen Mengen angebaute und vertilgte Pflanzenarten verlassen, desto größer wird das Risiko. Dramatisches Beispiel mit 1 Million Verhungerter in den Jahren 1845 bis 1852 war die damals neuartige Kartoffelfäule in Irland. Die Knollenfrucht war das Hauptnahrungsmittel auf der Insel.

Der Gefahr einer Abhängigkeit von wenigen Ausgangssorten setzen wir uns auch bei der Futtermittelproduktion für unsere Fleisch- und Fischlieferanten aus. Soja, Weizen und Mais werden auf riesigen Flächen in hochproduktiven Monokulturen angebaut. Der Ausfall einer Ernte durch Pilz- oder Bakterienbefall, der nicht sofort niedergemacht werden kann, indem man die chemische Keule schwingt, hätte sicher spürbare Auswirkungen. Nicht zu vergessen, dass großflächige, durch Gentechnik, Kunstdünger und Pestizide auf Hochleistung getrimmte Monobewirtschaftung der Feind jeder Biodiversität ist.

Aber nicht nur bei der Ernährung ist Biodiversität wichtig. In der Apotheke der Natur sind über 20 000 natürliche Arzneimittel bekannt, deren Wert bei einer Studie vor 30 Jahren auf 40 Milliarden US-Dollar geschätzt wurde. Allein 1400 der natürlichen Wirkstoff-Träger kommt eine Bedeutung bei der Krebsbekämpfung zu.

Ein Rückgang der Artenvielfalt erhöht die Prävalenz, also die Häufigkeit von Infektionskrankheiten. Auch das schrieben die Vereinten Nationen in ihrer Biodiversitäts-Konvention 2010 in Rio de Janeiro. Darin riefen sie die Jahre von 2011 bis 2020 zur »UN-Dekade der Artenvielfalt« aus. Schön und gut. Wunsch und gutes Meinen kollidieren – wie so oft im Zeitalter des Menschen – mit der Realität: Bei 60 Prozent der weltweiten Ökosysteme hat sich der Zustand in den letzten 50 Jahren verschlechtert. Dazu zählen das Meer, Korallenbänke, Feuchtgebiete, Regenwälder und Mangroven. Die Gründe sind eindeutig auf die Besiedlung und Benutzung des Menschen zurückzuführen: Landwirtschaft, Fischerei, Verschmutzung, Klimawandel. Auch die Ausbreitung invasiver Arten und Gene geschah überwiegend mit freundlicher Unterstützung des Homo sapiens.

Eine fundierte Zusammenfassung der Fülle des Lebens gibt Edward O. Wilson in seinem bereits erwähnten Buch *Die Hälfte der Erde*. 1758 begründete Carl von Linné ein modernes Klassifizierungssystem, das bis heute in der Biologie verwendet wird. Er kam auf 20 000 Arten, deren Anzahl in der Australian Biological Resources Study bis 2009 auf 1,9 Millionen anwuchs. Seitdem kamen jedes Jahr rund 18 000 Arten hinzu. Die 2 Millionen-Grenze ist bereits durchbrochen. Offensichtlich gibt es auf unserer guten alten Erde immer noch viel zu entdecken. Da sind sich alle Experten einig.

Weil meist größer und für uns augenfällig, sind die Wirbeltiere (Fische, Amphibien, Reptilien, Vögel, Säugetiere) gut erfasst. Von Letzteren sind 5500 Arten bekannt, 10 000 sind es bei den Vögeln. Bei beiden sind nur noch wenige Neuentdeckungen zu erwarten. Reptilien haben sich mit bekannten 9000 Arten durch die Evolution gerettet, wobei noch 1000 unerkannte vermutet werden. Noch besser stehen die Fische mit 32 000 Arten und einer Dunkelziffer von 10 000 unentdeckten Artgenossen da. Am stärksten gefährdet sind die 6600 bekannten Amphibien, von denen angenommen wird, dass nur knapp die Hälfte erfasst werden konnte. Die Gefahr ist somit groß, dass wir viele Arten bereits um die Ecke bringen, bevor wir sie überhaupt wahrgenommen haben.

»Wenn die Experten ihre Schätzungen für Wirbellose (Insekten, Krebstiere und Würmer) mit Algen, Pilzen, Laubmoosen und anderen niederen Pflanzen addieren«, schreibt Wilson, »dazu Nacktsamer, Bedecktsamer, Bakterien und andere Mikroorganismen, so schwanken die Ergebnisse zwischen fünf und über hundert Millionen Arten.« Oh, what a wonderful world!

Einen gewaltigen Dämpfer hält allerdings die Umweltschutzorganisation World Wide Fund For Nature, WWF, die seit 50 Jahren gegen die Zerstörung von Natur und Umwelt kämpft, parat. Der WWF-Living-Planet-Index 2016 zeigt für die vergangenen 4 Jahrzehnte einen Rückgang der biologischen Vielfalt um 52 Prozent. Im Durchschnitt hat sich die Anzahl der untersuchten Säugetiere, Vögel, Reptilien, Amphibien und Fische halbiert. WWF-Vorstand Eberhard Brandes in einem Interview des Buches *Die Menschheit schafft sich ab* von Harald Lesch: »Wir entziehen uns, unseren Kindern und Enkeln in schwindelerregender Geschwindigkeit die Lebensgrundlagen. Macht die Menschheit weiter wie bisher, sind bis 2030 zwei komplette Planeten nötig, um den Bedarf an Nahrung, Wasser und Energie zu decken. Bereits jetzt sind vier der neun ökologischen Belastungsgrenzen, in denen Lebensräume stabil bleiben, überschritten: beim Klima, der Biodiversität, der Landnutzung und der biogeochemischen Kreisläufe.« Schöne Aussichten. Damit fahren wir geradewegs in die HÖLLE!

Sie erinnern sich: Im Moment verbrauchen wir bereits 1,6 Planeten. Dazu verdrängen und vernichten wir eine ganze Menge Mitgeschöpfe, von unseren nächsten Verwandten, den Säugetieren, bis zu den niedrigen Pflanzen – die aber alle mit dazugehören und irgendwie wichtig sind.

Erschlagen Sie nie wieder eine Stubenfliege, nur weil Sie das Summen stört! Schauen Sie dieses Wunderwerk einer Musca domestica einfach einmal genauer an. Der Zweiflügler hat die ganze Welt erobert und ist ein treuer Begleiter des Menschen. Ihre Flug-Kunststücke, bei denen sie ihre Flügel 200-mal in der Sekunde stufenlos auf- und abklappt, sind artistisch. Der kleine Überlebenskünstler hat einen Stoffwechsel und ein Herz, genau wie Sie. Das aber nur am Rande.

Unsere Mitwelt, belebt oder unbelebt, hat Respekt verdient. Achtung vor der Vielfalt, die auf der Erde unser aller Lebensgrundlage ist. Denken Sie ab jetzt immer daran, was Sie für diese wunderbare Lebensgemeinschaft tun können. Es ist höchste Zeit. Jeder mündige Bürger – also auch Sie – ist gefordert.

Hier hilft Immanuel Kant mit seiner Antwort auf die Frage: Was ist Aufklärung?

»Aufklärung ist der Ausgang des Menschen aus seiner selbst verschuldeten Unmündigkeit. Unmündigkeit ist das Unvermögen, sich seines Verstandes ohne Leitung eines anderen zu bedienen. Selbstverschuldet ist diese Unmündigkeit, wenn die Ursache derselben nicht am Mangel des Verstandes, sondern der Entschließung und des Mutes liegt, sich seiner ohne Leitung eines anderen zu bedienen. ›Sapere aude! Habe Mut, dich deines eigenen Verstandes zu bedienen!‹ war der Wahlspruch der Aufklärung.«

Wir sind alle Kinder der Aufklärung. Haben Sie also den Mut, etwas zu verändern. Besonders Ihr Verhalten Ihrer Mitwelt gegenüber – wobei dieses Mal nicht Ihre Mitmenschen gemeint sind.

WASSER

Mehr als 70 Prozent der Erdoberfläche sind mit Wasser bedeckt. Deshalb »der Blaue Planet Erde«. Das sieht aus dem Weltall sehr hübsch aus. Das Problem: Nur 2,5 Prozent sind Süßwasser, davon wiederum nur 0,3 Prozent für den Menschen direkt nutzbar. Bei dem aktuellen weltweiten Verbrauch »ein Tropfen auf den heißen Stein«.

Wassermangel gilt global als eines der größten Probleme des Jahrhunderts. Nach Angaben der Organisation für wirtschaftliche Zusammenarbeit und Entwicklung (OECD) werden 2050 etwa 4 Milliarden Menschen, also fast die Hälfte der Weltbevölkerung, unter Wassermangel leiden. Vor allem Regionen mit saisonalen Regenzeiten gelten als gefährdet.

In weiten Teilen der Erde herrscht bereits heute Wassermangel. Obwohl in der UN-Agenda 2030 das Recht auf sauberes Wasser als Menschenrecht festgeschrieben ist, sind 1,2 Milliarden davon ausgeschlossen. Die Landwirtschaft zählt mit 70 Prozent zu den größten Verbrauchern, gefolgt von der Industrie mit 20 und den privaten Haushalten mit 10 Prozent. Nur kurz zum Vergleich: Sie brauchen um die 120 Liter täglich, wobei 40 Liter – Trinkwasser! – durch die Toilettenspülung rauschen. In den USA sind es 295, in Dubai 500 Liter. Aber die ölhaltigen Herrscher am Golf haben ja Meerwasseraufbereitungsanlagen, da darf es schon etwas mehr sein.

Das Vertrackte an dieser Bilanz ist das sogenannte »virtuelle Wasser«, das in allen verarbeiteten Produkten unseres Konsums steckt. Seien es Tomaten aus Andalusien, Baumwolle aus Indien oder der nagelneue BMW X 5 SUV in der Garage. Für das sinnfreie Allradgefährt wurden 450 000 Liter verbraucht, für 1 Kilogramm Rindersteak 15 000, für einen Hamburger 2500 Liter, selbst für ein Ei fallen noch 135 Liter an. Alles zusammengerechnet, ergibt sich für einen Wohlstands-Bundesbürger im Jahr ein Würfel von 1400 Kubikmetern (1 400 000 Liter). Die Grenze für eine nachhaltige globale Nutzung wird mit 4000 Kubikkilometern angegeben. 2015 wurde diese bereits um 370 Kubikkilometer überschritten.

Fazit· Auch beim lebenswichtigen Element Wasser nehmen wir auf dem Planeten einen großen Schluck zu viel aus der Pulle.

Während Regen in Mitteleuropa verlässlich und ausreichend vom Himmel fällt und Seen, Flüsse sowie Grundwasserspeicher füllt, wird in vielen Ländern um den letzten Tropfen gerungen. Seit Beginn der Flüchtlingskrise fällt zum Beispiel der Grundwasserspiegel in dem Wüstenland Jordanien jährlich um 15 Meter. Doch wo mehr entnommen wird als nachfließt, ist der Kampf gegen die Dürre schon verloren. Der Nachbar Israel setzt auf hocheffiziente Bewässerung und Meerwasser-Entsalzung. Das können sich aber die wenigsten Entwicklungsländer leisten. In der Sahelzone lösen Dürrekatastrophen in fast regelmäßigen Abständen den Notstand aus. Zehntausende sind betroffen.

Rund um den Globus wird immer tiefer nach dem lebenswichtigen Nass gebohrt und gepumpt, was das Zeug hält. Kurioses, aber deshalb nicht weniger dramatisches Beispiel ist das Absinken der Häuser in der kolonialen Altstadt der Millionenmetropole Mexico

City. Grund ist der rapide sinkende Wasserspiegel des Sumpfes, in den einst die Azteken-Hauptstadt Tenochtitlan gebaut war, auf deren Mauern die heutige Hauptstadt Mexikos – noch – steht. Das Trinkwasser der Megacity wird einfach so lange aus dem Boden gepumpt, bis die Wände wackeln.

Ob in Indien, China, Pakistan oder im Südwesten der USA, 13 der großen Grundwasserspeicher der Erde sind in einem kritischen Zustand, ihre Reserven schwinden extrem schnell. Infolgedessen drohen in naher Zukunft Nachbarschaftskriege um Wasser. José Graziano da Silva, Generaldirektor der Welt-Agrarorganisation FAO, warnt angesichts des Klimawandels vor verschärften Konflikten um Wasserzugänge. 70 Staaten haben bis heute keine Wassergesetzgebung erlassen. Die Besitzrechte sind vielerorts nicht geklärt. Und weil das Wasser einfach umsonst der Natur entnommen werden kann, gibt es auch kaum Anreize, sparsam damit umzugehen.

Im Gegensatz dazu sichern sich Konzerne wie Nestlé, Coca-Cola, Danone und Mitteldeutsche Erfrischungsgetränke Deutschland weltweit die Rechte auf Mineralwasservorkommen und -brunnen. Sie spekulieren mit dem begrenzten Bodenschatz. Bei steigender Nachfrage steigen auch die Preise. Wenige sitzen dann an der Quelle.

»Wasser wird zu einem immer knapperen Gut«, bestätigt auch Bundesagrarminister Christian Schmidt. In seinem Wirkungsbereich kann er damit wohl nur das Grundwasser meinen, in das seine fleißig düngenden und spritzenden Bauern über die Heimaterde überreichlich Giftstoffe einbringen. Der *Spiegel* 3/2017 titelte: »Kacke am Dampfen«. Gemeint ist ein Überangebot an Gülle und Mist, das nach dem Motto »Alles muss raus« mehrfach im Jahr auf den Feldern verteilt wird. Der natürliche Dünger nährt die Pflanzen, in Massen verschmutzt er das Grundwasser. Örtlich wird der Nitrat-Grenzwert von 50 Milligramm weit überschritten. Verursacher sind eindeutig Viehhalter und Biogasproduzenten, genauer ihre maßlos großen Betriebe.

Drängen sich in ganz Deutschland über 60 Millionen Schweine, zählt allein das Bundesland Niedersachsen 10 Millionen. Dazu kommen 2,6 Millionen Rinder und 100 Millionen Hühner. Alle zusammen produzieren knapp 50 Millionen Tonnen Gülle und Mist im Jahr. Dazu kommen mehrere Millionen Tonnen Gärreste aus Biogasanlagen. »Im schlimmsten Fall«, sagt Egon Harms vom regionalen Wasserversorger OOWV, »müsste man irgendwann Entsalzungsanlagen wie in Dubai bauen.«

Die industrielle Fleischproduktion der Massentierhaltung stinkt auch zum Himmel. 3,5 Tonnen des giftigen Ammoniak-Gases entweichen pro 1000 Schweinen und versauern Ökosysteme.

Vor diesem Hintergrund stellt sich naheliegend die Frage, ob Deutschland der ideale Standort für eine Fleischproduktion in großem Stil ist. Das Land ist dicht besiedelt und verfügt nicht über die Weiten der argentinischen Pampa. Nicht einmal das Futter wächst vor der Haustür. Soja als Mastbeschleuniger wird meist aus Lateinamerika herangeschafft, wobei dessen Anbau zu Regenwaldrodung und riesigen Monoagrarwüsten führt, die intensiv mit den Segnungen der Gen- und Chemietechnik (Roundup/Glyphosat) bearbeitet werden.

50 Prozent der deutschen Schweinefleischproduktion werden dann noch exportiert. Auch hier sind wir wahre Weltmeister. Das ist der glatte Wahnsinn! Wir sind der denkbar ungünstigste Wirtschaftsstandort für eine Fleischproduktion, von der nur wenige Großzüchter, Schlachtereien und Exporteure profitieren. Hier passt nichts zusammen.

Zurück zum Wasser: Lassen wir uns durch unsere feuchte mittlere Breitenlage und den sprudelnden Wasserhahn nicht täuschen. Klares Wasser muss noch lange nicht sauber sein. Von Antibiotika, Antibabypillen-Anteilen bis zu Kokainspuren, von Nitrat bis Glyphosat ist auch bei uns eine Beigabe enthalten, wenn wir unseren Kaffee trinken. Trinkwasser kann ein gerüttelter und geschüttelter Giftcocktail sein.

Forderung:

- Ein monopolartiger Zugriff privater Unternehmen auf die Wasservorräte muss verhindert bzw. bereits privatisierte Reservoirs müssen in Gemeinschaftseigentum rückgeführt werden.
- Für Wasser wird ab 2020 eine Natur-Steuer erhoben. Das gilt für alle Nutzer (Privathaushalt, Industrie, Landwirtschaft). Der lebenswichtige Rohstoff ist nicht wohlfeil und muss über den Preis seinen Wert bekommen. Das führt zu weniger Verbrauch, nachdem Einsicht und Vernunft keine schnellen Veränderungen bewirken.
- Verursacher von Verunreinigung wie Industrie und Landwirtschaft werden streng kontrolliert und sanktioniert. Potenzielle Giftstoffe – auch wenn sie, sachgemäß angewandt, keinen Krebs auslösen sollen (Glyphosat) – werden verboten. Diese Mittel gefährden zumindest Trinkwasser und Artenvielfalt.
- Das Leitungssystem der Bundesrepublik ist großteils alt und marode. Eine Menge besten Trinkwassers versickert im Boden. Zur Sanierung wird die Wasser-Natursteuer verwendet.

KONSUM

Ein weites Feld, auf dem wir uns aber alle wiederfinden.
Gerne wird der Konsument mit dem Verbraucher gleichgesetzt.
Einfach übersetzt, mag das richtig sein, im Verständnis und Sprachgebrauch ergibt sich ein kleiner, feiner Unterschied. So decken Verbraucher beim Einkauf ihre Grundbedürfnisse. Das mögen Lebensmittel, Kleidung oder Möbel sein. Konsumenten legen bei alldem noch eine Schippe obendrauf. Da kommen Lifestyle, Design und Produkt-Marken dazu wie Dinge, die das Wohlleben noch ein bisschen schöner machen. Da darf es dann auch ein elektrisches Brotschneidemesser, eine chromblitzende Nespresso-Maschine oder ein Manufactum-Tranchiermesser-Set für den ambitionierten Hobbykoch sein. Selbst eine robuste Jeans trägt sich modebewusster, wenn »Diesel« oder gar »Pierre Cardin« eingenäht ist.

Konsum zeigt sich in Qualitätsanspruch, aber auch sinnfreier, marken- und preisgestützter Ausformung, gemeinhin als »Image« bezeichnet.

Zwei Beispiele:

Ein Ehepaar Mitte dreißig, zwei Kinder, Haus mit Garten auf dem Land, drei Autos (Sportcabrio, VW-Bus für den Transport der zwei

Trial-Motorräder des Hausherrn sowie BMW-SUV für die Frau), ein Motorroller, zwei Elektrofahrräder. Im Haus die Basisausstattung wie Geschirrspüler, Waschmaschine und Trockner, repräsentable Kücheneinrichtung sowie weitere Möblierung (Esszimmer, Wohnzimmer, Bäder, Schlaf-, Ankleide- wie Kinderzimmer). Für den Nachwuchs stapelt sich kunterbuntes Plastikspielzeug bis hin zum Sitzbagger samt Kipper und Bobbycar. Im Garten: Swimmingpool, diverse Kinderspielplatzgeräte wie Rutsche, Schaukel und Trampolin. Zugegeben, das ist nicht Bundesdurchschnitt, aber nicht ganz so selten. Zumindest kann es als Konsumhaushalt auf hohem Niveau durchgehen – ein Haushalt, in dem eine Menge Ressourcen und Energie verbraucht werden.

Ein TV-Werbespot zeigt einen hübschen Teenager, der im zart pastellfarbenen T-Shirt aus dem Bett zu seinem Kleiderschrank hüpft und diesen schwungvoll öffnet. Ordentlich auf Bügeln aufgehängt, reiht sich dort eine Ansammlung von zehn weiteren pastellfarbenen T-Shirts. Der Teenager verkündet vergnügt, während er ein Shirt vom Bügel zieht, dass er sich schnell frische Wäsche gönnt – es sei ja genug da. Warum? Schnitt. Aha! Bei Lidl sind die T-Shirts gerade im Angebot. Für 2,99 Euro das Stück! Auch dazu wurden Ressourcen (pro Shirt 1000 Liter virtuelles Wasser, Baumwolle bzw. Synthetik) und Energie verbraucht. Denkt man weiter, tauchen die Näherinnen in Bangladesch samt dem Fabrikbesitzer sowie die Lidl-Kette auf, die an diesem unverschämten Verkaufspreis alle noch was verdienen wollen. Die Näherinnen im fernen Asien werden mit einem Hungerlohn bei ausbeuterischen Arbeitsbedingungen abgespeist.

Bei beiden Beispielen (dem Konsumhaushalt und der Lidl-Werbung) stellt sich zumindest hier im Lande nicht die Existenzfrage. Sie sind aber Ausformungen oder besser Auswüchse des Konsums in einem Land der Ersten Welt. Ich bin sicher, dass auch Ihnen sofort weitere Beispiele – wahrscheinlich auch Sie selbst – einfallen.

»Ob der durch Massenproduktion und -verbreitung ermöglichte Lebensstandard durch die Arbeit von uns Werbeleuten aufrechterhalten wird, ist wohl etwas, das nur die Geschichte entscheiden kann«, sagte der Werbe-Papst Leo Burnett. In dem Buch *Corporation 2020 – Warum wir Wirtschaft neu denken müssen* schreibt dazu Pavan Sukhdev: »Werbung ist global gesehen eine kleine Branche, die aber über unverhältnismäßig viel Einfluss verfügt. Marketing und Werbung nutzen menschliche Unsicherheiten, verwandeln Wünsche in Bedürfnisse. Es wäre keine Übertreibung zu sagen, dass die Werbung heute die größte Kraft ist, die die Nachfrage der Konsumenten antreibt.« Und die Schafherde lässt sich blökend weitertreiben.

Wir sind alle konditioniert auf einen zerstörerischen Konsum. Das Wachstum des Binnenmarktes – nach ihm wird immer gerufen, wenn die Zahlungsbilanz nicht mehr stimmt – stützt sich auf ihn. Konsum ist ein grassierender Virus, der längst auch die Menschen in den Schwellenländern befallen hat. China, Indien, Brasilien, Afrika. Alle Menschen, die nicht mehr am Hungertuch nagen und Wasser haben, sind gefährdet. Kaufen, Shoppen, Habenwollen ist eine weltumspannende Ersatzreligion. Alle zwei Jahre das neueste Smartphone, die neuesten Marken-Klamotten. Es locken Malls, Outlet-Center, das Internet, Kaufhäuser, die Werbung, Schnäppchen sowie die Freunde und Freundinnen.

Stellen Sie sich diese Seuche jetzt bei 6 Milliarden befallenen Menschen – die Hungernden klammern wir aus – vor. Stellen Sie sich weiter vor, wir sind der Virus, der unseren Wirt auszehrt (das machen Viren naturgegeben so). Dieser Wirt ist der Planet Erde, auf dem wir Menschen unter Millionen anderer Lebewesen eigentlich nur zu Gast sind. Wenn wir das nicht in den Griff bekommen, dann **ZUR HÖLLE MIT UNS. WIR VERDIENEN ES NICHT ANDERS.**

Erinnern wir uns an unseren flehenden Sebastian Dalkowski. »Liebe Merkel samt Weltregierun, hilf! Wer haut mir endlich auf die Finger?«

Wir sollten das selbst auf die Reihe kriegen. Wie? Neben einer gehörigen Portion Selbstverantwortung des »Konsumenten«, der sich immer wieder die Frage stellt: »Brauche ich das wirklich?« müssen natürlich auch »die da oben«, also die Politik, der Gesetzgeber, ran.

- Verbot von Produktion und Vertrieb von Gütern, deren Herstellung nicht den Maßstäben der Ressourcenschonung, der Nachhaltigkeit sowie einer fairen Entlohnung der investierten Arbeit entspricht. Die Ausbeutung des Planeten wie auch menschlicher Arbeit muss umgehend gestoppt werden.
- **»Konsum schadet der Erde«** sollte wie »Rauchen schadet ihrer Gesundheit« auf allen Konsumprodukten deutlich gekennzeichnet sein. Der Hinweis auf den Zigaretten-Packungen – vor einigen Jahren schwer vorstellbar – ist heute gesetzlich festgeschrieben und völlig normal.
- Werbung, die zu bedenkenlosem Konsum auffordert, wird verboten (»der schnelle Kredit für Ihren Traum«).
- Konsum ist kein Grundrecht. Es wird eine Ethik formuliert, die den eigenverantwortlichen Verzicht in den Mittelpunkt eines sinngebenden Daseins stellt. **»Weniger ist mehr«** soll als Common Sense gelebt werden.

ERNÄHRUNG

Nahrungsmittel finden sich für die meisten Verbraucher – oder Konsumenten – meist nur noch in Aluminium oder Plastik abgepackt im Regal/Tiefkühltruhe oder »frisch« auf dem Wochenmarkt oder der Fleisch-, Fisch- oder Wursttheke. (Die Dienste der Paketversorger bis an die Haustür lassen wir jetzt einmal außen vor.) Acker, Feld, Garten, Stall und See liegen weit vor der großen Stadt und damit außerhalb der Wahrnehmung. Nahrungsmittel sind in unserem flächendeckend versorgten Land wie selbstverständlich innerhalb der Handelsgeschäftszeiten verfügbar. Sie kommen per Lastwagen, Bahn, Schiff und Flugzeug aus allen nur erdenklichen Ecken dieser immer noch schönen Welt.

Zur Herstellung der Nahrungsmittel sind zuallererst die Erzeuger wie Ackerbauern, Gärtner, Viehzüchter und Fischer notwendig. Dabei spielen die Fläche und die Qualität des Bodens und Wassers eine große Rolle. Zusammen mit Wissen und menschlicher Arbeitskraft ergeben sich Ernten und Ertrag.

An ihrer Seite stehen heute große Konzerne, die an Pflanzen und Tieren forschen und ihre patentierten Problemlösungen zur

Verwendung anbieten. Das sind Saatgut (genmanipuliert oder hybrid), Dünger und Pestizide für den Acker sowie genmanipulierte Zuchttiere samt Zubehör für die Stallmast und das Meeres-Farming. Klingt gut, ist es aber nicht unbedingt.

Das Umweltbundesamt meldet in Deutschland 560 000 Beschäftigte in 6000 Betrieben. Damit zählt die Lebensmittelindustrie (2016 Umsatz 150 Milliarden) zu den fünf größten Branchen. Umsatzstärkste dabei ist die Fleisch- und Milcherzeugung. Noch sind in Deutschland 50 Prozent der Fläche landwirtschaftlich genutzt. Wegen Besiedlung und Verkehr – Tendenz sinkend. Weiter merkenswert: Das geschäftige Treiben rund um die Nahrungsmittelherstellung trägt mit bis zu 25 Prozent zur Umweltbelastung bei. Zusammen mit Wohnen und dem Verkehr hat es die größte »Umweltresonanz« (Resonanz klingt nach Geige und Mozart, meint aber Verschmutzung und Verbrauch).

Weiter finden sich große Konzerne, die aus den Rohstoffen der Erzeuger und, zunehmend aus dem Labor, Lebensmittel herstellen. An die 170 000 industriell gefertigte Produkte sind aktuell im Angebot, Umsatz 250 Milliarden im Jahr.

Zusammengenommen haben wir es also mit einem gewichtigen volkswirtschaftlichen Pfund zu tun, das die Politik kräftig mitbestimmt, von ihr gehegt, geschützt und gepflegt, sprich subventioniert wird. Rund 60 Milliarden des EU-Haushaltes fließen jährlich in die bereitstehenden Töpfe.

In der Mitte des 20. Jahrhunderts verbreitete die Grüne Revolution pflanzliche Hochertragssorten und neue Anbaumethoden in der Türkei, Pakistan, Indien und den Philippinen. Sie war als Prävention gegen gewaltsame Hunger-Aufstände gedacht. Sie verbesserte die Ernährungssituation vieler Menschen, verursachte aber gravierende Umweltschäden durch hohen Wasserverbrauch und Pestizideinsatz. Kleinbauern wurden von den industriell bewirtschafteten Flächen verdrängt. Heute zeigen sich die Folgen der begrenzten Nachhaltigkeit.

50 Jahre später, bei einer weiter wachsenden Weltbevölkerung, stellt sich erneut die Frage, ob es in Zukunft genug Nahrung für alle geben wird. Zwei Lager vertreten sehr gegensätzliche Konzepte für Lösungsmöglichkeiten.

Die Mehrheit der Erdbevölkerung wird heute von Kleinbauern ernährt, die 60 Prozent der verfügbaren Ackerfläche bewirtschaften. Rund 85 Prozent dieser 525 Millionen Betriebe verfügen über nicht mehr als 2 Hektar Land (20 000 Quadratmeter). Ihnen stehen die Multis der Agrarindustrie gegenüber. Mit großflächigem Anbau, dem Einsatz schwerer Maschinen, gentechnisch veränderten Pflanzen mit verbessertem Ertrag und Schädlings-Resistenz sowie gezieltem Pestizid- und Düngereinsatz. Ihr Einfluss ist groß. Nur 10 Konzerne beherrschen bereits drei Viertel des Weltmarktes. In China bahnt sich die Fusion der Chemieunternehmen Sinochem und ChemChina zum mit Abstand größten Branchengiganten an. Jahresumsatz: 100 Milliarden Dollar. Auch in den USA sind die Konzerne Dow Chemical und Dupont zusammengegangen. Auf die Plätze verwiesen ist Bayer, das sich Monsanto einverleibt hat.

In einem Interview für den WDR in der Filmdokumentation *10 Milliarden – Wie werden wir alle satt?* sagte der »Bayer Crop-Science«-Vorstandsvorsitzende Liam Condon: »Für die kommenden Herausforderungen brauchen wir bedeutsame Innovationen. In der westlichen Welt gibt es kein Gefühl der Dringlichkeit, wir sind eher von Fettleibigkeit betroffen als von Hunger. Wir müssen das Problem aber jetzt anpacken. Wenn wir bis 2030 warten, werden viele Menschen nicht mehr genug zu essen haben. Dann wird es vermutlich den nächsten Krieg ums Essen geben.« Als Lösung sieht der Konzernlenker die Gentechnik. »Unserer Meinung nach kann die Gentechnik die Leistung der Pflanzen verbessern.« Gibt es nicht unvorhersehbare Gefahren?« Liam Condon: »Wenn ich sehe, dass eine Milliarde Menschen nicht genug zu essen haben, dann, denke ich, können wir die Gentechnik nicht ablehnen, nur weil es da vielleicht noch etwas Unklarheit darüber gibt, ob sie nun sicher für die Umwelt ist und eventuell Langzeitfolgen zu befürchten sind. Wir sollten möglichst alle Mittel nutzen, die wir haben, um Nahrungsmittel für unsere Gesellschaft zu produzieren.«

Neben der umstrittenen Gentechnik macht der Bayer-Konzern sein Hauptgeschäft im Saatgut-Business mit den Hybrid-Pflanzen. Die sind nicht genetisch verändert, können aber nur im Labor gezüchtet werden. Bayer-Forschungsleiter Johan Bottermann: »Die Erträge bei unseren Hybriden liegen rund 20 Prozent höher als bei den bisherigen Reissorten. Ein Gewinn für beide Seiten, besonders für unsere Hauptkunden, den Kleinbauern in Südostasien.« Diese müssen, da sie selbst das Saatgut nicht vermehren können, bei Bayer Jahr für Jahr nachkaufen.

Die WDR-Filmdokumentation *10 Milliarden* zeigt Reisbauern in Indien vor einem verwüsteten Feld. Eine Überschwemmung hat die Swarna-Hybrid-Pflanzen umgeknickt. Das ebenfalls betroffene Nachbarfeld ist intakt. Kusum Mishra, Expertin für traditionelles Saatgut, die eine Saatgut-Bank in Balasore betreibt: »Der lokale ›Desi-Reis‹ wächst langsamer, hält aber der Flut stand. Wir haben hier 727 verschiedene Reissorten, die resistent sind gegen Salz, Überflutung und Dürre. Die haben sich über Jahrhunderte angepasst.«

Die Regierung rät den Bauern zu Hybrid-Sorten, weil sie mehr Ertrag versprechen. Kusum Mishra: »Wenn sich die Bauern einmal darauf einlassen, sind sie Gefangene der Konzerne. Was ist, wenn sie die Preise erhöhen? Diese Sorten brauchen mehrfach im Jahr Kunstdünger und Pestizide. Der Bauer muss seine Felder spritzen. Wasser und Luft werden vergiftet und er bekommt ernsthafte Gesundheitsprobleme.«

Der größte Pestizid-Nutzer der Welt war vor 7 Jahren Brasilien mit 1 Million Tonnen. Heute dürfte sich an dieser Platzierung nichts geändert haben, baut das Land doch weiter großflächig Soja an. 2015 waren es rund 22 Millionen Hektar, zweimal das Saarland. Mit dabei beim Sojagoldrush ist auch Nachbar Argentinien, der ebenfalls Gensorten einsetzt, kräftig düngt und Pestizide wie Roundup, das Glyphosat-Markenprodukt von Monsanto/Bayer ausbringt.

Der Bundestagsabgeordnete von Bündnis 90/Die Grünen, Anton Hofreiter, war 2015 in Brasilien vor Ort: »Es kommt zur systematischen Enteignung und Vertreibung der Kleinbauern. Ich traf den größten privaten Sojaproduzenten der Welt, Blairo Maggi, jetzt auch noch brasilianischer Landwirtschaftsminister. Seine Firma besitzt mehrere Hunderttausend Hektar.« Der frühere Regenwald ist einer Agrarwüste für Soja und Mais gewichen. Hofreiter: »Wir dürfen diese Form der Landwirtschaft nicht weiter fördern. Wir brauchen klare Regeln für den Import von Soja und Mais. Wir dürfen nicht in anderen Ländern zur Umweltzerstörung und Vertreibung beitragen.«

```
Wenn man weiß, dass Soja aus Lateinamerika
das beliebteste Mastfutter für die
Millionen in deutschen Ställen produzierten
Schweine ist, dann liegt zumindest eine
Teillösung nahe: Die Hälfte weniger Sauen
(also rund 30 Millionen) spart die Hälfte
des Importfutters. Ganz einfach. Das
entlastet zusätzlich - wie gelesen - unsere
deutsche Heimaterde samt dem Luftraum.

Also:

SCHWEINE RAUS AUS DEUTSCHLAND!
```

Ein BBQ-Nackensteak von Aldi Süd hatte das Fass zum Überlaufen gebracht. Ein Facebook-Nutzer namens Dominik Boisen wandte sich in seinem Post direkt an Aldi Süd. Er schrieb: »Hallo ALDI, diese Woche habt Ihr 600 g mariniertes Schweinenacken-Steak für 1,99 Euro im Angebot.« Was daran verwerflich für ihn ist, erklärt er in den nächsten Zeilen, die mit Wut und Emotionen vollgepackt sind.

Billig, billiger, am billigsten – das ist eure Religion

Fleisch sei bei Aldi nichts wert, zudem sei es keineswegs preiswert, sondern »billigster Dreck, für dessen Produktion alles und jeder bis zum Anschlag ausgebeutet wurde – am meisten die, die sich am wenigsten wehren können: die Tiere«.

Boisen ist kein »ideologisch verblendeter Ökofaschist«, trotzdem findet er das Verhalten von Aldi »zum Kotzen« und »verantwortungslos«. Er zeigt auf Aldi direkt mit dem Finger: »Es wäre für Euch ein Leichtes, Eure Marktdominanz zu nutzen, um mit gutem Beispiel voranzugehen und die Zustände positiv zu verändern.« Der Facebook-User ging in seinem Post sogar noch weiter und warf dem Discounter vor, dass er daran kein Interesse habe. Schließlich gehe es ja um den Profit.

Aldis Antwort klingt dann eher wie aus einem PR-Katalog: »Wir wissen, dass wir als einer der führenden Discounter die Aufgabe haben, gesellschaftliche Verantwortung zu übernehmen – dies gilt nicht nur in Bezug auf Menschen und unsere Umwelt, sondern auch für den Umgang mit Tieren. Mit unserem Engagement in der branchenübergreifenden, freiwilligen Initiative >Tierwohl< setzen wir uns für die Förderung einer tierartgerechten und nachhaltigen Fleischerzeugung ein.«

Nicht lange lässt Dominik Boisen mit seiner Antwort warten. Aldis »Initiative Tierwohl« könne man vergessen, dabei handele es sich um nicht mehr als eine »Schönheitskorrektur«. Er findet die Reaktion von Aldi »enttäuschend« und betont auch, dass er mit seinem Post wohl einen Nerv getroffen habe, wenn man sich das Echo im Netz anschaue. Boisen gibt Aldi daraufhin einen Tipp: »Haltet den Verbraucher nicht für blöd. (...) Mit einer Initative Tierwohl schafft Ihr weder bessere Bedingungen für die Tiere, noch stellt Ihr die Transparenz her, die der Verbraucher sich wünscht und die er zu Recht erwarten darf.«

Quelle: Spiegel.de vom 28.05.2017

Der »nicht blöde« Verbraucher hat die Sache jetzt selbst in der Hand. Er geht einfach nicht mehr zu Aldi und kauft schon gleich gar kein BBQ-Nackensteak für 1,99 Euro.

Neben Hybrid-Pflanzen und gentechnischen Ablegern setzt die Agrarindustrie auf Düngung, sei es Mineraldünger (Kalium, Schwefel, Magnesium) oder Stickstoff-Dünger, der synthetisch in Fabriken hergestellt wird. Dazu kommen die diversen Keulen aus dem Giftschrank der Chemie, um Unkraut sowie Schädlingen aus dem Tierreich den Garaus zu machen.

Ein weiteres, nicht zu übersehendes Merkmal der industriellen Produktion sind großflächige Strukturen, die auch den Einsatz von großen Maschinen ermöglichen. Teure menschliche Arbeitskraft, in der Ersten Welt sowieso schwer zu finden, entfällt überwiegend. Landgrabbing ist zu einem interessanten Spielfeld für internationale Investoren geworden, die fruchtbares Terrain meist in den äquatornahen Zonen in Asien und Afrika von den betreffenden Regierungen pachten und natürlich intensiv nutzen. »Profit is the name of the game«, gilt hier wie an der Börse oder beim Investmentbanking. Eine Fläche von der Hälfte Europas ist so schon weltweit dem Raubbau ausgeliefert.

Seit Generationen ansässige Kleinbauern stehen dem Treiben natürlich im Wege, werden teils mit Versprechen, teils mit blanker Gewalt vertrieben. Sie landen in den Slums der Städte oder machen sich als Flüchtlinge auf den Weg. Diese Art »Landwirtschaft« findet sich auch vor unserer Haustür, sei es in den neuen Bundesländern oder bei den osteuropäischen Nachbarn. So sind bereits an die 60 Prozent rumänischen Bodens in fremder Hand.

Ein Vorort-Bericht

VON THOMAS DARCHINGER, SCHAUSPIELER
UND INITIATOR VON »GUT, MENSCH«

»Wir waren nach Kenia geschickt worden, um eine Dokumentation über ein Projekt zu drehen, das den ortsansässigen Bauern helfen sollte, eine sichere Zukunft für sich und ihre Nachkommen aufzubauen.

Kenia kannte ich schon von einem Spielfilmdreh. Zwölf Jahre war das her. Ich erinnerte mich an das Land als arm, aber gesegnet mit einer wunderschönen Natur. Mit großartigen Erlebnissen von Tieren in freier Wildbahn. Wer einmal eine Giraffenherde über die Savanne hat galoppieren sehen, weiß, was schön ist. Wie gesagt, es war einige Jahre her, aber vor Allem waren es Erinnerungen an einen Nationalpark gewesen. Jetzt war ich aber auf dem Weg in Richtung Mount Kenya. Kein Nationalpark. Agrargebiet.

Von weitem sieht die Gegend am Äquator wie ein einziger Dschungel aus. Überall Wald. Meint man. In Wirklichkeit ist jeder einzelne Quadratmeter landwirtschaftliche Nutzfläche. Von Kleinbauern, die mit so etwas wie Permakultur ein Fußballfeld-großes Feld bestellen. Große Avocado- und Macadamiabäume beschatten Tee- oder Kaffeestauden. Mein Klischee vom unberührten Dschungel am Äquator fährt hier brachial gegen die Wand. Egal wohin wir fahren: Nirgends, kein einziger Flock unberührte Natur. Entsprechend auch eine Aussage, die mich mehr als überrascht: >Gefährliche Tiere? Doch nicht bei uns! Hier gibt es weder Schlangen noch Affen noch sonst irgendwas. Ein paar Vögel, nicht besonders exotisch, ein paar Katzen und Hunde. Sonst nichts.< Den Dschungel, die Savanne, wie ich sie aus Filmen kenne, gibt es nicht mehr. Und ich denke mir: Gut, wenn Kleinbauern zumindest davon leben können, okay.

Jeder Bauer hat ein kleines Hüttchen, in der er mit seiner Familie lebt. Bescheiden, einfach. Die Menschen, die wir besuchen, sind frohgemut. Im Gegensatz zu ihren Nachbarn sind sie auf Bio umgestiegen. Und >fair trade<. Dank eines idealistischen, deutschen Jung-Unternehmers, der seine Aufgabe darin sieht, mit dem, was er tut, Verantwortung für die Gesellschaft zu übernehmen. Nachhaltig wirtschaften eben. Und das bedeutet natürlich auch, den Bauern in Kenia aus der Zwickmühle zu helfen.

Denn der konventionelle Bauer am Mount Kenya ist abhängig: Er spritzt, vergiftet sich und seine Familie, er bekommt miserable Preise für seine Produkte und gerät so in eine Abhängigkeitsspirale. Denn die Chemie kostet viel Geld. Die Spritzmittel-Hersteller geben den Bauern deswegen auch gerne Kredite. Denn wenn der Bauer den Kredit nicht bedienen kann, wird ihm sein Stück Land abgeknöpft. Eine abgekartete und bösartige Nummer. Denn der einzige Reichtum, den ein kenianischer Bauer hat, ist seine Selbstständigkeit und damit Freiheit. Man hat sie ihnen oft genug schon genommen. Leute wie Matti Spiecker, der engagierte weiße Unternehmer, geben sie ihnen zurück.

Und die Bauern, die dank Mattis LIMBUA wieder frei, gesund und verhältnismäßig (!) wohlhabend sind, lachen. Sie lachen so ansteckend schön, wie es nur das Galoppieren einer Giraffenherde in der Freiheit der Savanne ist. Sie haben alles, was sie brauchen. Das ist nicht viel. Aber es reicht, um sie glücklich zu machen.

Ein paar Kilometer weiter, zurück Richtung Nairobi, die krasseste aller Gegenwelten: riesige Felder von >Monsanto< und >Delmonte<. Früher wurden hier von den Farmern Mais und Reis angebaut. Hin und wieder sieht man das auch noch. Die meisten konventionell, aber immerhin, sie existieren noch.

Aber hier: >Landgrabbing<, Enteignung, Monokultur mit einer brachialen Verwendung von Giftmitteln, mit allen schrecklichen Nachteilen. Die Krebsrate in der Bevölkerung geht durch die Decke, die Leute sind deprimiert, weil ihnen das Einzige genommen wurde, was sie hatten.

Nur weil wir in Europa billige Ananas kaufen wollen, billige Südfrüchte. Egal ob sie Geschmack haben, egal, ob sie gesund sind, egal unter welchen Bedingungen sie produziert wurden und was das für brachiale Konsequenzen für die Einwohner und das Land hat. Besonders scheinheilig und zynisch finde ich, wenn die genannten Konzerne unter großem PR-Gedöns ein Kinderkrankenhaus vor Ort bauen, in dem genau die Krankheiten gelindert werden, deren Verursacher sie selbst sind. Wir lassen es zu. Wir beruhigen unser Gewissen durch Spenden. Und wir geben durch unser Konsumverhalten diesen Konzernen auch noch recht.

Es ist ein Märchen, dass diese Konzerne die Welternährung sichern. Ein Märchen, das wir aber, wie es scheint, nur allzu gerne glauben. Wir müssten diesen Konzernen die Subventionen streichen, sie für ihr Verhalten ächten. Wir sollten ihre Produkte nicht mehr kaufen. Aber wir tun nichts. Wir lassen die modernen Barbaren gewähren. Sie plündern für uns einen Kontinent. Die Böden, die durch die kurzsichtige Anbauweise schnell ausgemergelt sind, und die Menschen. Wir wissen, dass das irgendwann auf uns zurückfallen wird. Schon jetzt wird spürbar, was Flüchtlingsströme mit unserer Gesellschaft machen. Welche Belastung sich für unseren inneren Frieden daraus ergibt.

Wenn die Entwicklung in Afrika aber so weitergeht und die Einheimischen ihrer Lebensgrundlagen beraubt sind, dann werden sie in einem Ausmaß zu uns kommen, das wir uns jetzt noch gar nicht vorstellen können. Sie werden nicht kommen, weil sie unbedingt wollen, sondern weil ihnen gar nichts anderes übrig bleibt. Wir dürfen es nicht so weit kommen lassen.

Wir müssen dringend unsere Politik des Wohlstands auf Kosten anderer radikal ändern. Wir müssen raus aus der Ich-Gesellschaft, in der sich jeder nur um sein individuelles Fortkommen kümmert. Hinein in eine Wir-Gesellschaft, in der wir Verantwortung für das große Ganze übernehmen. Nicht nur aus Menschenliebe. Auch aus Vernunft. Es wird uns weiterbringen. Davon bin ich überzeugt.«

Dem Modell des konventionellen, agrarindustriellen Komplexes stehen die Verfechter einer kleinteiligen, naturnahen Erzeugung von Nahrungsmitteln gegenüber. Ein Vertreter der Bio-Bauern ist Felix zu Löwenstein, der den Gutshof Habitzheim in Hessen betreibt. »Wir brauchen ein System, das die Nährstoffe im Kreislauf hält. Das, was wir in die Nutzpflanze stecken, soll wieder in den Boden zurückgeführt werden, um diesen auf Dauer in gutem Zustand verfügbar zu halten. Kunstdünger ist zwar hochproduktiv, aber wenig effizient. Bei 160 Kilogramm eingebrachtem Stickstoff kommen bis zu 100 Kilogramm gar nicht in den Pflanzen an. Die gehen als Nitrat ins Grundwasser, als Stickoxid in die Atmosphäre und über das Oberflächenwasser in die Flüsse und gelangen so bis in die Meere.« Für ihn stellt sich die Frage, ob man mit dieser Methode 10 Milliarden Menschen wird ernähren können, gar nicht. Zu Löwenstein: »Bei zehn Milliarden reden wir über die zweite Hälfte des Jahrhunderts und wir müssen ja auch in Zukunft noch Landwirtschaft betreiben können und nicht nur in einem großen Produktivitätsfeuerwerk alle Ressourcen abfackeln.«

Der weltweite Konsum von Fleisch hat sich in den letzten 50 Jahren verdoppelt. 70 Prozent der landwirtschaftlich nutzbaren Flächen dienen als Weideland oder als Anbaufläche für Tierfutter. 18 Prozent der menschengemachten Treibhausgase stammen laut

FAO aus der fleischproduzierenden Landwirtschaft und deren Kollateralschäden.

Jeder Deutsche verdrückt in seinem Raubtierleben 30 Schweine, zwei Rinder und 400 Hühner. Das ist nicht nur belastend für den Planeten – den es zu schützen gilt –, sondern auch für den Fleischfresser selbst. Fettleibigkeit, Bluthochdruck, Diabetes sind die Folgen. Laut Deutscher Gesellschaft für Ernährung sollte man im Rahmen einer vollwertigen Ernährung nicht mehr als 300–600 Gramm Fleisch und Wurst pro Woche essen. Das wären 100 Gramm pro Tag – die Menge eines Frankfurter Würstchens.

Bio-Bauer Karl Schweißfurth von den Herrmannsdorfer Landwerkstätten in Bayern setzt bei der Fleischproduktion auf artgerechte Tierhaltung: »Wir nennen das die große Symbiose. Dabei tummeln sich Hühner, Schweine und Kühe auf großzügigen Grünflächen. Die Hühner werden regelmäßig in mobilen Ställen umgesetzt.« Schweißfurth: »Ich bin gar kein Freund von Extensivierung. Wir sollten unsere begrenzte landwirtschaftliche Fläche auch sinnvoll – in dem Sinne >intensiv< – nutzen.« Die Hühner auf seinem Hof sind Masttiere, eine Kreuzung aus zwei alten Rassen. Sie können Eier legen und Fleisch ansetzen. Ganz anders als in der Eier- oder Hühnchen-Industrie. Hier sind Hybriden, im Einsatz, die entweder im Akkord Eier legen oder Fleisch ansetzen, um nach kurzen, freudlosen 6 Wochen in Käfig- oder Bodenhaltung getötet zu werden. Die einen landen – ausgelaugte Haut und Knochen – im Suppentopf, die anderen als portionierte Brust und Keule in Folie hübsch verpackt in der Tiefkühltruhe von Aldi, für schlappe 2,69 Euro. Der Rest geht nach Afrika, wo er die lokalen Hühnerzüchter in den Ruin treibt.

Herrmannsdorfer Sauen, die im Freien wühlen und sich mit Artgenossen suhlen können, haben richtig Schwein gehabt. Ganz im Gegensatz zu ihren Artgenossen, die zu Millionen in deutschen Mastfabriken darben. O,75 Quadratmeter wird ihnen als Lebensraum zugestanden. Darauf können sie gerade noch liegen und auf wunden Klauen stehen. Daran hat auch die Werbeaktion »Tierwohl« nicht viel geändert. Bei den Ferkeln heißt es weiter gleich nach der Geburt »Schwanz ab«, Eber werden kastriert, Muttersauen in enge Abferkel-Boxen separiert.

Kleiner Einschub zum Nachdenken:

Künstliche Intelligenzen haben das Ruder übernommen und betrachten die Spezies Mensch mit kühlen Algorithmen als Nutzwesen. Was werden die sich wohl mit uns alles einfallen lassen?

```
Fleisch von Herrmannsdorfer kostet das
4- bis 5-Fache der Massenware. Es schmeckt
besser und schmurgelt in der Pfanne nicht
auf zwei Drittel seiner Ursprungsgröße
zusammen. Eingedenk unserer Kenntnisse über
Tierhaltung und Umwelt, was sagt uns das als
Konsument? Wenn es Fleisch sein soll, dann
so! Wenn die Haushaltskasse begrenzt ist,
dann eben nur einmal die Woche. Qualität
und das rechte Maß sind das Ziel.
Merke: Wenn alle Menschen so viel Fleisch
essen würden wie wir Europäer, bräuchte es
die Ressourcen von drei Erden. Die gibt es
aber nicht!
```

Zur Abschreckung ein Gespräch mit Mr. Bangaruswami Soundararajan von der Suguna Chicken Company in Tamil Nadu, Indien (aus dem bereits zitierten WDR-Dokumentarfilm *10 Milliarden*): »Wir produzieren sieben Millionen Hühnchen pro Woche. Damit sind wir weltweit an zehnter Stelle. In Indien sind wir Nummer eins. Wir wachsen jedes Jahr um 20 Prozent. Aber in Indien ist der

Fleischverbrauch mit 4,5 Kilogramm immer noch sehr niedrig. Die Amerikaner essen 65 Kilogramm. Wir haben noch einen weiten Weg vor uns. Die Nachfrage steigt und steigt. Ich hoffe, dieses Wachstum setzt sich in den nächsten 25 Jahren fort.« Sollte der unternehmungslustige Mr. Soundararajan recht behalten, ergibt die optimistische Prognose für sein Unternehmen im Jahre 2042 einen Chicken-Ausstoß von 20 Billionen Curry-Beigaben. Nicht zu vergessen die weiteren Unternehmen auf der Hühnchen-Bestenliste, die in dieser Zeit sicher auch nicht ruhen und ihren Platz mit Schnabel und Klauen verteidigen werden.

Dieser gute Mann – zweifellos ein glühender Unternehmer – tickt genau wie ein Investmentbanker in der Frankfurter oder Londoner City! Genau wie alle armen »Profit is the name of the game«-Seelen, die sich der Teufel schon auf Erden geschnappt hat. Auf sie wartet Luzifer in seinem Aufnahmelager bereits. Also zur HÖLLE mit ihnen!

Die Zukunft ist längst Gegenwart

Kein Krümel Muttererde kommt in die hermetisch abgeschirmte Pflanzenfabrik Spread Inc in Kyoto, Japan. »Das ist ein unkontrollierbares Medium, in dem Bakterien wachsen«, sagt Professor Haruhiko Murase von der Universität Osaka (aus *10 Milliarden*). Shinji Inada, Direktor der Fabrik, ergänzt: »Unsere Pflanzenprodukte sind unübertroffen. Die Produktivität ist 100-mal so groß wie beim Feldanbau. Dort kann man nur ein- bis zweimal im Jahr ernten. Bei uns neunmal. Außerdem bauen wir auf bis zu 16 Etagen an.«

In Japan ist die Landwirtschaft in der Stadt der letzte Schrei. Während das erdnahe urban Gardening in Berlin-Mitte fröhliche alternative Urständ feiert, sind die Söhne Nippons auf den Dächern von Supermärkten mitten in den Stadtzentren der Millionenmetropolen mit ihren Salatköpfen, Gurken und Tomaten zugange.

AeroFarms aus New Jersey mit einem ähnlichen Fabrikhallen-Konzept verlautbart:»Hier geht es nicht um ein Nischenprodukt. Hier geht es um wetterunabhängige Massenversorgung.« Gewächshochhäuser gleich in der Nähe des Verbrauchers. Vertical Farming. Dabei muss das Zusammenspiel aus Licht, Luftfeuchtigkeit und Nährstoffen perfektioniert werden.

Daran werkelt auch das Deutsche Zentrum für Luft- und Raumfahrt in Berlin. Projektleiter Conrad Zeidler:»Die Pflanzen werden unter optimalen Bedingungen gezüchtet. Unser Salat oder die Tomaten werden sich im Aussehen und Geschmack nicht von herkömmlicher Ware unterscheiden.«

Beim Aqua Advantage wird ein Gen des Pazifischen Lachses in das Genom des Atlantischen Lachses eingefügt. Ronald Stotish von der kanadischen Firma AquaBounty:»In der gleichen Umgebung, mit dem gleichen Futter und in der gleichen Zeit werden die Fische jetzt fünf- bis sechsmal so groß. Was wir machen, ist wichtig. Wir schaffen einen Mehrwert, der im Laufe der Geschichte als Beitrag zur globalen Ernährungssicherung angesehen werden wird. Es geht also nicht nur um einen Fisch, es geht um die Ernährung der Zukunft.« Er vergisst: Lachse sind Fleischfresser und brauchen viel tierisches Eiweiß in Form von Fischmehl. Wo soll das herkommen? Die Weltmeere sind schon fast leer gefischt.

An der Universität Maastricht geht es bei Professor Mark Post um Rindfleisch. Nein, nicht von der Kuh. Die braucht er nicht mehr. »Es ist sehr einfach. Wir entnehmen durch eine kleine Spritze der Kuh einige Stammzellen, die sich in einem Behälter teilen. Aus einer Stammzelle können wir einige Milliarden andere Stammzellen erzeugen und daraus 10 000 Kilogramm Fleisch herstellen. Wir sind viel effizienter als eine Kuh.« Noch ist das Ganze sehr teuer, aber in 10–15 Jahren soll es billiger als normales Fleisch sein. Am Geschmack wird noch gearbeitet.

Die Umwelt-Bilanz ist jedenfalls überzeugend: 70 Prozent weniger Energie und Nährstoffe, 90 Prozent weniger Ackerfläche und Wasser. Wenn das stimmt, haben wir ein Problem weniger. Ansonsten schicken wir den Herrn Professor samt seinen Stammzellen in die HÖLLE.

FORDERUNGEN

- Schluss mit der Konzentration des agrarindustriellen Komplexes in immer weniger Konzernen, die einen Großteil des Marktes von Saatgut, Dünger und Pestiziden monopolartig kontrollieren.
- Stopp und Rückführung des Landgrabbings. Landreformen in den betroffenen Staaten (Brasilien, Rumänien, Indonesien, Kambodscha etc.), wobei auch einheimische Großgrundbesitzer (siehe Herrn Maggi, den Soja-Baron in Brasilien) Federn lassen müssen.
- Förderung der Kleinbauern und mittlerer Betriebe, um eine nachhaltige Bewirtschaftung des Bodens sowie der weiteren Ressourcen wie Wasser und Luft sicherzustellen. Subventionen müssen zurückgefahren werden und dürfen sich nicht mehr nur an der Fläche des bewirtschafteten Landes orientieren.
- Verbot der Massentierhaltung. Das Tierwohl, das sich an einer artgerechten Haltung orientiert, steht im Vordergrund. Tiertransporte und Schlachtung werden streng kontrolliert und sanktioniert. Die daraus resultierenden höheren Verbraucherpreise werden ein bewussteres Konsumverhalten bewirken. Lebensmittel als Mittel zum Leben bekommen so wieder einen höheren Stellenwert.

- Klarer Schutz und Förderung der Biodiversität, die durch die Landwirtschaft
  (größter Flächen- und Wasserverbraucher)
  dramatisch bedroht ist. Bauern sollen
  auch als Naturpfleger eingesetzt werden
  (was sie in der industriellen Agrar-
  wirtschaft nicht mehr sein können).
  Ein Grund-Einkommen – auch wörtlich zu
  verstehen – als Existenzsicherung kann
  aus dem Subventions-Topf abgezweigt oder
  draufgelegt werden.
- Schluss mit der Konzentration in der
  Lebensmittelindustrie. Aufteilung beste-
  hender Megakonzerne nach Produktgruppen/
  Rohstoffen, Reduzierung des Sorti-
  ments (170 000 Produkte sind eine völlige
  Entartung innerhalb einer unverantwortlich
  betriebenen »freien« Marktwirtschaft).
- Und wenn wir schon dabei sind: Zucker, in
  industriellem Maßstab bei Genussmitteln
  eingesetzt, wird drastisch reduziert
  (siehe Coca-Cola und Red Bull).

Herr Dalkowski ist da sicher unserer Meinung.

Schon vor über 100 Jahren sagte der französische Chemiker Marcelin Berthelot voraus, dass in naher Zukunft das Essen aus Tabletten bestehen wird. Astronauten-Nahrung für die Besatzung des Raumschiffs Erde. Die Techniker der Lebensmittelindustrie arbeiten an billigen Zusatz- und Hilfsstoffen sowie Aromen. Die Versorgung der Allgemeinbevölkerung, also der großen Masse der Verbraucher, ist bereits zu einem lohnenden Geschäftsfeld geworden. Sieben Konzerne, darunter Nestlé, Kraft Heinz, Unilever, Danone, entscheiden bereits jetzt mit, was Milliarden Menschen essen werden.

Diese Erzeugnisse haben mit herkömmlichen Lebensmitteln nicht mehr viel zu tun. Es sind Stoffkombinationen, die aus chemischen Verbindungen zusammengerührt werden. »Ultraverarbeitete Nahrung« nennen das die Fachleute. Eindeutig ein Lebensmittelersatz, der oft 100 Prozent mehr Zucker sowie deutlich mehr Fett und Salz enthält. Es kann davon ausgegangen werden, dass die jeweilige Dosis unseren Stoffwechsel auf Dauer überfordert.

Damit Ihnen das Wasser im Munde zusammenläuft, ein kleiner Auszug aus der Labor-Speisekarte: Antioxidationsmittel, Stabilisatoren, Konservierungsstoffe, Laktose, Molke, Gluten, Maltodextrin, Invertzucker. Dazu noch Mineralstoffe und Vitamine, die sich aufs Feinste mit Farbstoffen, Geschmacksverstärkern, synthetischen Süßstoffen, Feuchthaltemitteln und Emulgatoren ergänzen.

Daraus entstehen verlockende Produkte, denen Millionen verführbare Mitmenschen nicht widerstehen können: Tiefkühlpizzen, Eiscreme, Fertiggerichte aller Art, Brot, Kuchen, Fruchtjoghurts (gern auch mit Sägemehl), Energydrinks, Fischnuggets oder Snacks. Pfui Teufel! Das Zeug wird nicht einmal in der HÖLLE serviert.

»America first« trifft auch beim Vertilgen dieser Kalorienbomben zu. Chicken-Nuggets (unser indischer Hühner-Entrepreneur wird es mit Entzücken registrieren), eingeschweißte Donuts und andere ultraverarbeitete Magenfüllmasse decken bereits 60 Prozent der aufgenommenen Kalorien – 90 Prozent des Zuckerkonsums. Je mehr von dem Zeug, desto übergewichtiger. Auch wir Deutschen sind gut dabei. Jeder vierte Erwachsene ist so übergewichtig, dass es seiner Gesundheit schadet (Robert-Koch-Institut).

Merke: Zum ersten Mal in der Geschichte der Menschheit gibt es mehr fettleibige als untergewichtige Erdenbürger.

ZUR HÖLLE MIT UNS.

Luzifer wartet mit einem teuflischen Diät- und Fitnessprogramm. Die Betriebstemperaturen seines Studios lassen das Fett schmelzen wie Butter in der sommerlichen Mittagssonne.

DEUS EX MACHINA

Es sieht so aus, als kommen wir Menschen mit unserem eigenen Tempo nicht mehr mit. Die Grundregel von stetig zunehmender Freiheit in einem vernetzten, digitalisierten Kommunikations-Universum samt wachsendem Wohlstand stößt an unsere biologischen Grenzen. Wir sind nun mal zuallererst Säugetiere und Kinder einer langsam voranschreitenden Evolution. Die hat sich für die einzelnen Schritte bisher viel Zeit gelassen. Sehr viel Zeit. Heute verbleiben nur noch Jahre, Monate, um uns Umbrüchen und Verwerfungen anzupassen. Sind wir gerade dabei, das World Wide Web mit seinen Vorzügen und Gefahren zu durchschauen, zwingen uns schon die Versuchungen des Smartphones in Abhängigkeiten, die Suchtcharakter haben. Jeder redet mit, unabhängig von Ort und Zeit. Jeder ist wichtig, jeder ist informiert. Kurz, knapp, WhatsApp. What's wrong?

Wir werden eingesogen in einen breiten Datenstrom, der als ziemlich seichtes Gewässer unterwegs ist.

Die künstliche Intelligenz, KI, lange Zeit verbannt in das Reich der Science-Fiction, wird die dominierende Technologie werden. Wie bei jeder bahnbrechenden Innovation locken Neugierde und die Vorteile, die Gewinnstreben und Komfortzonen bedienen. Missbrauch und bedrohliche Folgen mit eingeschlossen.

In seinem fabelhaften Buch *Homo Deus* beschreibt der Autor Yuval Noah Harari die Datenreligion des »Dataismus«: »Dem Dataismus zufolge besteht das Universum aus Datenströmen, und der Wert des Phänomens oder jedes Wesens bemisst sich nach seinem Beitrag zur Datenverarbeitung. Entstanden ist der Dataismus aus dem rapiden Zusammenfluss zweier wissenschaftlicher Flutwellen.« Biochemische Algorithmen treffen auf elektronische Algorithmen. Für beide gelten die gleichen mathematischen Gesetze. Harari: »Damit reißt der Dataismus die Grenze zwischen Menschen und Maschinen ein und geht davon aus, dass elektronische Algorithmen irgendwann biochemische Algorithmen entschlüsseln und hinter sich lassen werden.«

Bewusstsein? Gefühle – aus dem Bauch oder sonst woher? Intuition? Kreativität? Empathie? Trauer? Glück und Freude? Aggression, Wut und Empörung? Alles obsolet, wie Donald Trump in seiner unnachahmlichen Art sagen würde.

Harari: »Der Dataismus nimmt gegenüber der Menschheit eine streng funktionale Haltung ein. Und bemisst den Wert menschlicher Erfahrungen allein nach ihrer Funktion in Datenverarbeitungsmechanismen.«

Wäre das nicht eine schöne neue Welt? Den Chef des Dataismus haben wir ja schon kennengelernt. Big Daddy. Sie erinnern sich? Als Ausklang dieses hilfreichen Buches wird er Ihnen auch noch einmal begegnen. Aber Vorsicht: Mit Ironie und heiterer Gelassenheit hat er es nicht so. Da tut sich sein selbstlernender Superalgorithmus noch etwas schwer. Aber er arbeitet daran. Tag und Nacht.

Seit geraumer Zeit übertragen die Menschen immer mehr Dienstleistungen an »Dritte«. Waren es ganz früher noch dampfgetriebene, dann automatisierte Maschinen, folgten darauf die hilfreichen Bits der Digitalisierung. Das schichtete zwar jeweils die Gesellschaft etwas um und vernichtete Arbeitsplätze, aber so richtig ans Eingemachte ging es bisher nicht. Bis jetzt.

»Deep Learning« ist die Zauberformel und hat so gar nichts mit einer Nachhilfestunde im Schlaflabor zu tun.

Bei dieser speziellen Methodik wird mit künstlichen neuronalen Netzen das menschliche Gehirn simuliert. Das ist eine fundamental andere Art, Computer zu programmieren. Also der Idealfall für einen coolen Programmierer, der in Santa Monica schnell einmal zum Surfen gehen will. Statt der Maschine immer genau zu sagen, wo es langgeht, zeigt er ihr Beispiele, trainiert sie und sie lernt daraus. Tag und Nacht, solange Strom aus der Steckdose fließt. So wurde nicht nur der Go-Meister aus Südkorea bezwungen, sondern auch Bach-Choräle komponiert, die Fachleute ohne Zögern dem deutschen Komponisten zuschrieben.

Maschinen sollen lernen, was die Konsequenz einer Handlung ist. So wie Menschenbabys irgendwann lernen, dass Objekte zu Boden fallen, wenn man sie loslässt. Die Schwerkraft haben sie damit noch nicht verstanden.

Für die Deep-Learning-Hexenmeister sind Babys gute Vorbilder, die zeigen, wie sich menschliche Intelligenz entwickelt und immer besser darin wird, eine Situation zu analysieren und daraus abzuleiten, was als Nächstes passiert. Die Forschung will unser Gehirn mit dem Ziel nachbauen, dass sich die Algorithmen ganz von alleine zur Superintelligenz verbessern. Als Zwischenstation könnten wir unser Großhirn noch über ein Interface mit einer externen Software in der allumfassenden Wissens-Cloud verknüpfen. Das ist aber nur eine behelfsmäßige Krücke, mit der wir mit den Maschinen-Strebern sicher nicht lange Schritt halten können.

Kai Strittmatter, Korrespondent der *Süddeutschen Zeitung* in Beijing, hat der Zukunft im Reich der Mitte in das kalte digitale Auge geschaut.

Schuld und Sühne

Was George Orwell in seinem Buch »1984« noch nicht zu Ende denken wollte, wird in China jetzt Realität: Mit Big Data, Social Media und einem digitalen Punktesystem wird der brave neue Mensch geformt.

Es ist doch ganz einfach, sagt der Pekinger Professor. »Es gibt gute Menschen, und es gibt schlechte Menschen. Nun stell dir eine Welt vor, in der die Guten belohnt und die Schlechten bestraft werden.« Eine Welt, in der der eine stets den Vortritt hat, weil er Vater und Mutter ehrt, immer über den Zebrastreifen geht und alle seine Rechnungen bezahlt. In der ein solcher Mensch im Zug ein Bett in der »Weich schlafen«-Klasse kaufen darf und bei der Bank Kredit bekommt, der andere aber nicht: der Nachbar, der bei der Hochschulaufnahmeprüfung geschummelt hat, der raubkopierte Filme herunterlädt und dessen Frau trotz Zwei-Kind-Politik gerade ein vom Staat unerwünschtes Kind zur Welt gebracht hat. Eine Welt, in der ein allwissender und allsehender digitaler Mechanismus mehr weiß über dich als du selbst. Ein Mechanismus, der dir dabei helfen kann, dich zu bessern, weil er dir zu jedem Zeitpunkt genau sagt, was du tun kannst, um doch noch ein Ehrlicher, ein Vertrauenswürdiger zu werden. Sag, wäre das nicht eine gerechte, eine harmonische Welt?

Ehrlichkeit. In Shanghai gibt es dafür jetzt eine App. »Ehrliches Shanghai«. Du lädst sie herunter. Dann meldest du dich an. Die App scannt dein Gesicht. Erkennt dich. Und ruft die Daten ab. Im Moment können sie pro Bürger exakt 5198 Einzelinformationen von insgesamt 97 Ämtern und Behörden liefern, teilt die Shanghaier Kommission für Wirtschaft und Information mit. Das ist die Behörde, bei der die Daten zusammenlaufen; sie hat die App vorgestellt. Stromrechnung bezahlt? Blut gespendet? Aber mit den Steuern im Rückstand? Schwarz mit der U-Bahn gefahren? Die App speist dein Handeln ein. Rechnet. Und spuckt das Resultat deiner Einträge aus: Gut. Ohne Kommentar. Oder schlecht. Und wenn du ein guter Shanghaier bist, darfst du jetzt zum Beispiel in den städtischen Bibliotheken Bücher ausleihen, ohne die sonst obligatorischen 100 Yuan Kaution zu hinterlegen.

Die App ist eine Spielerei, freiwillig. Die Teilnahme am System, das dahintersteht, ist es nicht. »System für soziale Vertrauenswürdigkeit«, so heißt es offiziell. Jener digitale Mechanismus, der in ganz China für jeden einzelnen Bürger bis zum Jahr 2020 Wirklichkeit werden soll. In Shanghai erfasst er schon jetzt jeden einzelnen Bürger. Shao Zhiqing von der Wirtschafts- und Informationskommission legt Wert auf die Feststellung, dass es nicht seine Behörde ist, welche die Menschen bewerte. Das, sagt er, machten die Drittanbieter, denen sie die Daten nur weiterreichen. Die Algorithmen bewerten, entscheiden über gut oder schlecht. Das System, das die Daten liefert, werde China allerdings ohne jeden Zweifel verändern. »Erst einmal geht es uns um die Frage: Bist du ein vertrauenswürdiger Mensch?«, sagt Shao. »Es geht um die Ordnung des Marktes. Und letztlich geht es um nicht weniger als um die Ordnung der Gesellschaft.«

Später, im Städtchen Rongcheng, wird ein Beamter sagen: »Wir wollen die Menschen zivilisieren.« Es geht, einmal mehr in China, auch um den neuen Menschen.

Aufgepasst: China. Da geschieht gerade Großes. Gab's noch nie. Gibt's noch nirgends. Professor Zhang Zheng in Peking ist guter Laune. Aufgeregt gar. Warum lernen wir nicht einfach den Menschen besser kennen? Nicht nur sein Gestern und sein Heute, wie wir das bislang zu tun pflegten. »Wichtiger ist doch, uns sein Morgen anzusehen.« Sein Morgen? Sein zukünftiges Handeln. Das System soll sie ausmachen, die schlechten Menschen, die schlechten Unternehmen, die schlechten Beamten, die Vertrauensbrecher. Und von ihrem schädlichen Tun abhalten. So nennt sie das System: Vertrauensbrecher. Im Kern, sagt der Professor, gehe es um eben das, um Vertrauen.

China probiert gerade etwas komplett Neues. Eine Gesellschaft, wie sie die Welt so noch nicht gesehen hat. Eine Diktatur, die sich digital neu erfindet. Die den Menschen bis in den letzten Winkel seines Gehirns durchleuchtet. Mithilfe von Big Data. Und ihn dann bewertet, nach Wohlverhalten, und zwar mithilfe von Computerprogrammen, in jedem Augenblick seines Daseins. Ein jeder Bürger erhält einen Bewertungsstempel aufgedrückt, der seine neue Identität wird, der letztlich über seine Teilhabe am Alltagsleben und über seinen Zugang zu gesellschaftlichen Ressourcen entscheidet.

Der Professor lehrt Wirtschaft. Nicht irgendwo. Zhang Zheng ist Dekan der ökonomischen Fakultät an der Peking-Universität, Chinas berühmtester Hochschule. Er ist auch Parteisekretär der Fakultät, aber da braucht man sich jetzt keinen verknöcherten Ideologen vorzustellen. Zhang Zheng reist viel, Japan, USA, er kennt die Welt, er ist neugierig, geschmeidig, mitunter auch kritisch. In Deutschland, sagt er, habe man doch auch ein Auskunftssystem, mit dem Banken und Unternehmen die Kreditwürdigkeit eines Antragstellers überprüfen. Die Schufa? Stimmt, Schufa, sagt er. Jetzt stellen Sie sich eine Schufa vor, bloß größer. Also viel größer. Eigentlich: allumfassend. »Natürlich ist Ihr Umgang mit Geld wichtig. Also, ob Sie Ihre Schulden pünktlich bezahlen.«

Zhang blickt den Reporter an: »Wie Sie aber Ihre Eltern behandeln und Ihren Ehepartner, all Ihr soziales Handeln, ob und wie Sie moralische Regeln einhalten – sagt das nicht auch Entscheidendes aus über Ihre Vertrauenswürdigkeit?«

Rongcheng, sagt der Professor dann. »Rongcheng. In der Provinz Shandong. Fabelhaft.« Eine kleine Stadt an Chinas Ostküste. 670 000 Einwohner. Ein Schwanenreservat. Ein Atomkraftwerk. Ein Amt für Ehrlichkeit. Ein Amt für was? »Das Amt für Ehrlichkeit in Rongcheng. Fahren Sie hin. Schauen Sie sich das mal an. Pioniere sind das.«

Chinas Morgen, hier wird es schon einmal geprobt. Rongcheng ist ein Pilotprojekt, eines von drei Dutzend in China. Hier versuchen sie sich am ehrlichen Menschen. »Das muss erst einmal in die Leute hineinsinken, was wir hier tun«, sagt in Rongcheng Direktor Huang Chunhui. Sein Amt heißt übrigens nicht mehr Amt für Ehrlichkeit. »Das klang uns später doch ein wenig zu vage«, sagt der Direktor. Sie sind nun das »Amt für Kreditwürdigkeit«, sie arbeiten am System. Direktor Huang nimmt ein Blatt, zeichnet ein Ei, kappt mit dem Stift die Spitze und den Boden. Das sei die Gesellschaft, sagt er. Oben an der Spitze die Musterbürger. »Unten am Boden die, die wir erziehen müssen.«

Dann erklärt er das System. Jedes Unternehmen und jeder Bürger in China nimmt teil. Jeder wird bewertet. Jederzeit. Dafür erhält er ein Punktekonto. In Rongcheng etwa startet einer mit 1000 Punkten. Dann kann er sich verbessern. Oder verschlechtern. Wird hochgestuft oder abgewertet. Du kannst ein AAA-Bürger sein (»Vorbild an Ehrlichkeit«, mehr als 1050 Punkte). Oder ein AA (»Ausgezeichnete Ehrlichkeit«). Du kannst aber auch abrutschen zu einem C mit unter 849 Punkten, »Warnstufe«. Oder gar zu einem D mit weniger als 599 Punkten, also »unehrlich«. In dem Fall kommt dein Name auf eine schwarze Liste, die Öffentlichkeit wird informiert, du wirst zum »Objekt signifikanter Überwachung«. So steht es im Handbuch der »Verwaltungsmaßnahmen zur Vertrauenswürdigkeit natürlicher Personen« der Stadtverwaltung Rongcheng.

Was für einer sind Sie denn, Herr Direktor? »Hm«, sagt er. »Das letzte Mal, als ich nachgeschaut habe, war ich, glaube ich, AAA.« Er kramt in seiner Geldbörse, zieht eine Plastikkarte hervor. »Hier, der Ausweis für unser öffentliches Fahrradleihsystem. Als AAA brauche ich keine Kaution zu hinterlegen und darf eineinhalb Stunden am Stück kostenlos radeln.« Einer seiner Untergebenen eilt zu Hilfe, zitiert aus dem Gründungsdokument des Systems aus dem Jahr 2014: »Die Vertrauenswürdigen sollen frei unter dem Himmel umherschweifen können, den Vertrauensbrechern aber soll kein einziger Schritt mehr möglich sein.« Der Direktor nickt.

Warum China? »Unsere Gesellschaft ist noch unreif, unser Markt chaotisch«, sagt Professor Zhang Zheng. Er nennt Landflucht und schnelle Verstädterung, die sozialen und wirtschaftlichen Umwälzungen der letzten Jahrzehnte. Tatsächlich steckt China in einer Vertrauenskrise. Jeder misstraut jedem. »Der Ehrliche ist der Dumme«, so beschrieb Wang Junxiu vor vier Jahren die Stimmung im Land, Wang war einer der Autoren eines Berichtes der Chinesischen Akademie für Sozialwissenschaften (CASS) über den »Seelenzustand der chinesischen Gesellschaft«.

Manche verorten die Wurzeln des allgegenwärtigen Misstrauens in den Politkampagnen der Vergangenheit, allen voran in der Kulturrevolution, die im Namen des Messias Mao Zedong jeden gegen jeden hetzte: Kinder gegen ihre Eltern, Frauen gegen ihre Männer. CASS-Autor Wang zeigte mit dem Finger aber auch auf die Gegenwart: »Betrüger werden nicht zur Rechenschaft gezogen, die Staatsmacht selbst verletzt das Gemeinwohl.«

Der CASS-Bericht stellte fest, der Gesellschaft fehle ein Schiedsrichter, der Fairness garantiert. Und schlug als Lösung den Ausbau des Rechtsstaates vor. 2013 war ein Jahr, in dem solche offenen Worte noch möglich waren. Das Jahr, in dem im Netz der Aufsatz eines bekannten Pekinger Soziologen herumgereicht wurde, in dem es hieß: »Ein Land, in dem selbst Lehrer und Mönche korrupt sind, ist bis in den Kern verrottet.«

Es war aber auch das Jahr, in dem der neue Partei- und Staatschef Xi Jinping sein Amt aufnahm. Xi erkannte die Herausforderung: ein kompletter Vertrauensverlust, der die Herrschaft der KP zu untergraben droht, zugleich einem verträglichen Ausbau des Marktes in China im Wege steht und ein fortgesetztes Wirtschaftswachstum gefährdet. Giftige Lebensmittel, verseuchte Umwelt, Pfusch am Bau – in Chinas Wildwest-Kapitalismus rechtfertigt der Profit noch immer fast jede Schandtat.

Zum Rechtsstaat allerdings hat der Staatschef ein eigenes Verhältnis: Er schätzt ihn vor allem als »Griff des Messers in der Hand der Partei«. Eine unabhängige Justiz ist seine Sache nicht. Er begegnete der Herausforderung auf andere Art. Unter Xi hat die Repression zugenommen. Er predigt mehr Moral, mal mit Mao, mal mit Konfuzius, und er setzt auf noch mehr Kontrolle und Überwachung.

Das »System der sozialen Verantwortung« kombiniert beides – und baut den Turbolader ein: Big Data. Bis 2020 soll das System in den Grundzügen landesweit arbeiten. »Lug und Trug« soll es ausmerzen, heißt es im Grundlagenpapier von 2014, »die Ehrlichkeit und Qualität der Nation steigern«, eine »harmonische sozialistische Gesellschaft« befördern.

Klar, das funktioniert, sagt Rektor Huang in Rongcheng. Er fängt an bei den roten Ampeln: Die waren vielen Autofahrern früher egal, schulterzuckend fuhren sie drüber, schulterzuckend bezahlten sie ihre Strafzettel. »Das wagt jetzt keiner mehr. Weil sie in ihrer Bewertung abrutschen würden.« Nachfrage, auf der Straße. Die ersten beiden Rongchenger haben von »sozialer Vertrauenswürdigkeit« noch nie gehört. »Wie soll das heißen?« Wissen Sie denn nicht, dass Ihr ganzes Leben längst vom System gesammelt und ausgewertet wird? »Im Ernst?«, sagt der Dritte . »Aber jetzt, wo Sie es sagen: Die Verkehrsregeln werden strenger überwacht. Deshalb fahre ich auch so langsam. Ich finde das richtig. Eine vertrauenswürdige Gesellschaft ist doch gut.«

Das Viertel Morgenröte, einen Steinwurf nur vom Amt für Kreditwürdigkeit entfernt. Gepflegter Rasen, neue Apartmentblocks für 5000 Familien, insgesamt 12000 Einwohner. Vor den Häusern parken VWs, Toyotas, der eine oder andere BMW, so lebt Chinas neue Mittelschicht. »Früher kannten die Leute keine Grenzen«, sagt Parteisekretär Dong Jiangang. »Jetzt ist die Moral zurückgekehrt.« Er muss das wohl sagen, als Parteisekretär. »Wir errichten eine ehrliche Nachbarschaft«, sagt er und deutet auf eine große Tafel, an der jeder vorbeimuss. »Hier listen wir die Vertrauensbrecher auf.«

Also. Frau Wang hat ihren Hund einen Haufen auf den Rasen setzen lassen. Macht 5 Punkte Abzug.

Herr Sun hat im Winter Wasser vor die Tür gekippt, das dann zu Eis gefror. 5 Minuspunkte.

»Die schämen sich bestimmt«, sagt Parteisekretär Dong. »Aber so ist das eben. Schauen Sie mal hier.« Jetzt lächelt er.

Herr Zhou hat einem alten Ehepaar beim Umzug geholfen. 5 Pluspunkte.

Herr Li hat einen Kalligrafie-Kurs gegeben. 5 Pluspunkte.

Familie Yu hat ihren Keller zum gemeinschaftlichen Singen roter Lieder aus der Revolutionszeit zur Verfügung gestellt. 5 Pluspunkte.

Pluspunkte sammelt, wer Schnee schaufelt, mit den Alten zum Arzt geht, den Jungen beim Lernen hilft.

Sekretär Dong kommt zu seinen Stars. Das sind die mit mehr als 1000 Punkten, die eine Auszeichnung verliehen bekommen haben: »Ehrlichkeitsvorbildfamilie«. Der alte Qin Zhiye ist so ein Vorzeigebürger. 64, im Ruhestand, Parteimitglied. Er bittet die Gäste auf das Sofa seiner neuen Wohnung, das er sorgfältig mit einer gesteppten Decke abgedeckt hat, man sitzt auf rosa Rosen. Qin lebt seit sieben Jahren in der Siedlung Morgenröte: »Ich habe hier ein Gefühl für jeden Grashalm und jeden Baum.« Natürlich habe sich das Zusammenleben durch das System verbessert, sagt er. »Wenn du viele Minuspunkte hast, dann tuscheln jetzt die anderen über dich: Guck mal, der da, das ist ein B. Oder ein C. Das packt dich bei der Ehre. Manchmal reicht es schon, wenn wir die Leute warnen: Du, wir stufen dich runter. Dann erschrecken sie.«

Sie haben die ganze Siedlung in »Zellen« eingeteilt, 400 Familien bilden eine Einheit. »Die achten dann aufeinander«, sagt Sekretär Dong. »Da haben wir Leute, die inspizieren ihren Häuserblock, die befragen andere, die machen Fotos und Videos von Missetaten.« Das Zellenraster soll im ganzen Land eingeführt werden. Solche Systeme haben Tradition in China. Schon Fürstenberater Shang Yang, der die Grundlage für Chinas Reichseinigung und damit für die Herrschaft des ersten Kaisers lieferte, ließ das Volk in Gruppen von fünf bis zehn Familien einteilen. Das war im 4. Jahrhundert vor Christus. Die Menschen überwachten und denunzierten einander gegenseitig; beging einer einen Fehltritt, wurden alle bestraft. »Wenn die Strafen schwer sind und die Schuld kollektiv trifft, dann wird das Volk nicht einmal den Versuch (einer Straftat) wagen«, heißt es in einer Schrift. »Wagt aber das Volk nicht einmal den Versuch, dann bedarf es keiner Strafen.«

2400 Jahre später, im Handbuch der Stadt Rongcheng. Man wolle vor allem »mit Ansporn« arbeiten, steht da. Bestrafungen seien nur »als Hilfe« gedacht. »Unser Ziel ist es, das Verhalten der Leute zu normieren«, sagt Morgenröte-Parteisekretär Dong.

»Wenn sich alle der Norm gemäß verhalten, ist die Gesellschaft automatisch stabil und harmonisch. Dann ist meine Arbeit viel einfacher.« Dong erzählt von den Eltern, die zu ihm kämen, um sich vor der Hochzeit des Kindes über den Punktestand von potenziellen Schwiegersöhnen zu erkundigen: Schwiegersohn-Schufa. Auf dem Rosensofa lacht Musterbürger Qin auf; »klar, du willst doch wissen, woran du bist«, ruft Sekretär Dong aus. »Das würden Sie doch genauso tun, geben Sie's zu!«

Im Übrigen lohne sich das Punktesammeln auch finanziell. »Wenn einer viele Punkte hat, wie unser feiner Herr Qin hier, dann muss er bei der Bank keine Sicherheiten mehr hinterlegen, wenn er einen Kredit will«, sagt Dong. »Großartig, oder? Aber so ist unsere Partei: Wenn du Gutes tust, dann tut sie dir auch Gutes.« Und wenn ich Schlechtes tue? »Dann darfst du irgendwann in kein Flugzeug mehr steigen und in keinen Schnellzug. Und ich stelle dich nicht ein.«

Stimmt. Genau so steht das in den »Verwarnungs- und Bestrafungsmechanismen für Vertrauensbrecher«, die das KP-Zentralkomitee und der chinesische Staatsrat im Oktober 2016 veröffentlicht haben. Betrügerischen Firmen droht der Ausschluss von staatlichen Ausschreibungen. Bürger, die ihren Vertrauensvorschuss verwirkt haben, dürfen sich nicht für Regierungsjobs bewerben. Der Zugang zu Versicherungen und Bankkrediten wird erschwert oder verwehrt. Ebenso Autokauf und Hausbau. Die Herabgestuften dürfen nicht mehr fliegen, bekommen keine Tickets für Hochgeschwindigkeitszüge, dürfen nicht in die komfortable Klasse der Nachtzüge. Ihr Internetzugang wird eingeschränkt. Sie sollen nicht mehr in Luxushotels wohnen, nicht länger in exklusiven Restaurants essen. Ihnen wird sogar die Ausreise aus China versagt, ihren Kindern der Zugang zu den teuren Schulen.

Noch sind viele Details des Systems unklar. Aber sicher ist: Es entsteht etwas ganz Neues. Einzelne der Puzzleteile sind altbekannt. Ein Belohnungssystem, das konformes Verhalten auszeichnet, das einen Malocher zum »Arbeiterhelden« kürt oder eine Familie zum »Hygienevorbild«, diese Dinge gibt es in China seit Jahrzehnten. Eine schwarze Liste von säumigen Schuldnern führt der Oberste Gerichtshof schon seit 2013: Bereits 6,73 Millionen Chinesen sei deshalb schon der Zugang zu Flugzeugen und Schnellzügen versperrt worden, teilte das Gericht mit. 2013 trat auch ein Gesetz in Kraft, das alle Chinesen zur Sorge und Pflege ihrer greisen Eltern verpflichtet, samt Strafandrohung. Ein Überbleibsel aus maoistischen Tagen ist die *dang'an*, die Geheimakte, die das Leben jedes Einzelnen dokumentiert, seine Vorlieben und Abneigungen verzeichnet, seine Laufbahn und seine politische Zuverlässigkeit.

Bloß war die Akte bislang aus Papier, und zuletzt fast vergessen. Jetzt aber werden zum ersten Mal all die Einzelteile zu einem Ganzen zusammengefügt. Neu ist auch, dass in seine Bewertung nicht bloß sein Umgang mit Geld einfließt, sondern auch das moralische und gesellschaftliche Verhalten und sogar die Spuren, die er im Internet hinterlässt.

Neu ist auch die Vernetzung von allem mit allem: Big Data und der immer weiter wachsende digitale Kosmos sollen die Informationen liefern, dazu kommt noch das Internet der Dinge. Die Leihradfirma Ofo etwa stellte im Mai ihr neuestes Fahrradmodell vor und verkündete stolz, der Datensender des Rads übermittle in Echtzeit nicht nur das Bewegungsprofil, sondern auch »die Körperhaltung« des Radlers an die Cloud. Jäger und Richter im System ist bei alldem der nie ruhende Algorithmus, der alle digitalen Informationen ununterbrochen sammelt, einordnet, bewertet. Die Richtlinien führen im Punkt »Beschleunigung der Bestrafungssoftware« aus, das Ziel sei »die automatische Verifizierung, die automatische Überwachung und die automatische Bestrafung« eines jeden Vertrauensbruchs. Egal wo, egal zu welchem Zeitpunkt.

Kein Schlupfloch mehr, nirgendwo. Obwohl die Regierung seit drei Jahren intensiv an diesem System arbeitet, haben die meisten Chinesen bis heute nichts davon gehört. »Ach«, winkt ein Pekinger Freund ab. »Vor diesem Staat sind wir doch sowieso alle nackt.« Die Erwartung an die Privatsphäre ist in China gering, von Fatalismus durchwirkt. Als ob das nicht ginge, nackter als nackt. Geht aber doch: Wenn dir einer die Hirnschale freilegt.

Es hat Gründe, dass die Partei mit solchem Enthusiasmus auf die neuen digitalen Technologien setzt. 731 Millionen Chinesen waren 2016 online. Beim elektronischen Geldverkehr, bei der Entwicklung smarter Finanz-Apps hat China den Rest der Welt längst abgehängt. »Wenn du China verlässt«, schrieb vor Kurzem die *Financial Times*, »hast du das Gefühl, du reist zurück in der Zeit.« Die wirtschaftlichen Chancen, der technologische Sprung nach vorn sind das eine. Das andere sind die nie dagewesenen Möglichkeiten, in die Köpfe der Bürger zu schauen, sie zu begleiten im Schlafzimmer, auf der Straße, beim Einkaufen, bei privatesten Gesprächen mit Freunden.

Zuletzt geschah so etwas unter Mao Zedong – in der überwachungstechnologischen Steinzeit. Heute bedient und berauscht sich der Sicherheitsapparat an Big Data. »Big Data offenbart einem die Zukunft«, frohlockte Ende 2015 Wang Yongqing, Generalsekretär des mächtigen Parteikomitees für Politik und Recht im KP-Blatt *Wahrheitssuche*. Die Partei müsse »eine vollständige Sammlung von grundlegenden Informationen über alle Orte, alle Sachen, alle Angelegenheiten und alle Menschen anlegen: von den Trends und Informationen darüber, was sie essen, wie sie wohnen, wohin sie reisen und was sie konsumieren«. Das mache »unser Frühwarnsystem wissenschaftlicher, unsere Abwehr und Kontrolle effektiver und unsere Schläge präziser«.

Effektivere Kontrolle und präzisere Schläge – dazu braucht auch die allmächtige Partei die Kooperation und die Datenschätze der Privatwirtschaft. Chinas Internetkonzerne Baidu, Tencent oder Alibaba haben bereits signalisiert, dass der Staat sich selbstverständlich sowohl ihrer Spitzentechnologie als auch ihrer Kundendaten bedienen darf. Im Gegenzug winkt den IT-Konzernen der Zugang zu bislang verschlossenen Regierungsdatenbanken und zu neuen Geschäftsmodellen.

Drei Billionen US-Dollar wechselten im vergangenen Jahr in China bargeldlos die Hand, zwanzig Mal so viel wie vier Jahre zuvor. Das meiste über Smartphones. Marktführer mit 450 Millionen aktiven Kunden ist Alipay, dahinter steht der Hangzhouer Alibaba-Konzern, eine der weltgrößten Internetfirmen überhaupt. Zu

Alipay gehört »Sesame Credit«, das in China bekannteste Beispiel eines Pilotprojektes zur sozialen Vertrauenswürdigkeit. Es ist ein Projekt der Privatwirtschaft. Jeder Alipay-Kunde kann für sich Sesame Credit aktivieren, er wird dann eingestuft auf einer Skala zwischen 350 und 950 Punkten. Der Algorithmus, der die Daten auswertet, ist geheim. Die Macher des Programms haben aber öffentlich fünf Säulen für die Klassifizierung der Nutzer angegeben: Neben Identität und dem Umgang mit Geld zählen dazu auch »Verhaltensvorlieben« und »persönliche Netzwerke«.

Li Yingyun, technischer Direktor des Projekts, nannte folgende Beispiele: »Jemand, der zehn Stunden am Tag Videospiele spielt, würde wohl als unproduktive Person eingestuft. Wer hingegen oft Windeln einkauft, würde wahrscheinlich erkannt als Elternteil mit größerem Sinn für Verantwortung.« Das Shanghaier Portal The Paper schrieb, wenn einer oft seinen Wohnort wechsele, gebe das Abzug. »Außerdem beeinflusst der Punktestand deiner Freunde deine Sesame-Bewertung.« Sesame verrät keine Details über seinen Algorithmus. Aber für die Zukunft liegt der Umkehrschluss nahe: Halt dich fern von Freunden mit schlechter Bewertung.

Sesame Credit arbeitet mit Chinas größter Online-Partnervermittlung, Baihe, zusammen: Partnersuchende werben mit ihrem Punktestand für sich. Punktekönige kommen auch unkompliziert an Kredite, sie genießen einen Express-Visum-Service bei Staaten wie Luxemburg oder Singapur. Alipay richtet sein Augenmerk immer stärker nach Westen. An vielen Orten in den USA oder in Europa können Chinas Reisende mit Alipay bezahlen, im Gegenzug schickt die App ihre Transaktions- und ihre Geodaten zurück nach China, in Echtzeit.

Die Macher des Systems betonen die Vorteile der »sozialen Vertrauenswürdigkeit«: Das System beschneide die schlimmsten Auswüchse von Betrug, der Chinas Märkte im Jahr mindestens 90 Milliarden Dollar koste. Und es öffne mittels des elektronischen Geldverkehrs auch mehreren Hundert Millionen Unterprivilegierten – Bauern, Arbeitern oder Studenten – den Zugang zu Krediten. Also all denen, die bislang keine Chance hatten, ihre Kreditwürdigkeit zu belegen. Letztlich soll das Projekt auch ein gewaltiges Konjunkturprogramm sein. Es soll den Konsum im 1,3-Milliarden-Menschen-Land China entfesseln.

Es ist eine Vision, die manchem Furcht einjagt. Sie sehen die Rückkehr des Totalitarismus, in digitalem Gewand. Leise und unmerklich zunächst. »Gruselig« nennt der Schriftsteller und Essayist Murong Xuecun das System. »Sie sprechen von Vertrauen. In Wirklichkeit geht es um Kontrolle, darum, dein Innerstes auszuleuchten. Was passiert, wenn du dich als junger Mensch einmal falsch im Internet äußerst? Gut, verhaftet wirst du wohl nicht gleich. Aber vielleicht entziehen sie dir deinen Pass. Oder deinen Führerschein. Vielleicht frieren sie dein Bankkonto ein.«

Der 43-Jährige hat Erfahrung mit Zensur und Repression, mit sechs Millionen Followern war Murong Xuecun 2013 einer der bekanntesten Autoren auf Weibo, Chinas Gegenstück zu Twitter. Ein Querkopf voller Scharfsinn und Sarkasmus. Bis die Regierung über Nacht all seine Weibo-Konten sperrte. Er darf auch keine Romane oder Drehbücher mehr veröffentlichen. Jetzt schlägt er sich durch, vertreibt im Internet mal Kosmetika, mal Erdbeeren oder Honigmelonen. »Wenn das mal läuft, wird China George Orwells Ozeanien noch übertreffen«, sagt er über das System. »Und ich als politisch unzuverlässiger Vogel kriege eine richtig miese Bewertung. Vielleicht kann ich nicht mehr ausreisen und keine Züge mehr nehmen, vielleicht wirft mich mein Vermieter auf die Straße. Na, dann schlaf ich eben unter der Brücke.« Zum Interview kommt der Autor mehr als eine Stunde zu spät: Agenten der Staatssicherheit hatten die Verabredung mit dem deutschen Reporter auf Chinas populärstem Messaging-Dienst Wechat mitgelesen und bis zur letzten Minute versucht, Murong Xuecun zur Absage zu bewegen.

Der Witz sei doch, wer hier die Normen festlege, sagt in Shanghai der Kulturkritiker und Autor Zhu Dake: »Die Regierung natürlich. Ausgerechnet die, die am wenigsten Vertrauen verdienen. Ich behaupte, wenn in China die Regierung das Problem mit ihrer eigenen Vertrauenswürdigkeit geklärt hat, dann wird das Volk von selbst ehrlich. Ganz ohne so ein System.« Dann lacht Zhu.

»Eines muss man ihnen lassen«, sagt er. »China spricht in letzter Zeit viel von Innovation und Kreativität. Das meiste ist leeres Geschwätz. Aber das hier, das ist nun wirklich äußerst kreativ.«

Nach vier Jahren anziehender Zensur und Repression unter Staatschef Xi Jinping sind in China öffentliche Debatten zu heiklen Themen weitgehend verstummt: Die Menschen ducken sich weg. Der eine oder andere tröstet sich noch mit dem Gedanken, das neue Überwachungssystem werde nie funktionieren. Weil die technischen Herausforderungen – die Zusammenführung aller Daten, ihre Qualität, die angemessene Evaluation – so groß sind. Und weil die KP auf eine lange Geschichte von Zivilisierungsversuchen am Volk zurückblickt, die die Bürger an sich abperlen ließen. Trotz unzähliger Kampagnen spucken Pekinger weiter auf die Straße, spazieren Shanghaier am helllichten Tag im Schlafanzug zum Metzger.

Wäre es tröstlicher, wenn das System am Ende von all der Manipulierbarkeit, Ineffizienz und Korruption durchsetzt ist, die Chinas Behörden bis heute auszeichnen – und das System den Bürger dennoch belohnen und bestrafen kann? Gut möglich, dass von den zwei Kernzielen – soziale Vertrauenswürdigkeit und politische Kontrolle – das erste am Ende scheitert, das zweite jedoch wunderbar funktioniert. Das System hat bereits Berufsgruppen identifiziert, die besonders beobachtet werden sollen: Ärzte und Lehrer, Anwälte und Journalisten.

Weiwen – »Stabilität erhalten«. Das ist der Auftrag, den die Partei dem Sicherheitsapparat gegeben hat. Seit dem Arabischen Frühling, der gleich mehrere Diktatorenregime stürzte, perfektioniert die KP die Kontrolle über das Land. Im Oktober 2015 verkündeten die Behörden stolz, die Überwachung der Stadt Peking mit Kameras sei nun »vollständig«, es gebe auch Fortschritte bei der automatischen Gesichts- und Stimmerkennung.

Besonders viel Energie verwendet Chinas Staatssicherheit auf das Feld des »Predictive Policing«: Mögliche Kriminelle sollen – wie in Steven Spielbergs Film »Minority Report« – schon vor der Tat erkannt und unschädlich gemacht werden. Jack Ma, Gründer und Chef von Chinas größtem E-Commerce-Konzern, Alibaba, forderte die Sicherheitsbehörden ausdrücklich auf, Chinas »einzigartige« Datensammelkapazitäten stärker zu nutzen, um Verbrecher und Terroristen zu erkennen. Wer aber Verbrecher ist und wer Terrorist – die Antwort gibt am Ende immer die Partei.

Zum Vertrauensbrecher wird in China deshalb nun auch einer, der online »Gerüchte« verbreitet. So steht es in den Regeln des Systems. Wenn sein Verhalten »die gesellschaftliche Ordnung ernsthaft untergräbt«. Wenn einer sich in Rongcheng, dem Zukunftslabor der Partei an der Ostküste, digital »illegalen religiösen Aktivitäten« widmet – das Schlagwort gilt vor allem der verbotenen und hart verfolgten Falungong-Bewegung –, dann bekommt er satte 100 Punkte Abzug. Ebenso sanktioniert wird »negatives« Online-Verhalten: etwa, wenn einer auf dem Mikrobloggingdienst Weibo Kommentare schreibt, die »einen schädlichen Einfluss auf die Gesellschaft« haben.

»Keine Sorge«, sagt Direktor Huang Chunhui. »Wir nehmen nur Sachen auf, die unumstritten und belegt sind.« Durch Gerichtsurteile? »Nicht nur«, sagt Huang. »Uns reicht auch die Einschätzung der Sicherheitsbehörden.« Unumstritten in Polizei- und Staatssicherheitskreisen, das reicht.

Zhang Zheng, der Ökonom und Professor von der Peking-Universität, ist einer der Berater für das neue System. Er schwärmt davon, dass man damit schlecht arbeitenden Unternehmen, bestechlichen Ärzten, prügelnden Lehrern und korrupten Beamten nun bald Einhalt gebieten könne. Zhang Zheng warnt aber auch vor Gefahren, vor einer übermäßigen Konzentration staatlicher Macht und deren Missbrauch. Genau deshalb, sagt er, sei er gegen die Einrichtung einer zentralen Datenbank, in der die Daten aller anderen Datenbanken landesweit eingespeist werden. Die allwissende nationale Datenbank wäre das Gehirn der chinesischen Gesellschaft.

»Wir finden so eine Datenbank gefährlich«, sagt Zhang Zheng. Wir? »Wir Akademiker«, sagt der Professor. Es gebe jedoch, fügt er an, »auch andere Stimmen.« Die wirklich mächtigen Kräfte in Peking arbeiteten wohl auf eine solche zentrale Datenbank hin. »Unser großes Problem ist, dass wir uns an niemandem orientieren können. Das hier ist Neuland«, sagt der Professor über das »System der sozialen Vertrauenswürdigkeit«. »Aber das macht die Sache auch so spannend. So ein System gab es noch nie in der Geschichte der Menschheit. Und noch nirgendwo auf dem Erdball. Wir sind die Ersten! Aufregend ist das.«

Die Ersten. Das wäre eine Warnung für alle Demokratien, in denen Konzerne und Behörden ihre eigenen Big-Data-Träume träumen. Und könnte anderen gerade deshalb verlockend erscheinen: »Chinas IT-unterstützter Autoritarismus«, prophezeit die Berliner Denkfabrik Merics, »Andere autoritäre Länder, werden Technologielieferanten zum attraktiven Vorbild.«

In China denken manche schon weiter. Vielleicht müsse man in einigen Jahrzehnten gar nicht mehr über das System und seine Regeln sprechen, hatte in Shanghai Zhao Ruiying gesagt, als Abteilungsleiterin zuständig für die Umsetzung des Systems in der Stadt. »Vielleicht gelangen wir an einen Punkt, an dem keiner es mehr wagt, an einen Vertrauensbruch zu denken. Ein Punkt, an dem keiner mehr überhaupt auf die Idee kommt, unserer Gemeinschaft zu schaden. An dem Punkt wäre unsere Arbeit getan.«

Denken wir noch einen Schritt weiter. Vielleicht brauchen auch wir gar keinen Körper mehr. Es ist doch unser Bewusstsein, das uns eigentlich zu menschlichen Wesen macht – zumindest wie wir uns selbst verstehen. Vielleicht existieren dann dessen Informationen und Schwingungen losgelöst von erdschwerer Materie als Rauschen im elektromagnetischen Feld? Der Tausendsassa Elon Musk schickt nicht nur Hightech-Geräte auf die Straße und ins All, er hat auch die Firma Neuralink gegründet, die das Bewusstsein des Menschen digitalisieren soll. In Zukunft, so Musk, werden wir auch Maschinen nicht mehr mit unseren Händen, sondern mit unseren Gedanken steuern.

Technisch sind wir bereits in der Lage, unser Großhirn mit seinen 10 000 Teraflops – ein Flop mehr oder weniger darf da schon einmal passieren – zu simulieren. So Ray Kurzweil, Chefingenieur von Google. »Was fehlt, ist eine selbstdenkende Software, die das gesamte Wissen der Menschheit verarbeitet.«

Dieses Ding simuliert Sie dann auch noch, wenn Sie gestorben sind. Ihr Bewusstsein lebt weiter und wächst weiter. Kurzweil nennt das »technische Evolution«. Damit hat er Gott nun endgültig ins Schöpfer-Handwerk gepfuscht. Ein echter Homo Deus.

Noch brauchen wir zur Energieversorgung unseres Gehirns einen ziemlich komplexen Körper mit seinem Bewegungsapparat – der bekanntlich Rückenschmerzen verursacht – sowie einen Blutkreislauf und Verdauungstrakt. Den Maschinen reicht Strom aus der Steckdose. Dorthin kommt er direkt über Fotovoltaik vom Dach, wobei »Dach« nicht wörtlich zu verstehen ist. Häuser brauchen die Karbon- und Aluminiumfreunde eigentlich nicht mehr.

Die schwachen, fehlerhaften, unmündigen Menschen, die sich das Heft auf so fahrlässige Art und Weise aus der Hand haben nehmen lassen, sind dann längst zur HÖLLE gefahren.

Was bleibt, ist der Planet Erde. Der holt jetzt erst mal tief Luft.

Begleiten Sie noch den renommierten Autor Ray Müller in die nahe Zukunft des Jahres 2025/2070.

HAPPY BIRTHDAY – DIE ZUKUNFT HADERT MIT DER VERGANGENHEIT

Ich lasse mein Rad den Hügel hinunterrollen, bis zu den Dünen hinter Perth. Wieder einmal wird mir bewusst, was für einem glücklichen Zufall ich meine Existenz zu verdanken habe. Wegen einer ungewöhnlichen Luftströmung war damals über der südlichen Hemisphäre des Planeten der *fall-out* viel geringer gewesen als erwartet.

Das Meer glitzert in der Morgensonne, wie so oft an den endlosen Stränden von Westaustralien. Heute ist mein Geburtstag, 25.5.25 – ein schönes Datum. Früher wäre es der 25.5.2070 gewesen. Aber jetzt, nach der großen nuklearen Verwüstung, gilt eine neue Zeitrechnung: BNC/PNC. *Before* oder *post* – es ist jetzt nicht mehr der gleiche Planet.

Die Katastrophe ist 25 Jahre her. Für mich eine Ewigkeit. Und das ist gut so. Ich mag sie, die neue Zeit. Die vielen schrecklichen Storys, die man von den Menschen aus der BNC-Epoche hört, haben mich schon immer verwirrt. Wie konnten Wesen, die sich »sapiens« nannten, so leben? Wie konnten sie all diese fürchterlichen Dinge tun, die sie getan haben?

Ich setze mich auf eine Bank und blicke hinaus auf die anrollenden Wellen. Jetzt bin ich 22 Jahre alt. Es ist ruhig hier, fast windstill. Die Brandung ist das einzige Geräusch. Weiter vorne kreisen zwei Möwen um die vergilbte Fahne, die noch an dem Holzmast hängt. Früher war hier ein Restaurant, hatte mir mein Großvater erzählt. Solche merkwürdigen Häuser scheint es viele gegeben zu haben. Die Menschen gingen gerne dorthin, zur Nahrungsaufnahme. Diese merkwürdige Prozedur konnte manchmal eine Stunde dauern oder länger. Kaum zu glauben.

Zum Glück ist das Vergangenheit. Ich hole meine Tageskapsel mit Proteinen hervor und schiebe sie in den Mund. Gleich wird mein Energiehaushalt wieder ausgeglichen sein. Genau zwei Sekunden hat das dann gedauert. Für das gleiche Resultat mussten die Menschen früher eine Stunde essen.

Nicht nur das, auch die Vorbereitung war enorm arbeitsintensiv. In sogenannten Küchen hat man stundenlang irgendwelche Dinge geschnipselt, gekocht, gebraten, gegrillt. Mein Großvater hat mir Bilder gezeigt, unglaublich eklig. Abgeschnittene Pflanzen und Leichen von irgendwelchen Tieren. Oft riesig groß.

Ich war total schockiert.

Doch damit nicht genug, aus den Resten, dem tierischen Abfall sozusagen, machte man fette Schläuche. Wenn ich mich recht erinnere, hießen die »Würste«. Die aß man dann auch noch. Schon bei dem Gedanken wurde mir fast schlecht.

Unten am Strand schaukelt etwas im Wasser. Ich gehe hinunter und hebe es auf. Das Objekt ist leicht, fast durchsichtig. Ich rieche daran – nichts, kein Geruch. Das muss das geheimnisvolle Material sein, das sie *Plastik* nannten. Heute wäre es längst verboten. Man konnte es mit Flüssigkeit füllen oder Dinge darin verpacken. Leider hatte das Material einen Nachteil – es ging nicht kaputt. Nie. Man konnte es also nicht *entsorgen,* wie das früher hieß. Nur verbrennen, und das war alles andere als umweltfreundlich. Sie denken jetzt natürlich, als man das feststellte, hat man die Produktion auch gleich wieder eingestellt.

Keineswegs, im Gegenteil. Sie wurde jedes Jahr erhöht. Warum? Weil es praktisch war und bequem. Und weil man damit Geld verdienen konnte. Der verursachte Schaden war egal. Noch kurz vor der Katastrophe schwamm im Pazifik ein riesiger Teppich von Plastikmüll, so groß wie das damalige Europa. Unglaublich. Hat das jemanden gestört? Anscheinend nicht.

Die meisten Strände des Planeten waren ohnedies längst mit Plastik verseucht, in den ärmeren Ländern verteilte der Wind den Müll über Wiesen und Felder. Plastik überall. Doch wie immer, die Menschen haben einfach weitergemacht, immer weiter. Mit allem. Natürlich auch mit dem Plastik. 300 Millionen Tonnen stellte man jedes Jahr her.

Ich vergrabe meinen Fund im Sand und gehe wieder hoch zu der alten Bank. Wieder fällt mein Blick auf das vermoderte Haus, vor dem noch ein Fahnenmast steht. Wie mag es früher da drin zugegangen sein?

Über hundert Leute sollen dort zusammen mit der Prozedur des Essens und Trinkens beschäftigt gewesen sein, die oft bis Mitternacht dauerte.

»Endlich. Ist das Geburtstagskind vor mir geflüchtet?«

Ich wirble herum. Vor mir steht Viola, ihren Mobilator hat sie gegen die Rücklehne der Bank gelehnt. Sie war lautlos gekommen, wie so oft. Das liebe ich an ihr, auftauchen wie ein Geist, aber doch lebendig sein, sehr lebendig.

Ihr schwarzer Körper vibriert vor Energie, ihr Lachen ist unwiderstehlich, wie immer. Und wir haben Glück. *Big Daddy* hat uns eine »Prokreationsgenehmigung« erteilt, wir könnten uns später also fortpflanzen. Klone allein findet er anscheinend etwas eintönig. Natürlich ist diese Kontrolle sinnvoll. Die Bevölkerungsexplosion in den ärmeren Ländern ist damals mitverantwortlich gewesen für den Zusammenbruch des Systems. Das wird uns nie wieder passieren.

»An was hast du gedacht?«, fragt sie und küsst mich zart.

»An dich«, sage ich, wohl wissend, dass sie die Lüge sofort durchschauen wird.

Zur Ablenkung ziehe ich das Photo aus der Tasche, das ich letzte Woche an einem Ort gefunden habe, in dem der Geruch der alten Zeit noch spürbar ist. Das bereits ziemlich verfallene Gebäude ist früher eine »Bibliothek« gewesen, was immer man darunter auch verstand. Jedenfalls steht dieses Wort noch immer über der Eingangstür. In diesen Räumen hat man anscheinend das, was man »Bücher« nannte, in Regalen gelagert. Ich gehe dort immer mal wieder hin, denn es fasziniert mich zu sehen, dass man früher Texte auf Papier gedruckt und diese unhandlichen Dinger dann mit sich herumgetragen hat. Was für eine Papierverschwendung. Wie die »Zeitungen«, von denen auch noch einige herumliegen. Manchmal blättere ich auch in den alten Farbmagazinen, so erfahre ich etwas über die Welt, die es nicht mehr gibt. Aus einem dieser Hefte habe ich dann das Photo ausgeschnitten, als Beweis. Weil es mir oft schwerfällt, die alten Geschichten zu glauben.

Neugierig betrachtet Viola das Bild. Es zeigt ein großes braungeflecktes Wesen mit dünnen Beinen, das gutmütig vor sich hinstarrt.

»Was ist das?«

»Das nannte man »KUH«.«

»Ja und?«

»So was hat man damals gegessen.«

Ihr ungläubiger Blick mustert mich kritisch.

»Wirklich?«

»Es soll Videos darüber geben.«

»Wie furchtbar. Aber warum nur?«

Darauf habe ich keine Antwort. Kühe sind ja früher nur friedlich herumgestanden – wenn sie durften. Meist wurden sie jedoch in enge Gefängnisse gesperrt, zu hunderten. Sie sollten wachsen, so schnell sie konnten, wie alle versklavten Tiere. Vollgepumpt mit Kraftfutter und Chemikalien konnten sie nur noch darauf warten, endlich sterben zu dürfen.

Ich werfe einen Blick auf Viola, ihr Blick verliert sich am Horizont. Sie tut mir leid, bei dem Thema ist sie sehr sensibel. Deshalb sage ich nichts mehr.

Doch ich weiß, Schweine wurden noch mehr gequält. In einer dieser »Produktionsstätten« hatte ein Mastschwein einen Bewegungsspielraum von einem Quadratmeter. Bis zu 80 000 Tiere vegetierten so auf verschiedenen Stockwerken vor sich hin. Nach acht Monaten Existenz (kann man das Leben nennen?) wurden sie brutal geschlachtet, also hingemetzelt. Wie konnte eine »zivilisierte« Gesellschaft das zulassen? Aber es ging ja nicht um Moral. Die zählte nicht.

Damals ging es nur ums Geld. In allen Bereichen. Dabei war der Umgang mit den Tieren nicht nur barbarisch, ökologisch war er eine Katastrophe. Nicht allein wegen des Methans und der Gülle, die den Boden verseuchte. Um die Millionen versklavter Tiere zu füttern, brauchte man Unmengen von Nahrung. Also hat man den Regenwald abgeholzt. Nur um Soja anzubauen. Obwohl man wusste, dass dieser Kahlschlag den Klimakollaps weiter beschleunigen würde. Das Absurde dabei war, dass man diese Unmengen von Soja für die Tiere produziert hat, nicht für die Menschen. Obwohl damals noch Millionen hungerten. Warum also dieser Wahnsinn?

Weil die, die es sich leisten konnten, gerne Tiere aßen. Sie hätten ja auch etwas anderes essen können.

Aber nein, für einen Stück Tierleiche auf dem Teller nahmen sie die Zerstörung in Kauf. Obwohl man die Konsequenzen kannte, das ist das Unbegreifliche. Das Verhalten unserer Spezies schien gegen Vernunft immun gewesen zu sein.

Viola sieht mich nachdenklich an.

»Wie konnten Menschen so etwas tun?«

»Die Menschen damals waren anders.«

»Und sehr primitiv.«

»Ich weiß nicht. Das alles ist ja noch nicht lange her.« War es möglich, dass meine Großeltern so ganz anders gewesen waren als ich? Unwahrscheinlich. Habe ich vielleicht ähnliche Anlagen, die nur noch nicht entwickelt sind?

Wir schweigen und blicken hinaus auf das Meer. Wie hätte ich Viola vermitteln können, was in mir vorgeht? Abgesehen von einem tiefen Ekel, empfinde ich nämlich noch etwas anderes, wenn ich an diese skandalösen Zustände denke. Ein tiefes Misstrauen gegen unsere Spezies. Und damit auch gegen mich.

In dem Kontinent, der damals USA hieß, soll es Fabriken gegeben haben, in denen 350 000 Schweine hingemetzelt wurden – pro Woche. Dennoch waren die Menschen der westlichen Welt auf ihre Zivilisation so stolz, dass sie diese dem ganzen Planeten aufdrängen wollten. Selbst das winzige Deutschland soll damals 30 Millionen Schweine »produziert« haben – nur für den Export. Wie die Menschen überhaupt auf die barbarische Idee kamen, Tiere industriell »herzustellen«? In Massenproduktion. Wie Staubsauger oder Maschinengewehre. Lebendige Wesen, die Gefühle haben wie wir, die mit uns genetisch eng verwandt sind.

Wie konnte das geschehen? Warum hat niemand protestiert? Ich weiß es nicht. Das macht mir Angst.

Viola nimmt meine Hand. Vielleicht spürt sie, was ich denke. Und schweigt, weil auch sie keine Antwort auf diese Fragen hat. Wir haben uns oft über solche Themen unterhalten, aber weitergebracht hat uns das nicht. Für uns war das alles schon so weit weg, obwohl in Wirklichkeit nicht viel Zeit vergangen ist.

Aber zum Glück haben wir jetzt *Big Daddy*. Deshalb wird so etwas nie wieder geschehen.

Sie wissen nicht, wer *Big Daddy* ist?

Eigentlich heißt er »Omega A«. Es ist der große Algorithmus, der uns seit der Katastrophe regiert. Da er rational und völlig emotionslos urteilt, wählt er immer die für uns beste Möglichkeit. Da er immun ist gegen menschliche Schwächen wie Gier oder Macht, ist er unbestechlich. Von Menschen streng abgeschirmt produziert er seine eigene *firewall*. Sein synthetisches Gehirn besteht aus einem selbstadaptiven Programm, das heißt, seine Intelligenz potenziert sich ständig autark. Die Kapazität eines menschlichen Gehirns (eine Billion Zellverbindungen in den Synapsen) hat er längst hinter sich gelassen. Niemand kann mit ihm in Kontakt treten, das würde er nie zulassen. Das ist auch gut so, so kann ihn niemand manipulieren.

Allerdings gibt es ein Gerücht aus dem innersten Kreis der Chefprogrammierer, das mich immer amüsiert. Angeblich soll Big Daddy gelegentlich meditieren. Als ob er es nötig hätte, in den Bereich jenseits des Denkens vorzudringen. Das war nun wirklich kein schlechter Witz.

Die »Maschine«, wenn Sie ihn so nennen wollen, war letztlich eine folgerichtige Konsequenz, um die herkömmliche Politik effektiver zu gestalten. Sie hat das ersetzt, was man früher Demokratie nannte. Diese archaische Regierungsform hatte bereits kurz vor der Katastrophe ausgedient.

Der ökonomische Zusammenbruch der Industriestaaten unter dem Druck der Ereignisse – Hungersnöte, Wassermangel, enorme Flüchtlingsströme auf Grund des Klimawandels –, all die weltweiten Turbulenzen der letzten Jahre vor dem Untergang ließen nur diese Entwicklung zu. Die Maxime des ständigen Wachstums hatte sich selbst ad absurdum geführt. Das hatte Folgen, auch politisch.

Mit dem langwierigen Prozess einer demokratischen Entscheidungsfindung kam man nicht weiter. Er dauerte viel zu lange. Nun mussten starke Führer her, die schnell entscheiden konnten. Leider waren es die falschen.

Zwei Möwen fliegen kreischend über unseren Kopf. Viola lacht und umarmt mich. »Die machen sich keine Sorgen.«

Die Wärme ihres Körpers tut mir gut. Es ist die einzige Wärme, die ich habe. Ihre Eltern waren kurz vor dem Ende der damaligen Welt an diesem Strand gelandet, mit einem kleinen Boot. Von den 150 Leuten waren bereits 130 tot. Die Mutter von Viola lebte noch. Ein glücklicher Zufall.

Vor die Sonne schiebt sich eine kleine Wolke. Das stört mich nicht, denn immerhin scheint die Sonne jetzt wieder. Die ersten Jahre nach der großen Katastrophe hingen nur diese riesigen dunklen Wolken am Himmel, aus denen tödlicher Regen niederging. Monatelang.

Gott sei Dank nicht hier.

Unten am Strand kommen zwei Jogger vorbei. Sie tragen kurze Hosen, aber kein T-Shirt, auch keine Mütze. Und das in Australien.

»Das müssen Homogene sein«, meint Viola.

Sie hat Recht, niemand würde sich hier fast nackt der Sonne aussetzen. Das konnten nur Menschen tun, deren DNA durch genetische Manipulation immun gegen Hautkrebs wurde. Aber nicht nur das. Die Gen-Ingenieure können längst viel mehr. Sie versuchen bei ausgewählten Personen die negativen Eigenschaften unserer Spezies, die uns an den Rand des Untergangs geführt haben, gezielt zu entfernen: Gier, Machtgelüste, Neigung zu Gewalt und andere negative Emotionen werden sozusagen weggezüchtet. Leider verschwinden damit auch die positiven. Liebe und Mitgefühl sind bei diesen Leuten kaum vorhanden. Doch sie leiden darunter nicht. Ich habe öfters mit Homogenen gesprochen. Da sie nicht wissen, was ihnen fehlt, vermissen sie es nicht. Im Gegenteil, die emotionalen Höhen und Tiefen, das ganze Drama des üblichen Lebens bleibt ihnen erspart. Zudem können sie in allen Bereichen eingesetzt werden, weil sie jede Aufgabe kontrolliert zu Ende führen und keine Stimmungsschwankungen kennen. »Homogen« ist also nicht nur die geläufige Abkürzung für *homo geneticus*, der Ausdruck beschreibt diese Menschen durchaus zutreffend.

An Tagen, an denen ich nicht gut drauf bin, beneide ich sie fast.

Doch wenn ich dann an Viola und ihren verführerischen Körper denke, bin ich froh, dass mir dieses Schicksal erspart geblieben ist. Auch sonst kann ich nicht klagen. Das kleine Grundeinkommen, das mir *Big Daddy* zugeteilt hat, ist ausreichend. Geschichte studiere ich nur, weil ich nicht begreifen kann, wie die Menschen damals mit offenen Augen ihrem Untergang entgegengegangen sind.

Eine Möwe rauscht so nah an mir vorüber, dass ich den Luftwirbel spüren kann. Ich schüttle den Kopf. Auch Vögel hat man damals gegessen. Warum?

Die Menschen sollen ja fast alles gegessen haben. Auch im Meer soll es angeblich Lebewesen gegeben haben, große und kleine. Sie waren glitschig anzufassen und oft sehr beweglich. Die lebenden Steine, die man Austern nannte, allerdings nicht. Doch auch die hat man gegessen. Warum nur?

Ich habe keine Ahnung und das beunruhigt mich. Auch ich bin ein Mensch. Wieso kann ich mir dann nicht im Ansatz vorstellen, was meine Artgenossen vor zwei Generationen motiviert hat, sich so abartig zu verhalten? Zugegeben, die Methode, Nahrung aus Wasserstoffbakterien zu gewinnen, wurde erst relativ spät entwickelt. Doch die Idee war genial. Bakterien sind schlau, sie können Kohlendioxid in Proteine, Fette und Kohlehydrate verwandeln. Ein Recycling-Prinzip, das viel effektiver ist, als Pflanzen oder Algen zu verwerten.

Natürlich hat es eine Weile gedauert, bis die Lebensmittelproduktion auf diese neue Grundlage gestellt wurde. Zwar hatte man schon vor der Katastrophe erkannt, dass das, was man damals Landwirtschaft nannte, den Planeten verwüstet. Man wusste, dass das Züchten von Pflanzen und Tieren die Umwelt durch Pestizide und Dünger enorm belastet, das Grundwasser radikal reduziert und mehr Treibhausgase produziert als Autos und Flugzeuge zusammen. Unglaublich. Alles war bekannt. Aber geschehen ist – nichts.

Vor allem die Fleischindustrie war extrem schädlich. Und als sich dann auch noch die Länder, die bisher kaum Fleisch verzehrt hatten, dem westlichen Konsumverhalten anpassen wollten, also Millionen Inder und noch mehr Millionen Chinesen auch unbedingt Tierleichen essen wollten, ging es zügig auf den Kollaps zu.

Deshalb haben wir es nach der Katastrophe ganz anders gemacht. Wir hatten ja auch keine Wahl. Mehrstöckige Biofabriken mit Stahlkesseln voller Wasserstoffbakterien sind heute Standard. Und Sie haben ja gesehen, wie lang die Nahrungsaufnahme jetzt dauert – 2 Sekunden! Wie ungeheuer viel Zeit damals für diesen simplen Vorgang vergeudet wurde, ist heute unvorstellbar. Was hätte man damit alles anfangen können!

»Kannst du dir vorstellen, jeden Tag ein oder zwei Stunden mit Proteinaufnahme zu verbringen?«, frage ich Viola. Sie lacht.

»Länger, als ich auf der Toilette sitze? Das ist doch völlig ineffizient.«

»Stimmt. Aber vieles von dem, was sie damals getan haben, war gegen jede Logik, gegen jede Vernunft.«

»Und warum haben sie es dann getan?«

»Einige haben damit viel Geld verdient.«

»Und die anderen?«

Wie so oft habe ich darauf keine Antwort.

»War Geld damals so wichtig?«

»Anscheinend schon.«

»Warum?«

Wieder weiß ich keine Antwort. Das deprimiert mich. Meine Vorfahren taten Dinge, die gegen jede Vernunft waren. Warum?

Waren sie so viel dümmer als ich? Nein, sie wussten genau, was sie taten. Deshalb kam es ja zur großen Katastrophe. Über 14 000 nukleare Sprengköpfe verfügten die beiden großen Nationen damals. Jeder einzelne besaß ein Vielfaches an Vernichtungskraft wie früher die Bombe über Hiroshima.

Mit der Entwicklung und Herstellung dieses Arsenals war ein Heer von Wissenschaftlern beschäftigt. Hochspezialisiert, aber auch intelligent? Wer sein Leben und Wissen der Vernichtung, vielleicht sogar der totalen Auslöschung der Menschheit widmet, ist der intelligent?

Viola scheint meine Gedanken zu erraten.

»Wenn der Mensch verschwindet, wer wird ihm nachweinen? Die Tiere?«

Sie hat Recht, vielleicht überschätzen wir uns.

»Das hat mein Großvater in Nairobi gesagt. Als man den letzten Elefanten erschossen hatte.«

Die Wolke zieht weiter, es wird wieder wärmer. Doch das spüre ich nicht. Meine innere Kälte kann ich nicht loswerden. Sie ist immer da, wenn mich ein bestimmter Gedanke verfolgt, dieser eine Gedanke:

Obwohl man wusste …

Sie haben alles gewusst. Aber sie haben es dennoch getan.

Werde ich eines Tages auch so handeln? Die Vorstellung macht mir Angst.

Doch an meinem Geburtstag will ich diese Angst nicht haben. Wahrscheinlich wird sie erst verschwinden, wenn ich eine Antwort gefunden habe.

Inzwischen haben sich die dunklen Wolken am Himmel verdichtet. Die ersten Regentropfen fallen auf unsere Arme. Ich stehe auf und zeige nach unten, auf das alte Haus hinter dem Fahnenmast.

»Lass uns dort warten, bis das Gewitter vorbei ist.«

Viola nickt. Wir schieben Rad und Roller über die Dünen und lehnen sie gegen die Hauswand.

»Warst du hier schon einmal?«

»Nur oben, auf der Bank.«

Ich versuche die Eingangstür zu öffnen. Knirschend dreht sie sich in den rostigen Angeln. Der Innenraum ist leer. Auf dem Boden liegen ein paar verwitterte Holzbänke. An einem der Fenster, deren Scheiben längst zerbrochen sind, flattern die Reste eines Vorhangs. Ich gehe weiter, jeder meiner Schritte wirbelt

Staub auf. Im Nebenzimmer steht ein großer Klotz aus Metall, auf dem oben runde Keramikflächen eingelassen sind. Das muss das Ding gewesen sein, das man Ofen nannte. Hier wurden all die ekligen Mahlzeiten zubereitet. Mein Gott, wie muss es hier gestunken haben.

Viola hält sich die Nase zu, als hätte sie meine Gedanken erraten. »Soll ich dich zu einem historischen Kochkurs einladen? Das bieten sie bei den Anthropologen an. Als Kuriosität.«

»Untersteh dich.«

Viola lacht und läuft hinaus ins Freie und hält ihren Kopf kurz in den Regen. Im nächsten Augenblick wirbelt sie ihre nassen Haare durch die Luft. Wie immer freut sie sich, wenn mich ein paar Tropfen erwischen.

Wir lassen uns auf der Bank unter dem Vordach nieder. Das Meer ist kaum mehr zu sehen. Vielleicht ist es kein Gewitter, dann würden wir hier länger festsitzen. Keine besonders attraktive Vorstellung. Trotz des geschmeidigen Körpers an meiner Seite.

Ich tippe einen Zahlencode in das Metallband an meinem rechten Arm. In Sekunden materialisiert sich das TV-Hologramm vor meinen Augen. Früher brauchte man dafür einen Monitor, der aus Materialien gefertigt war, also Ressourcen verbraucht hat. So ist es viel eleganter.

»Hast du Lust, mal wieder einen Blick in unsere Serie zu werfen?«

Viola zögert, nickt aber dann. Das Programm der *LAAC-Sender* kann ich überall empfangen. Sie sind in den Erdteilen stationiert, die nach dem nuklearen Schlagabtausch bewohnbar geblieben sind, wenigstens teilweise: Lateinamerika – Afrika – Australien – Südchina sowie die verbliebenen Inseln im Pazifik.

Die merkwürdige Vorstellung von Rassen und Nationen, die man früher hatte, gibt es nicht mehr. Ideologien und Religionen auch nicht mehr. Wir sind einfach nur Menschen, die im »Raumschiff Erde« durch das Weltall fliegen. Und die mit dem auskommen müssen, was an Bord ist.

Ich wähle *Streaming 69.* Hier wird die Sendung produziert, die wir uns öfter ansehen, wenn auch mit gemischten Gefühlen:

»AWFUL GOOD OLD TIMES« –
ein ironischer Rückblick auf die Zeit vor der großen Katastrophe.

Jedes Mal bekomme ich eine Gänsehaut bei der Vorstellung, ich hätte damals leben müssen. Viola drückt sich eng an mich, ein kleiner Trost.

Den Moderator mag ich. Hang Dao ist ein junger Asiate, der mir das Gefühl gibt, nicht der Einzige zu sein, den der Blick zurück in die Geschichte unserer Spezies deprimiert. Zwar überspielt er das mit feiner Ironie, aber in der Sache bleibt er gnadenlos. Angesichts der Fakten hat er auch keine Wahl.

Heute trägt er ein knallrotes Hemd, das Amulett mit der Buddha-Figur ist kaum mehr zu sehen. Heute sitzt er entspannt auf dem Boden des Studios und spielt mit einem blonden Kind. Das Mädchen ist etwa vier Jahre alt und strahlt ihn an. Als die Titelmusik ausblendet, dreht er sich zur Kamera:

Liebe Freunde, irgendwo da draußen in unserer schönen Welt.

(Freundliches Gesicht, Begrüßungslächeln.)

Nun nimmt er das Mädchen in den Arm und hält es in die Kamera.

Würden Sie so ein Kind essen?

Violà sieht mich entsetzt an. Einen Augenblick ist es still, totenstill.

Im nächsten Moment erscheint im Bild ein kleines rosafarbenes Tier mit einer lustigen Schnauze. Es läuft auf die Kamera zu und blickt uns fröhlich an.

Das nannte man Schwein. Es ist noch jung, ein Kind.

(Pause)

Zum Essen wurde es gegrillt.

Dann hieß es Spanferkel.

Viola hält sich die Hand vor dem Mund und blickt zu Boden. So bleibt ihr wenigstens die nächste Szene erspart: die Großaufnahme des aufgespießten Ferkels. Mit aufgerissenem Maul und toten Augen dreht sich der nackte Körper über glühender Kohle. Dazu muntere Klavierklänge. Ekelerregend.

Hatte mein Großvater auch Tierkinder gegessen?

Nun läuft ein anderes Wesen ins Bild. Es hat ein wuscheliges Fell, dünne Beine und kleine, schlappe Ohren. Seine großen Augen blicken uns kurz an, dann läuft es meckernd hinter der Mutter her.

Das nannte man Lamm. Eine Delikatesse.

Nun kommt Hung wieder ins Bild, er lächelt genüsslich.

Auch kleine Rinder waren sehr gefragt. Die Gerichte hießen Kalbsschnitzel, Kalbsgulasch und … Kalbskopf.

Ja wirklich: »Kalbs-Kopf«.

(Hang Dao hält einen Augenblick inne, als könne er selbst nicht glauben, was er eben gesagt hat.)

Und wisst ihr, warum man Kinder besonders gerne aß?

Der Moderator beugt sich vor und sieht uns erwartungsvoll an. Er scheint die Ratlosigkeit seines Publikums zu genießen. Nach einem Moment der Stille lehnt er sich wieder zurück und streichelt die Wangen des kleinen Mädchens, die vor Aufregung rötlich glänzen.

Weil das Fleisch besonders zart ist.

Viola blickt immer noch zu Boden, ihre Hand hält mich fest.

Ich kann sie verstehen. Tierkinder zu essen war damals anscheinend völlig normal. Gab es da niemanden, der laut aufgeschrien hat? Haben auch Mütter mitgegessen, die selbst Kinder hatten?

Für einen Augenblick zuckt ein monströser Gedanke durch mein Gehirn. Was wäre, wenn eines Tages Außerirdische hier landen, Wesen, die uns weit überlegen sind? Vielleicht kommen diese dann auf die Idee, uns Menschen in Ställe zu sperren, eingepfercht wie Tiere. Als Nahrungsreservoir. Und wenn sie hungrig sind, holen sie am liebsten unsere Kinder. Denn die schmecken am besten.

Während dieser Gedanke in mir aufsteigt, wird mir noch etwas anderes bewusst. Die Sendung hat heute das Thema, über das wir kurz vorher gesprochen haben. Ein merkwürdiger Zufall. Hang Dao hält jetzt etwas hoch, das ich nicht erkennen kann. Es sind zwei braune Scheiben. Aus dem, was dazwischen ist, tropft rote Flüssigkeit zu Boden. Zögernd hebt Viola ihren Blick.

Viele dieser seltsamen Gewohnheiten können wir heute nicht mehr nachvollziehen. In der westlichen Welt hat man Kuhleichen fein zerhackt, zwischen zwei klebrige Scheiben aus Getreidesubstrat geklemmt und mit roter Sauce beschmiert.

(Einer der Tropfen fällt auf das Hemd des Moderators. Erschrocken streckt er den Arm aus und hält das Ding weit von sich, direkt in die Kamera.)

Sorry, man glaubt es ja nicht. Aber das haben die Leute tatsächlich gegessen. Freiwillig. Unmengen davon.

Wieder hält sich Viola die Hand vor den Mund. Sie hat eben eine sehr lebendige Phantasie (die ich an anderer Stelle immer gerne genieße). Doch schon fährt der Moderator fort:

Was die Leute dabei verdrängt haben: Zur Herstellung eines – (Hang Dao blickt auf ein unsichtbares Papier.)

– eines »Burgers« wurden 300 Liter Trinkwasser verbraucht. Allein in den damaligen USA hatte man mehr als 5 Milliarden Burger pro Jahr verschlungen und damit 15 Trillionen Trinkwasser vernichtet.

Er schreibt die Zahl in den Raum. 15 000 000 000 000 – eine Zahl mit 12 Nullen. Und da ging es nur um Burger, also etwas ganz Kleines.

Noch einmal hält er uns das tropfende Ding vor die Nase. Es ist kaum größer als seine Handfläche. Zum Glück muss ich es nicht auch noch riechen. Dann wirft er es in hohem Bogen aus dem Bild und wischt sich die Hände ab.

Und jetzt stellt euch mal vor, wie viel Trinkwasser dann erst in der Industrie verbraucht wurde.

(Die Kamera fliegt durch Montagehallen, über rauchende Kühltürme und endlose Industrieanlagen.)

Düstere Musik unterstreicht die Vorahnung, die uns bei den Bildern dieser schon damals nicht mehr heilen Welt in uns aufsteigt. Hung kommt einen Schritt näher und lächelt hintergründig.

Nach diesem Exkurs in die kulinarischen Abgründe unserer Vorfahren jetzt zu einem Thema, das weniger plakativ ist, doch ebenfalls sehr kurios. Das Phänomen lässt sich unter dem Begriff AUTO zusammenfassen. Es war ein auto-matisch, also selbstfahrendes Gerät, eine Art Fahrroboter, der Menschen auf Rädern von A nach B bewegte. Keine große Sache, könnte man sagen, aber ganz so einfach war es nicht. Dabei wurde nämlich jede Menge CO_2 ausgestoßen. Das lag am Verbrennungsmotor. Eine eklige Angelegenheit.

(Nahaufnahme eines mechanischen Ungetüms, genauer gesagt, wir blicken hinein. Funken, Explosionen, rasende Kolben.)

Diese Autos wurden mit einer Flüssigkeit betrieben, die man Benzin nannte. Es wurde aus Erdöl gewonnen, das sich vor 100 Millionen Jahren tief in der Erde durch abgestorbene Pflanzenschichten gebildet hatte. Diese riesigen Ablagerungen, Milliarden von Tonnen, hat man damals in fünf Generationen verbraucht. Einfach verbrannt.

Billige Energie, die allerdings enorme Mengen an Schadstoff freisetzte. Wie schädlich, merkte man erst, als es fast zu spät war. Aber auch dann wurden die Leute nicht vernünftig. Im Gegenteil. Man baute immer größere Autos, mit immer stärkeren Motoren, die noch mehr Leistung lieferten. Obwohl die Menschen ja nicht schwerer wurden. Anfangs reichten 30 PS. Damit konnten vier Personen überall hinfahren.

Sie wissen nicht mehr, was PS bedeutet hat? »Pferdestärke« war die Einheit, mit der man die Leistung eines Fahrroboters angegeben hat. Eine Erinnerung daran, dass Karren früher von Pferden gezogen wurden.

»Wie romantisch«, flüstert Viola und gibt mir einen Kuss.

Ohne ersichtlichen Grund hatten die Autos dann immer mehr PS. Die Leistung ging hoch bis über 350 PS und noch mehr. Man wollte aberwitzig schnell von 0 auf 100 Stundenkilometer beschleunigen.

Hung zeigt auf das Gefährt, das hinter ihm ins Bild rollt. Ein mächtiger Kasten, der mit den breiten Reifen wie ein Militärfahrzeug aussah, das gleich an die Front rollen würde.

Viola kann nur noch den Kopf schütteln. Fortschritt hieß damals anscheinend von allem immer mehr. Ob es PS waren, Konsumgüter oder einfach nur Profite, war egal. Zum Glück hat der Mobilator, über den ich bei Bedarf verfüge, mit diesen monströsen Metallgebilden, die man Auto nannte, nichts zu tun.

Er fährt natürlich mit Solarzellen, ist deshalb auch sehr leicht. Es gibt nur zwei Modelle, ein kleines und eines für mehrere Personen. Dazu noch eines mit Ladefläche, für Transporte. Natürlich gehört mir der Mobilator nicht selbst, *sharing* ist längst eine Selbstverständlichkeit.

Doch es ging noch verrückter. Nach dem Motto: Was machbar ist, wird gemacht.

Beim Klang einer Fanfare rollt in einer 360 Grad/3-D-Aufnahme ein extrem flacher Wagen ins Bild.

Selbst wenn es nicht so aussieht, auch das war ein Auto. Und nicht irgendeines, ein Spitzenmodell – mit 1000 PS. Dies galt damals als technische Höchstleitung.

Fast schon eine Rakete auf Rädern – 400 km/h schnell. Obwohl es in fast allen Ländern eine Geschwindigkeitsbeschränkung gab. 130 km/h, maximal. Also wozu?

Die Kamera schwebt durch die nach oben geklappte Tür. Im Inneren des Gefährts war kaum Platz, nur zwei Personen konnten sich hineinzwängen.

Wozu der ganze Aufwand? 1000 PS, um zwei Menschen zu transportieren? Nein. Das wäre ein gigantischer Overkill von Ingenieurleistung und Ressourcenvergeudung gewesen.

Der Moderator beugt sich vor, seine Stimme wird noch eindringlicher.

Warum dann?

Das feine Lächeln, das bisher seine Lippen umspielte, verschwindet.

Mit Vernunft ist das nicht zu erklären. Hier sind wir nun am Kern des Widerspruchs angelangt, den die Welt damals nicht länger verkraftet hat: Man tut etwas, weil es möglich ist. Nicht weil es Sinn macht. Der Mensch verhält sich irrational. Warum? Zum Vergnügen. Weil es das Ego befriedigt. Die XXL-Egos dieser Zeit haben nicht über die Konsequenzen nachgedacht. Die waren ihnen völlig egal. Leider nicht nur bei den Autos, sondern in fast allen Bereichen. Und das hatte enorme Konsequenzen.

Ich hebe kurz die Hand, um die Sendung für einen Moment zu unterbrechen. Viola sieht mich verwirrt an.

»Weißt du, ich glaube, das ist der entscheidende Punkt. Jedenfalls hat mein Großvater das immer gesagt: Die Menschen haben einen genetischen Defekt.«

Sie runzelt die Stirn. »Wie hat er das gemeint?«

»Das zweibeinige Tier, das sich *sapiens* nennt, ist von seiner genetischen und psychischen Prägung her nicht imstande, mehr als zwei Generationen vorauszudenken. Denken vielleicht, aber nicht entsprechend zu handeln.«

Viola überlegt, nickt dann aber zustimmend.

»Kann gut sein. Wenn in der Steinzeit die Horde abends am Feuer saß und erfuhr, dass das Nachbardorf nächste Woche einen Überfall plant, was ist passiert? Nichts. Hätte aber jemand gebrüllt, die sind schon im Anmarsch, wären alle aufgesprungen und hätten ihre Keulen geholt.«

»Stimmt. Vielleicht sind die Menschen immer noch so. Vielleicht hat sich unsere Programmierung bis heute nicht geändert. Wir können nur auf eine unmittelbare Bedrohung reagieren, also erst wenn wir direkt am Abgrund stehen. Niemand hätte damals auf sein Auto verzichtet, nur damit die übernächste Generation noch Luft zum Atmen hat.«

»Dafür hat sich das Problem dann auf andere Art erledigt.«

»Aber auch die spricht nicht für die Intelligenz unserer Spezies.«

»Ist jemand intelligent, der unfähig ist, die Konsequenz seines Handelns in Betracht zu ziehen?«

Die alte Frage. Leider hat man sie nie gestellt.

Um das Thema, das uns so oft bedrückt, nicht weiter zu vertiefen, lasse ich das Programm weiterlaufen.

Und so wurden Unmengen an Rohstoff vernichtet, um die viel zu großen Autos zu bauen, Unmengen an kostbarem Wasser vergeudet – in einer Welt, in der es dann bald zu Wasserkriegen kommen sollte. Immer größere Autos waren in der westlichen Welt selbstverständlich.

Und selbstverständlich wollten die Menschen in den anderen Ländern dann auch solche Autos, natürlich auch immer größere. Die Zahl der Fahrzeuge stieg ins Unvorstellbare. Über zwei Millarden waren es schließlich.

(Die Kamera fliegt über endlose Staus in fünfspurigen Autobahnen diverser Megacitys.)

Das war gut, für die, die die Autos herstellten, sie verdienten enorm. Doch es war schlecht für die Länder, deren Ressourcen dafür geplündert wurden. Nicht nur für Autos, für alle anderen Dinge auch. Weil Wirtschaft damals so funktionierte: Die Menschen sollten konsumieren, immer mehr. Nicht weil sie die Dinge brauchten, sondern weil sie Geld ausgeben sollten. Die großen Industriezweige lebten davon.

Dafür wurde ein eigener Wirtschaftszweig entwickelt: die »Werbung«. Mit äußerst raffinierten Methoden verführte sie die Leute zum sinnlosen Konsum. Sie sollten kaufen, was sie nicht brauchten.

»Und das war erlaubt?« Viola sieht mich erstaunt an.

»Anscheinend.«

Mit einer Handbewegung unterbreche ich die Sendung für einen Moment.

»Kannst du dir vorstellen, dass im damaligen Amerika den Menschen von Geburt an im Durchschnitt jeden Tag 5000 Werbespots ins Gehirn gespült wurden?«

Viola sieht mich ungläubig an.

»Eine ständige Gehirnwäsche? Warum hat das keiner verboten?«

»Ging nicht, das hieß *freie Marktwirtschaft*. Habe ich im Studium erfahren. Jeder konnte verkaufen, was er wollte, ob es sinnvoll war oder nicht. Und er konnte dafür werben, wie er wollte.«

»Aber für diese sinnlosen Produkte wurden doch enorme Ressourcen geplündert.«

»Das war jedem egal.«

Eine Weile schweigen wir.

Es fällt uns schwer, ein System zu verstehen, in dem Menschen durch permanente Gehirnwäsche dazu manipuliert werden, unnütze Dinge zu kaufen, die dann bald wieder weggeworfen werden, um neue unnütze Dinge kaufen zu können.

»Sogar Kinder, auch ganz kleine, wurden diesen permanenten Kaufimpulsen ausgesetzt. Stell dir vor: Fast zwei Milliarden hat man in den USA allein darin investiert, Kinder zu verführen. Zu sinnlosem Konsum.«

»Aber die Verantwortlichen hatten doch auch Kinder.«

»Natürlich. Daran hätte man bei jeder dieser absurden Entwicklungen, die schließlich zum Untergang führten, denken können. Hat man aber nicht.«

Da mir zu diesem Thema nichts mehr einfällt, lasse ich die Sendung weiterlaufen.

Ein süffisantes Lächeln umspielt die Lippen des Moderators.

Die Maxime war: Wir möchten von allem immer mehr. Nicht weil es sinnvoll ist, sondern weil wir es wollen. Das nannten sie »Freiheit«.

Hang Dao macht eine Pause. Ich habe den Eindruck, er will dieses Wort, das heute kaum noch benutzt wird, einwirken lassen. Es ist ein Relikt, das nichts mehr bedeutet. Wir s i n d frei, also muss man das nicht dauernd betonen und durch sinnlose Aktionen bestätigen.

Die Menschen haben damals die Ressourcen von 1,6 Planeten verbraucht. Natürlich ging das nicht lange gut. Sie zerstörten damit ihre Lebensgrundlagen.

»Und die der anderen Arten«, fügt Viola hinzu.

Unendliches Wachstum in einem endlichen System ist fatal. Das versteht jedes Kind.

Der Moderator ballt die Faust und streckt dann den Mittelfinger aus.

Würden die Zellen dieses Fingers endlos weiterwachsen, würde er mir bald bis ans Knie reichen. Das wäre unsinnig. Deshalb macht es der Körper nicht. Die Menschen damals waren nicht so klug.

Viola lacht, zum ersten Mal. Sie bückt sich und macht vor, wie es wäre, wenn der Finger bis zum Boden hängen würde. Gut so, wenigstens ist sie jetzt besserer Laune.

Wieder macht Hang Dao eine Pause. Er blickt uns an, als würde er prüfen, ob wir noch folgen können. Wir können, auch wenn wir uns langsam wieder unwohl fühlen.

Und warum das alles? Warum diese absurden Autos, dieser absurde Konsum, derer ständig steigende Flugverkehr?

(Ein dichtes Netz von Lichtpunkten, das sich über den ganzen Globus erstreckt, zeigt die täglichen Flugrouten.)

Die endlosen LKW-Schlangen, die riesigen Containerschiffe, die Tag und Nacht die Meere verseucht haben? Weil die Menschen das für selbstverständlich hielten, sie sahen darin einen Ausdruck von Freiheit. Die Freiheit zu tun, was man will. Den Preis dafür zahlten andere.

(Bilder von Verhungerten aus Afrika werden eingeblendet, Flüchtlinge, die Barrikaden stürmten, Soldaten, die schießen.)

Kein Wunder, dass es bald zu Kriegen ums Wasser kam. Zuerst natürlich in den armen Ländern, die dafür gar nicht verantwortlich waren. Da wir aber nur einen Planeten haben, mussten letztlich alle dafür bezahlen. Und ihr wisst ja, wie das geendet hat. Auch für die Reichen.

Der Moderator hält einen Augenblick inne. Ja, wir wissen es, jeder weiß es. Und jeder muss mit dieser Bürde leben. Hang Dao beugt sich vor. Er flüstert, als würde er ein Geheimnis verraten:

Und noch etwas war erlaubt: So reich zu sein, wie man wollte. Damals verfügten 0,1 % der Erdenbürger über so viel Vermögen wie die ärmsten 90 %. Da staunt ihr jetzt, nicht wahr?

Viola kneift mich in den Arm.

»Kannst du dir das vorstellen?«

Kann ich nicht. Aber gerade das beunruhigt mich.

»Und warum haben sich die Leute das gefallen lassen?«

Gute Frage. Aber darauf haben selbst die Professoren meiner Fakultät keine Antwort.

Hang Dao lehnt sich zurück und nimmt seinen coolen Tonfall wieder auf.

Kein Wunder, dass das nicht gut gehen konnte.

Klar, aber das mussten die Menschen damals doch auch erkannt haben. Mein Gott, das war doch alles so offensichtlich. Je mehr ich mich bemühe, desto weniger kann ich es begreifen.

Hang Dao macht eine Pause, das freundliche Lächeln auf seinen Lippen ist wieder da.

Ihr, die ihr heute irgendwo sitzt und mir zuhört, in Afrika, in Südamerika, in Australien und Neuseeland, wir sind jetzt eine Familie. Wir sind die Überlebenden. Wir alle können froh sein, dass diese schreckliche Zeit hinter uns liegt. Was haben wir daraus gelernt? Wir Menschen sind anfällig – für Irrtümer, für egoistisches Verhalten, für unsere Gier nach immer mehr, für all die Dinge, die die große Katastrophe herbeigeführt haben.

(Es folgen schreckliche Bilder der globalen Verwüstung.)

Vergesst niemals – es war der ökologische Kollaps, der den nuklearen Wahnsinn provoziert hat. Es war die unvermeidliche Eskalation der Verteilungskriege um die immer knapper werdenden Rohstoffe, um Wasser, um Nahrung. Die Menschen haben sich selbst in den Abgrund manövriert. War das unausweichlich? Könnte sein. Vielleicht war unsere Spezies einfach nicht intelligent genug.

Er schweigt einen Augenblick, um diese deprimierende Feststellung wirken zu lassen. Wie immer hat er Recht. Wir sind nicht intelligent genug. Ich nicht. Und Viola nicht.

Und deshalb haben wir jetzt Big Daddy, der uns lenkt und über uns wacht. Und vergesst nicht, es waren wir, diese unperfekten Menschen, die ihn entwickelt haben. Vielleicht war das unsere Rettung.

Alles Gute – und genießt unsere neue Welt. Bis zum nächsten Mal.
Ich schalte das Hologramm ab. Der Regen hat aufgehört. Matt
glitzert das Meer im Gegenlicht. Ein merkwürdiges Gefühl kommt
in mir hoch. Der letzte Satz des Moderators hat in den hintersten
Winkeln meines Gehirns etwas ausgelöst. Etwas, das ich noch nicht
klar erkennen kann. Doch ich habe keine Zeit, dieser Empfindung
nachzuspüren, denn Viola steht auf.

»Ich muss los.«

Sie geht zu ihrem Roller, dreht sich aber noch einmal um.

»Ich hab's ganz vergessen, es dir zu erzählen. Morgen bekomme
ich mein CIF.«

»Willst du das wirklich?«

»Big Daddy hat mich ausgewählt.«

»Sicher rein aleatorisch.«

Sie verzieht das Gesicht.

»Du bist nur neidisch.«

Bin ich das? Nein, noch nicht. Doch das könnte sich ändern.

»Gib's zu, du hast Angst«, flüstert sie mir zu.

»Wovor?«

»Weil ich dann so viel schlauer sein werde als du.«

Sie strahlt, also begnüge ich mich mit einem vielsagenden Blick.
Doch der beeindruckt sie nicht.

»Du Relikt.«

Mit einem Lachen schwingt sie sich in den Sattel und rauscht
davon.

Ich blicke wieder hinaus aufs Meer. Die Möwen sind verschwunden. Wie würde das CIF diese junge Frau verändern? Das *computer
interface* ist eine Schaltstelle zum globalen Netz, das direkt unter
die Schädeldecke eingepflanzt wird. Ein Nano-Chip der neuen
Generation.

Viola wird damit ständig online sein, kann also auf jedes digital
gespeicherte Wissen zugreifen, also auf das gesamte geistige Erbe
der Menschheit. Ihr Neuronengeflecht wird jede Sekunde mit

Millionen Inputs interagieren und sich so ständig erweitern. So weit die Theorie.

Aber wie fühlt sich das an? Kann unsere Psyche das aushalten? Viola ist relativ stabil. Vielleicht wurde sie deshalb für die Testreihe ausgewählt. Für *Big Daddy* ist die Implantation des CIF die einzige Möglichkeit, die offensichtlichen Defekte der menschlichen Spezies nicht genetisch, sondern über das Bewusstsein zu korrigieren. Vielleicht hat er Recht. Immer noch ist der Geist die letzte Instanz, wenn es um komplexe Aufgaben mit großer Tragweite geht.

Schon der primitive Chip, den ich am Arm trage, hat ja einiges bewirkt. Ich kann keine Fehler mehr machen. Sobald ich den Wunsch verspüre, etwas zu tun, das ökologisch unsinnig ist oder der Gemeinschaft schadet, werde ich daran gehindert.

Habe ich z.B. die mir zugeteilten Flugmeilen verbraucht, kann ich für Luftgleiter kein Ticket mehr kaufen. Ist mein Kontingent an Energie erschöpft, kann ich den Mobilator nicht mehr starten. Will ich ein Paar neue Schuhe kaufen, obwohl die alten noch keine fünf Jahre alt sind, meldet es mein intelligenter Schrank an die *cloud*. Sofort wird die entsprechende Zahlfunktion auf meinem Chip gesperrt. Das ist beruhigend. Big Daddy lässt nicht zu, dass ich irrational handle. Auch wenn mir manchmal danach ist. Meine Konditionierung hat mich im Griff. Zum Glück kann ich sie nicht ausleben. Ich muss mir also keine Sorgen machen.

Nur etwas verstehe ich nicht.

Manchmal befällt mich ein Unbehagen, das ich nicht erklären kann.

NACHWORT

Der englische Physiker Stephen Hawking, von der Presse gern als »Super-hirn« bezeichnet, hat in einem Interview darauf hingewiesen, dass der Menschheit nur noch 100 Jahre bleiben, um sich einen neuen Planeten zu suchen – zur Emigration. Denn dann droht der Untergang.